D1640357

Praxishandbuch Produktmanagement

Das Produktmanagement bündelt alle Aufgaben rund um die Erstellung und Verbreitung eines Produkts. Im Einzelnen handelt es sich hierbei um die Produktentwicklung, Markteinführung sowie um die Verteidigung von Marktanteilen. Entscheidend ist für den gesamten Lebenszyklus eines Produktes die Positionierung im Markt. Das *Praxishandbuch Produktmanagement* ist ein Leitfaden für die Praxis. Mit zahlreichen Arbeitshilfen werden Produktmanagerinnen und Produktmanagern Werkzeuge an die Hand gegeben, mit denen Produkte aktiv vermarktet werden können.

Dipl.-Ing. *Erwin Matys* ist Berater für den Bereich »Produktmanagement«.

Erwin Matys

Praxishandbuch Produktmanagement

Grundlagen und Instrumente
für eine erfolgreiche Produktvermarktung

Campus Verlag
Frankfurt/New York

Die Deutsche Bibliothek – CIP-Einheitsaufnahme

Ein Titeldatensatz für diese Publikation ist bei Der Deutschen Bibliothek erhältlich
ISBN 3-593-36791-2

2. Auflage 2002

Das Werk einschließlich aller seiner Teile ist urheberrechtlich geschützt. Jede Verwertung ist ohne Zustimmung des Verlags unzulässig. Das gilt insbesondere für Vervielfältigungen, Übersetzungen, Mikroverfilmungen und die Einspeicherung und Verarbeitung in elektronischen Systemen.
Copyright © 2001 Campus Verlag GmbH, Frankfurt/Main
Umschlaggestaltung: Init, Bielefeld
Satz: Publikations Atelier, Frankfurt/Main
Druck und Bindung: Druckhaus »Thomas Müntzer«, Bad Langensalza
Gedruckt auf säurefreiem und chlorfrei gebleichtem Papier.
Printed in Germany

Besuchen Sie uns im Internet: www.campus.de

Inhalt

Brief an die Leserinnen und Leser 13

1. Agieren statt re-agieren 15
Werkzeug für das Produktmanagement 15

2. Die organisatorische Ebene 18
Ansatz des Produktmanagements 18
Unternehmer im Unternehmen 20
Job-Description 23
Organisatorische Eingliederung 25

3. Die persönliche Ebene 28
Die Herausforderung 28
Ziele im Produktmanagement 31
Persönliche Eigenschaften 36
Produktmanagement und Geschäftsleitung 39
Übung: Rollen im Produktmanagement 42

4. Kommunikation für Produktmanager 44
Fremde Welten und Rollen 44
Aspekte von Nachrichten 47
Aktives Zuhören 49
Einwandbehandlung 50
Ich-Botschaft 52
Umgang mit Konflikten 53
Das PALME-Prinzip 54

Besprechungsmoderation 56
Neurolinguistische Programmierung (NLP) 57
Test: Die vier Seiten einer Nachricht 60
Test: Meeting-Kultur 63
Test: Konfliktthesen für Produktmanager 65
Übung: Persönliche Reflexion zu Konflikten 67

5. Sieben goldene Regeln 69

Regeln und Erfahrungen 69
1. Beschaffen Sie sich Informationen 71
2. Analysieren Sie Ihre Daten 73
3. Schlagen Sie Brücken 76
4. Werden Sie zum Anwalt Ihrer Kunden 77
5. Denken Sie strategisch 79
6. Verbünden Sie sich mit der Zeit 81
7. Kontrollieren Sie alles 83
Übung: Sieben goldene Regeln für Produktmanager 85

6. Produktlebenszyklen 88

Der Produktlebenszyklus 88
Formen und Phasen 90
Phase und Käufertyp 94
Fallbeispiel: Happy Birthday, Businessphone! 97

7. Markteinführung 101

Stunde Null 101
Analyse 103
Planung 105
Umsetzung 107
Innovationen 110
Imitationen 113
Checkliste: Marketingkonzept 116
Checkliste: Planung Markteinführung 122

8. Markt und Zielgruppen 125

Vom Markt zur Zielgruppe 125
Marktdefinition 127

Marktsegmentierung 129
Abdeckungsstrategie 130
Die Zielgruppe 132
Fallbeispiel: Fest im Sattel 135
Checkliste: Info-Beschaffung 138

9. Die Positionierung 139

Die Macht der Positionierung 139
Der Weg zur Positionierung 141
Die Zielgruppe 141
Was ist wünschenswert? 142
Was ist unverwechselbar? 143
Die Summe 145

10. Der Marketing-Mix 148

Der Produktmarketing-Mix 148
Marketing-Mix und Positionierung 150
Der Mix entscheidet 151
Die vier Elemente des Marketing-Mix 153
Marketing-Dokumentation 154
Checkliste: Gliederung Fact-Book 156
Test: Der Produktcheck 161

11. Das Produkt 166

P wie Produkt 166
Das Kernprodukt 167
Konkretes Produkt 170
Erweitertes Produkt 171
Produktkategorien 173
Produktlinien 175
Produkt-Portfolios 177
Fallbeispiel: Lösungen als Produkte 180
Checkliste: Produktgestaltung 184
Test: SWOT-Analyse 186

12. Der Preis 188

P wie Preis 188

Preis-Nachfrage-Beziehung 190
Break-even-Analyse 192
Mitbewerber 194
Der Wert aus Kundensicht 195
Preis und Positionierung 196
Preisänderungen 198
Checkliste: Die fünf Preisfragen 200

13. Die Platzierung 201

P wie Platzierung 201
Struktur des Vertriebs 202
Form des Vertriebs 204
Motivation des Vertriebs 205
Absatzstrategie 208
Push-Aktivitäten 210
Fallbeispiel: Partner im Absatz 212
Checkliste: Vertriebsunterstützung 214
Checkliste: Product-Launch-Package 216
Test: Beziehungen zum Vertrieb 217
Test: ABC-Analyse 220

14. Die Promotion 222

P wie Promotion 222
Promotion als Mix 225
Werbung: Arbeiten mit Fremdleistern 227
Publicity: Gute Nachrede 230
Verkaufsförderung: Kaufen Sie jetzt! 232
Verkauf: Direkter Kontakt 234
Das Prinzip der Wiederholung 236
Das AIDA-Modell 239
Fallbeispiel: In Scenic gesetzt 242
Fallbeispiel: Show und Information 244
Fallbeispiel: Verkaufsfront-Performance '95 246
Fallbeispiel: ifabo'97 undercover 249
Checkliste: Werbe-Briefing 253
Checkliste: Direktwerbung 256
Checkliste: Sales Promotion 258
Checkliste: Messetipps 259

15. Verteidigung von Marktanteilen 261

Die Ruhe vor dem Sturm 261
Reife macht verwundbar 262
Schutz vor Mitbewerbern 265
Test: Eintrittsbarrieren 267

16. Dienstleistungsprodukte 269

Besonderheiten von Dienstleistungen 269
Dienstleistungen und Qualität 270
Dienstleistungs-Promotion 273
Vertrieb von Dienstleistungen 274
Bewertung von Dienstleistungen 277
Checkliste: Qualitätskriterien 280
Checkliste: Dienstleistungsmarketing 283

Anhang: Inhalt der CD-ROM 285

Glossar 287

Literaturverzeichnis 298

Sachregister 301

Verzeichnis der Abbildungen

Abbildung 1: Das Positionierungskonzept 16
Abbildung 2: Der Faktor Zeit 19
Abbildung 3: Die fünf großen Bereiche des Produktmanagements 24
Abbildung 4: Organisatorische Eingliederung des Produktmanagements 27
Abbildung 5: Produktmanagement als Querschnittsfunktion 30
Abbildung 6: Einflussfaktoren des Produktziels 32
Abbildung 7: Drei Dimensionen eines Produktziels 34
Abbildung 8: Interessen des Produktmanagers und der Geschäftsleitung .. 40
Abbildung 9: Empfinden eines Seminarraums von neun Personen 45
Abbildung 10: Das Wesen eines Konflikts 54
Abbildung 11: Informationsbedarf im Produktmanagement 71
Abbildung 12: Das Deming-Rad 74
Abbildung 13: Wesen einer Strategie 80
Abbildung 14: Der Lebenszyklus eines Produkts 89
Abbildung 15: Formen von Produktlebenszyklen 92
Abbildung 16: Schlüsselstellen in der Lebensdauer eines Produkts 94
Abbildung 17: Abnehmertypen während der Phasen eines Lebenszyklus .. 96
Abbildung 18: Schnurlose Nebenstellen, eine der Businessphone-Hightech-Optionen 98
Abbildung 19: Die Markteinführung eines Produkts 102
Abbildung 20: Die Phase 1 der Markteinführung 104
Abbildung 21: Die Phase 2 der Markteinführung 106
Abbildung 22: Einführungsplan eines Handelsprodukts (Ausschnitt) 108
Abbildung 23: Die Phase 3 der Markteinführung 109
Abbildung 24: Kundenüberlegungen zu Innovationen (Pro und Kontra) ..112
Abbildung 25: 1. Schritt des Marketingkonzepts 116
Abbildung 26: 2. Schritt des Marketingkonzepts 117
Abbildung 27: 3. Schritt des Marketingkonzepts 118
Abbildung 28: 4. Schritt des Marketingkonzepts 119
Abbildung 29: 5. Schritt des Marketingkonzepts 120
Abbildung 30: Von der Marktdefinition über die Marktsegmentierung zur Zielgruppenauswahl 126
Abbildung 31: Der Markt 127

Verzeichnis der Abbildungen 11

Abbildung 32:	Typen von Märkten	128
Abbildung 33:	Die Marktsegmente	129
Abbildung 34:	Marktsegmentierung nach Variablen (Beispiel)	131
Abbildung 35:	Abdeckungsstrategien	133
Abbildung 36:	Vermessung auf dem PC als klassisches Nischenprodukt	136
Abbildung 37:	Positionierung	146
Abbildung 38:	Umfeld des Produktmarketing-Mix	149
Abbildung 39:	Positionierung als Bindeglied im Marketing-Mix	151
Abbildung 40:	Produktcheck (Test)	165
Abbildung 41:	Schichtenmodell eines Produkts	168
Abbildung 42:	Portfolio-Analyse	178
Abbildung 43:	Der Weg durch ein Portfolio	180
Abbildung 44:	Metaprodukte beim Systemintegrator *Bacher Systems*	182
Abbildung 45:	Mehrdimensionalität bei der Festlegung des Preises	189
Abbildung 46:	Zusammenhang zwischen Preis und Nachfrage (Beispiel 1)	190
Abbildung 47:	Zusammenhang zwischen Preis und Nachfrage (Beispiel 2)	191
Abbildung 48:	Zusammenhang zwischen Stückzahl, Preis und Kosten	193
Abbildung 49:	Preis und Mitbewerber	195
Abbildung 50:	Stufen in Vertriebsmodellen	203
Abbildung 51:	Grundinteressen des Vertriebs	207
Abbildung 52:	Wege der Push- und Pull-Aktivitäten	209
Abbildung 53:	Qualität der Handelsbeziehungen (Test)	218
Abbildung 54:	Promotion-Mix	223
Abbildung 55:	Zeitlicher Abstand zwischen dem Beginn der Werbung und deren Wirkung	237
Abbildung 56:	Phasen, Ziele und Mittel der einzelnen Stufen des AIDA-Modells	241
Abbildung 57:	Hauptdarsteller der Aktion von 1996: der Scenic Multimedia PC	243
Abbildung 58:	Werbung für Drucker muss nicht fade sein – der Officedrucker Optra 2450	246
Abbildung 59:	Technologiefirmen lassen sich gerne bitten – jedes sechste Unternehmen reagiert nicht auf Anfragen	248
Abbildung 60:	Zwei Drittel der getesteten Aussteller ließen einen Interessenten abziehen, ohne seine Daten aufzunehmen	251
Abbildung 61:	Einwirkungen während der Reifephase und die entsprechenden Gegenmaßnahmen	263
Abbildung 62:	Eintrittsbarrieren	267
Abbildung 63:	Die Treppe zum Dienstleistungs-Erfolg	278

Brief an die Leserinnen und Leser

Wien, im Frühjahr 2001

Liebe Leserin, lieber Leser,

als ich mit der Arbeit an diesem Buch begann, hatte ich ein Ziel vor Augen: Ich wollte mit der Verwirrung rund um den Begriff »Produktmanagement« aufräumen. Im Rahmen meiner Consulting-Tätigkeit ist mir fast täglich vor Augen geführt worden, wie unklar die Aufgabenstellung eines Produktmanagers oft ist und wie groß der Bedarf an passenden Vorgehensweisen und Modellen wäre – trotz der weiten Verbreitung des Produktmanagements in unserer Wirtschaft. In meiner Arbeit konnte ich vor allem zwei große Bedürfnisse orten:

- Klarheit über Aufgaben und Identität eines Produktmanagers sowie
- eine praxisgerechte Anleitung, wie Produktmanagement erfolgreich zu bewältigen ist.

Die Antwort auf diese beiden Fragen halten Sie in Ihren Händen. Dem Produktmanager wird mit diesem Buch das Werkzeug an die Hand gegeben, um Produkte aktiv und nach seinen Vorstellungen zu vermarkten. Er lernt dabei, die Besonderheiten seines Produkts und Marktes ebenso einzusetzen wie spezielle Ressourcen seines Unternehmens. Das *Praxishandbuch Produktmanagement* kann auf zwei Arten gelesen werden:

- Dem Neuling im Produktmanagement liefert das Handbuch eine durchgängige Anleitung, wie er seine Aufgabe erfolgreich bewältigen kann. Er erhält ein komplettes Modell von Produktmanagement, das er in seine Arbeit integrieren kann. Darüber hinaus werden viele Fallbeispiele und Hinweise gegeben, die einem jungen

Produktmanager zumindest auf einen Teil der zahllosen Detailfragen, die sich ein Newcomer stellt, Antworten geben.
- Dem Profi im Produktmanagement dient das Handbuch als Referenz. Denn Produktmanagement ist ein derart vielfältiger und breit gestreuter Aufgabenbereich, dass es praktisch unmöglich ist, alle Methoden und Vorgehensweisen ständig geistig parat zu haben. Das Praxishandbuch bietet sich hier mit seinen Checklisten, Fallbeispielen, Übungen und Hinweisen als Sammlung zum Nachschlagen an.

Mit seinem Aufbau versucht das Handbuch den Bedürfnissen im Produktmanagement Rechnung zu tragen. Denn oft ist es in diesem Bereich notwendig, sich über ein bestimmtes Thema rasch einen Überblick zu verschaffen. Für diesen Zweck sind die Kästen im laufenden Text vorgesehen. Sie ermöglichen es dem eiligen Leser, sich innerhalb von Minuten mit einem Gebiet vertraut zu machen beziehungsweise die wichtigsten Inhalte aufzufrischen.

Theorie steht in diesem Buch nie für sich selbst. Sie ist entweder innerhalb der praxisnahen Ausführungen eingebettet, um dem Leser ein größeres Verständnis der Zusammenhänge zu ermöglichen, oder sie wird als Background mitgegeben, um die praktischen Anleitungen zu begründen und zu untermauern.

Wenn im Folgenden hauptsächlich von »Produktmanagern« gesprochen wird, sind immer Produktmanagerinnen und Produktmanager gemeint. Dass ich mir diese Vereinfachung in der Sprache herausgenommen habe, hat ihre Gründe ausschließlich in einer möglichst guten Lesbarkeit.

Mein besonderer Dank gilt meinen Schülern im Produktmanagement, die mich durch unzählige Fragen und Konfrontationen dazu gezwungen haben, mir selbst in vielen Grauzonen ein Maximum an Klarheit zu schaffen. Ohne ihre Beiträge wäre dieses Werk in dieser Form nicht möglich geworden. Ich wünsche mir, dass dieses Buch vielen weiteren Produktmanagern eine Grundlage für leichtere, befriedigendere und erfolgreichere Arbeit bieten kann.

Mit den besten Wünschen für Ihre Arbeit, Ihr Erwin Matys

PS: Ich freue mich auf Ihr Feedback: erwin@matys.co.at

Kapitel 1

Agieren statt re-agieren

Werkzeug für das Produktmanagement

Häufig leidet ein Produktmanager darunter, dass er unter steigendem Zeitdruck einer Flut von Anforderungen verschiedener Abteilungen hinterherläuft. Diese Getriebenheit ist die typische Krankheit des Produktmanagers, ein regelrechtes Syndrom. Der einzige Weg aus der Misere wäre, den Spieß umzudrehen und vom Re-Agieren auf konsequentes Agieren überzugehen, kurz, das Heft in die Hand zu nehmen.

Was zu dieser Befreiung leider meistens fehlt, ist das Werkzeug. Kein Wunder, denn die meisten Produktmanager haben ihre Wurzeln in den produktspezifischen Fachgebieten und nicht im Marketing oder im Management. Die Folge ist oft ein resigniertes Abarbeiten des Tagesgeschäfts und ein Rückzug in vertraute Domänen.

Diese Situation zu verändern ist die »Mission« dieses Buches. Dem Produktmanager wird das Werkzeug an die Hand gegeben, um Produkte aktiv und nach seinen Vorstellungen zu vermarkten. Er lernt dabei, die Besonderheiten seines Produkts und seines Marktes ebenso einzusetzen wie spezielle Ressourcen seines Unternehmens.

Dieses Buch als »Werkzeugkasten« mit Tools aus dem Produktmarketing orientiert sich weitgehend am Positionierungskonzept. Über eine einmal gefundene Position für das Produkt wird das gesamte Vorgehen gesteuert – bei allen internen und externen Aktivitäten.

Das Positionierungskonzept

Das Positionierungskonzept geht davon aus, dass drei Faktoren die optimale Vermarktung eines Produkts bestimmen: das Produkt selbst, sein Markt (und die Mitbewerber) und das eigene Unternehmen. Aus diesen Faktoren wird, im Rahmen einer sorgfältigen Analyse, die bestmögliche »Positionierung« des Produkts festgelegt. Sie ist das Zielbild, das bei der Käuferschaft entstehen soll.

Aus der Positionierung werden die Details der Strategie abgeleitet. Der Marketing-Mix mit allen seinen Parametern ist leicht und flüssig zu erstellen.

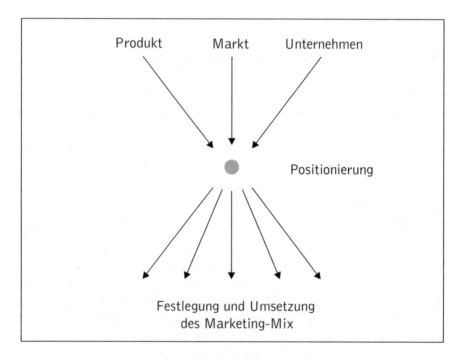

Abbildung 1: Das Positionierungskonzept

Das Positionierungskonzept, das in diesem Buch vorgestellt wird, ist selbst sehr strukturiert. Es enthält sich komplett der schwammigen Aussagen, wie man sie im Marketing leider öfters antrifft. Es ist ein klares und eindeutiges System, das bei konsequenter Anwendung zum Ziel führt.

Obwohl hier ein System vermittelt wird, wird reine Theorie zurückgestellt. Alle Inhalte werden in erster Linie aus dem Blickwinkel der

Praxis beschrieben. Die zahlreichen Checklisten, Tests und Fallbeispiele erleichtern die Übernahme in die tägliche Arbeitspraxis. Um die Anwendung des Buches als Handbuch zu ermöglichen, wurde großer Wert auf eine transparente Gliederung gelegt.

Bleibt nur mehr übrig, dem Leser oder der Leserin zu wünschen, möglichst viel Mut zum Ausprobieren neuer Wege aufzubringen. Denn nur das Anwenden in der eigenen Praxis zeigt, wie mächtig Marketing sein kann – und welche Erfolge sich mit fundierten Basisüberlegungen erzielen lassen.

Kapitel 2
Die organisatorische Ebene

Ansatz des Produktmanagements

Produktmanagement ist eine vielfach erprobte und bewährte Organisationsform. Erstmals wurde sie 1927 bei *Procter & Gamble* als Versuch angewendet, um einen erfolglosen Konsumartikel stärker aufzubauen und dessen Marktanteil zu vergrößern. Das Experiment glückte, und das Produkt ist noch heute unter dem Namen *Camay* bekannt.

Heute wird Produktmanagement immer dann eingesetzt, wenn ein Unternehmen über viele unterschiedliche Produkte verfügt und in mehreren Märkten tätig ist. Dieser Umstand hat dem Produktmanagement in vielen Branchen einen Aufschwung beschert. Darüber hinaus ist Produktmanagement aus einem weiteren, sehr wichtigen Grund für moderne Unternehmen besonders nützlich: dem Zeitfaktor.

Vielen Branchen läuft die Zeit davon

Die Vermarktung von vielen Produkten ist von einem primären Faktor bestimmt: der Zeit. Der rasche Wandel bringt laufend Innovationen hervor, die bestehende Produkte ablösen. Jene Innovationsschübe erfolgen in immer kürzeren Abständen. Die Zeit, die ein Produkt auf dem Markt bestehen kann, nimmt laufend ab. Demgegenüber stehen zunehmend steigende Aufwendungen, um ein Produkt zur Marktreife zu bringen. Die Kosten für Forschung und Entwicklung (F&E), Design und Produktion nehmen zu.

Die beiden gegeneinander gerichteten Faktoren bringen Unternehmen in Zeitdruck: Die kurze verbleibende Marktzeit will gut genutzt sein, um die Gewinnzone zu erreichen.

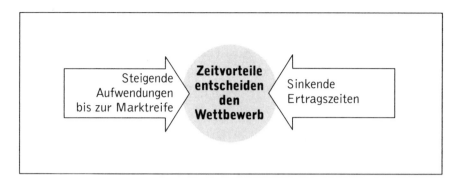

Abbildung 2: Der Faktor Zeit

Rasches Handeln ist also das Gebot der Stunde. Am chancenreichsten im Kampf um die modernen Märkte sind jene Unternehmen, die es verstehen, Zeitvorteile zu schaffen und sie dann auch zu nutzen.

In diesem Kampf um Zeitvorteile wirkt Produktmanagement als Katalysator. Es beschleunigt Prozesse: Steile Hierarchien werden abgeflacht, und Abteilungsdenken wird in objektbezogenes Teamdenken übergeführt. Als Schnittstellen-Management ist es besonders gut geeignet, die verschiedenen Kompetenzen des Unternehmens zusammenzuführen: F&E-, Anwendungs-, Marketing- und Vertriebs-Know-how leisten einen gemeinsamen Beitrag zum Produkterfolg.

Produktmanagement als organisatorischer Ansatz beschleunigt Prozesse, die sonst nur sehr viel langsamer ablaufen würden. Die Idee ist, einen Produkt- und Marktkenner mit der Aufgabe zu betreuen, seine gesamte Aufmerksamkeit der Durchsetzung eines Produkts zu widmen. Aus der verbesserten Koordination der beteiligten Kräfte resultieren Zeit- und damit Wettbewerbsvorteile:

- Steile Hierarchien werden abgeflacht.
- Abteilungsdenken wird in objektbezogenes Teamdenken übergeführt.
- Kommunikationshemmende Schranken werden abgebaut.
- Zunehmende Kundenorientierung wird ermöglicht.

Durch seine Katalysatorwirkung ist Produktmanagement besonders gut geeignet, die verschiedenen Kompetenzen eines Unternehmens zusammenzuführen. Man kann sich diese Wirkung als die Gleichrichtung von Kräften vorstellen. Vektoren, die zwar vorhanden sind, aber in unterschiedliche Richtungen weisen, erfahren durch das Produktmanagement eine gleichartige Ausrichtung. Ohne dass sich die Aufwendungen (die Länge der Vektoren) andern würde, wird die resultierende Kraft größer und leistet in der gleichen Zeit mehr Arbeit.

Produktmanagement als Vermittler

Produktmanagement überwindet eine Barriere, die für den Technologiesektor geradezu symptomatisch ist: die Kluft zwischen Technologie und Vermarktung. Denn zwischen Technikern und betriebswirtschaftlich kommerziell orientierten Vertriebs- und Werbeleuten bestehen starke Denk- und Verhaltensbarrieren. Produktmanagement ist geeignet, diese Barrieren zu überbrücken. F&E-, Anwendungs-, Marketing- und Vertriebs-Know-how können damit einen gemeinsamen Beitrag zum Produkterfolg leisten.

Auch dem klassischen Abteilungsdenken kann Produktmanagement entgegenwirken. Da Mitarbeiter einer Abteilung sich primär ihrer Abteilung verpflichtet fühlen, existiert oft ein Vakuum zwischen den Abteilungen. Dieses Vakuum kann durch die Bemühungen eines Produktmanagers erfolgreich abgeschwächt werden.

Unternehmer im Unternehmen

Der Produktmanager wird oft als Unternehmertyp beschrieben: Gewinnorientiertes Denken und die Fähigkeit, längerfristige Aufbauarbeit zu leisten sind die gesuchtesten Eigenschaften. Sein Job ist es, möglichst selbstständig und eigenverantwortlich alle Aktivitäten zu bündeln, die ein Produkt zum Erfolg führen. Dass diese Aufgabenstellung bestimmte Persönlichkeitsmerkmale und Fähigkeiten voraussetzt, versteht sich von selbst. Unternehmerisches Denken sowie Geschick in Kommunikation und Motivation bilden die Basis der Arbeit des Produktmanagers.

Wer ist Produktmanager?

Produktmanager ist jeder, der vor der Aufgabe steht, ein Produkt zum Erfolg zu führen. In größeren Organisationen werden für diese Aufgabe oft bestimmte Personen zu hauptberuflichen »Unternehmern im Unternehmen« ernannt. Sie sind für spezielle Produktbereiche zuständig und richten alle ihre Anstrengungen darauf, die Bemühungen der einzelnen Abteilungen, Vertriebspartner und Fremdleister zu koordinieren. Oft aber steht auch ein Marketing- oder Vertriebsmitarbeiter, manchmal auch der Chef selbst vor genau der Aufgabe, ein Produkt zum Erfolg zu führen. Egal, ob Sie nun Produktmanager genannt werden oder nicht – wenn Sie in Ihrem Unternehmen der Einzige sind, der sich durchgängig um den Erfolg eines bestimmten Produkts bemüht, sind Sie es.

- Der Produktmanager sollte als *Katalysator* verstanden werden. Reaktionen, die sonst nur träge verlaufen würden, werden durch seinen Einfluss beschleunigt. Ein klassisches Beispiel dafür ist die Kommunikation zwischen Entwicklung und Vertrieb beziehungsweise Marketing. Ohne einen engagierten Produktmanager kann es passieren, dass an dieser sensiblen Schnittstelle zu wenig Informationen fließen.
- Ein wichtiges Werkzeug des Produktmanagers ist sein Wissen über zwischenmenschliche *Kommunikation*. Nicht nur in Bezug auf Marktkommunikation und Umgang mit seinen Kunden, sondern auch – oder gerade dann –, wenn es um die interne Zusammenarbeit geht. Ein geschickter Produktmanager ist in der Lage, die verschiedensten Menschentypen zur Mitarbeit am Produkterfolg zu motivieren.
- Der Produktmanager ist der *Stratege* seines Produkts. Er ist Experte für seinen Markt und somit am besten dafür geeignet, eine passende Produktstrategie zu entwickeln. Im Anschluss sorgt er intern und extern für ihre operative Umsetzung. Dazu sind ihm tiefergehende Marketingkenntnisse (Marketing nicht nur im Sinn von Marktkommunikation!) von großem Nutzen.
- Eine der Hauptaufgaben des Produktmanagers besteht darin, als abteilungsübergreifender *Koordinator* aufzutreten. Er stellt das optimale Zusammenspiel aller produktbezogenen Maßnahmen sicher.

Am deutlichsten sichtbar wird diese Funktion als »Schaltstelle« bei der Markteinführung eines neuen Produkts. Oft sind Dutzende oder Hunderte von einzelnen Maßnahmen sowohl zeitlich als auch inhaltlich zu koordinieren. Vorkenntnisse aus dem Projektmanagement sind bei dieser Aufgabe eine große Hilfe.
- Der Produktmanager ist überall und nirgends zu Hause – er ist im wahrsten Sinne des Wortes ein *Generalist*. Wichtig ist, dass er einen guten Überblick über die verschiedenen funktionalen Bereiche, ihre Aufgaben, Methoden und Möglichkeiten hat. Im Besonderen sind dafür Kenntnisse aus Marketing, Werbung, Verkauf, Logistik und F&E von Nutzen.

Achtung, Fallen!

Um die Arbeit eines Produktmanagers zu ihrer vollen Entfaltung zu bringen, ist eine echte Verpflichtung des Managements notwendig. Steht die Geschäftsleitung nicht hinter dem Produktmanagement, ist ein Produktmanager auf verlorenem Posten. Drei klassische Überforderungen sind immer wieder zu finden:

- *Mangelnde Ausbildung:* Der Produktmanager wird ohne Schulungs- und Lernphase in seinen Job »hineingestoßen«. Er ist vom Start weg überfordert und bald frustriert. Denn um seine Aufgaben erfolgreich zu erfüllen, muss er nicht nur unternehmerisch denken, sondern auch die Zeit haben, Produkt- und Marktwissen zu erlangen.
- *Tagesgeschäft:* Die Ernennung des Produktmanagers ist eine Alibihandlung, um dem produktbezogenen Tagesgeschäft Herr zu werden. In diesem Fall wird er zum Mädchen für alles und von Routinearbeiten »zugeschaufelt« – für Arbeit an Strategien bleibt ihm keine Zeit.
- *Fehlende Entscheidungsgewalt:* Der Produktmanager wird mit zu geringen Kompetenzen ausgestattet. Es ist ihm kaum möglich, auf die Arbeit der Abteilungen Einfluss zu nehmen – er kann nur empfehlen. Über den Status eines Beraters gelangt er so selten hinaus.

Job-Description

»Produktmanager« ist eine der gängigsten Stellenbezeichnungen im Marketing. Sehen Sie auf Ihrer Visitkarte nach: Die Chancen stehen gut, dass auch Sie unter Ihrem Namen den Titel »Produktmanager« finden. In vielen Unternehmen gibt es zu dieser Bezeichnung keine klare Definition der Aufgaben, geschweige denn eine schriftliche Job-Description. Diese Unklarheit verunsichert nicht nur im Handeln, sondern führt auch dazu, dass oft nicht alle Möglichkeiten ausgeschöpft werden, die modernes Produktmanagement bietet. In der Folge finden Sie daher eine Job-Description, die Ihnen in diesem Punkt zu mehr Klarheit verhelfen soll.

Was leistet ein Produktmanager?

Die Zielsetzung eines Produktmanagers ist es, seine Produkte zum gewünschten Produkterfolg zu führen. Die dazugehörige Aufgabenstellung ist die Bündelung von Aktivitäten, um die ihm überantworteten Produkte zu Markterfolgen werden zu lassen. Seine Bemühungen werden sich dabei in fünf großen Aufgabenbereichen abspielen: Produktentwicklung, Markteinführung und Produktbetreuung, die in einer zeitlichen Abfolge stehen. Die restlichen beiden, Marktbeobachtung und Produkt-Controlling, verdienen den kontinuierlichen Einsatz des Produktmanagers.

Im Detail implizieren die fünf beschriebenen Dimensionen folgende Aufgaben:

- In der Phase der *Produktentwicklung* macht der Produktmanager einen ersten Schritt – ausgehend von der Produktidee und einer Kundennutzenanalyse. Er erstellt die Anforderungsprofile. Anschließend begleitet er die Produktentwicklung beziehungsweise trifft die Auswahl neuer in das Sortiment zu übernehmender Produkte.
- Die *Markteinführung* betrifft die Landung fertiger, neuer Produkte. Dazu sind vor allem die Erarbeitung von Produktpositionierung und -strategie, die Festlegung des Marketing-Mix, die Erstellung

Abbildung 3: Die fünf großen Bereiche des Produktmanagements

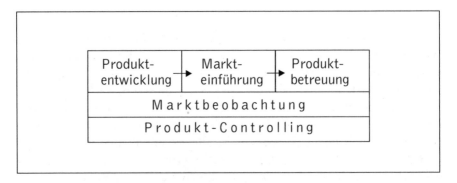

- von Markteinführungsplänen und die Unterstützung interner Bereiche bei der operativen Umsetzung (im Speziellen: Werbung & PR, Vertrieb, Logistik, Training, Service & Support) notwendig.
- Im Zuge der *Produktbetreuung* nimmt der Produktmanager eine laufende Überprüfung der Marketingparameter vor, erstellt die aktuellen Marketingpläne, unterstützt die internen Bereiche bei der operativen Umsetzung und initiiert Maßnahmen zur Verbesserung und Ergänzung von Produkten.
- Ziel der kontinuierlichen *Marktbeobachtung* ist, dass der Produktmanager zu einem Experten für seinen Markt wird und bleibt. Dazu ist logischerweise eine laufende Auseinandersetzung mit dem Markt und speziell den ausgewählten Zielgruppen notwendig. Auch Mitbewerbsbeobachtung und -analyse muss Teil des Marktstudiums sein.
- In seiner Rolle als »Unternehmer im Unternehmen« ist der Produktmanager auch für das laufende *Produkt-Controlling* zuständig: Budgetierung der Etats für Produktentwicklung und -marketing und deren laufende Überprüfung. Analysen der Umsatz- und Gewinnentwicklung gehören ebenso dazu wie die fallweise Information und Beratung der Geschäftsleitung.

Diese Beschreibung ist natürlich nur eine allgemein gehaltene Zusammenstellung von Aufgaben, die Produktmanagern in der Regel zugewiesen werden. Die genaue Festlegung der operativen Pflichten hängt vom jeweiligen Unternehmen und seiner speziellen Organisationsform ab.

Praktiker gefragt

Idealerweise bringt ein neuer Produktmanager einige Jahre Praxis in Vertrieb, Marketing, F&E oder eben Produktmanagement mit. Eine fachliche Ausbildung, bezogen auf das Gebiet des Produkts, ist günstig. In jedem Fall sollte Vertrautheit mit den Instrumenten des Produktmarketings bestehen.

Daneben sollte ein Produktmanager über Kommunikationsfähigkeit und Durchsetzungsvermögen verfügen. Gefragt sind ausgeglichene Persönlichkeiten mit einer guten Balance zwischen konkretem/visionärem Denken, Technik-/Marktorientierung sowie strategischen/operativen Stärken.

Die Suche nach neuen Produktmanagern wirft immer wieder ein Problem auf: Es sind Personen zu finden, die eine Vielzahl von Anforderungen gleichzeitig abdecken. Meistens ist in der Praxis ein Kompromiss nötig. Denn in der Regel findet man entweder einen Spezialisten mit ausreichenden Produktkenntnissen, der über kein Marketing-Know-how verfügt, oder es bietet sich ein Marketingspezialist an, dem die entsprechenden Produkt-, Branchen- oder Verfahrenskenntnisse fehlen. Die beste Lösung scheint oft die zu sein, den Nachwuchs im Produktmanagement aus dem eigenen Unternehmen heranzuziehen.

Organisatorische Eingliederung

Es gibt verschiedene Ansätze, Produktmanager in bestehenden Organisationsstrukturen anzusiedeln. In kleinen und mittelständischen Betrieben ist eine direkte Unterstellung der Geschäftsleitung gebräuchlich, während in großen Unternehmen Produktmanager oft der Marketing-, Verkaufs- oder Entwicklungsabteilung unterstellt sind. Die optimale Eingliederung hängt individuell vom jeweiligen Unternehmen ab. Entscheidend ist, dass der Produktmanager mit den Kompetenzen ausgestattet wird, die er zur Erfüllung seiner Aufgaben benötigt.

Zugehörigkeit des Produktmanagers

Es gibt viele Modelle, nach denen Produktmanager in Organigramme eingegliedert werden. Zwei typische Fälle sind in Abbildung 4 dargestellt.

Entscheidend ist in jedem Fall, dass die Eingliederung die Produktmanager in die Lage versetzt, ihren Auftrag erfüllen zu können. Bei der Unterstellung einer Linienfunktion – wie beispielsweise der Entwicklung – ist das oft nicht gewährleistet. Die abteilungsbezogene Verpflichtung wird zu groß, wodurch die Vermittlerrolle in solchen Fällen nicht mehr eingenommen werden kann.

Um das Produktmanagement zu seiner vollen Entfaltung zu bringen, muss die Geschäftsleitung die Produktmanager also mit dem richtigen Verhältnis von Entscheidungskompetenz und Verantwortlichkeit ausstatten. Hier ist eine Top-Management-Verpflichtung absolut notwendig: Steht die Geschäftsleitung nicht hinter dieser Organisationsform, sind die Produktmanager auf verlorenem Posten.

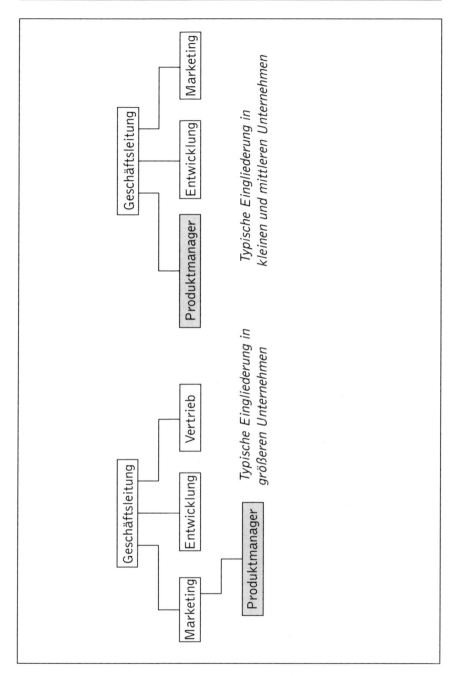

Abbildung 4: Organisatorische Eingliederung des Produktmanagements

Kapitel 3
Die persönliche Ebene

Die Herausforderung

Seien Sie sich über eines im Klaren: Das Management eines Produkts zu übernehmen ist eine echte Herausforderung. Nicht nur deshalb, weil Sie alle Kraft für den Erfolg Ihres Produkts einsetzen müssen, sondern auch – oder gerade deshalb –, weil Sie sich in einem permanenten Spannungsfeld befinden. Einerseits überträgt man Ihnen die Verantwortung für ein Produkt. Andererseits gibt man Ihnen genau das nicht, was Sie oft am meisten brauchen würden: die Kompetenz, Anordnungen zu erteilen. Sie können zum Beispiel einem Vertriebsmitarbeiter keine Anweisungen geben, denn er untersteht seinem Vertriebsleiter. Genauso wenig können Sie einem Mitarbeiter in der Entwicklung Vorschriften machen, denn er fühlt sich zu Recht dem Entwicklungschef verantwortlich.

Kompetenzen im Produktmanagement

Sie können als Produktmanager auf der Entscheidungsebene so vorgehen, wie das andere Manager auch tun, so etwa entscheiden, planen und kontrollieren. Ihre Kompetenzen sind allerdings von einer Ausnahme betroffen: Sie können Mitarbeitern in Linienfunktionen (wie Vertrieb, Marketing, Entwicklung etc.) keine Anweisungen erteilen. Diese Ausnahme liegt in der Natur der Sache. Denn Produktmanagement ist eine Querschnittsfunktion und kann daher nicht direktiv in die Arbeit von Abteilungen eingreifen.

Diese Lage ist auf den ersten Blick ein »Double Bind« – Sie sollen praktisch die Verantwortung für die Arbeit von Mitarbeitern übernehmen, auf die Sie keinen Einfluss nehmen können. Erst auf den zweiten Blick klärt sich die Situation auf. Denn Sie sind als Produktmanager nicht für die Arbeit der Mitarbeiter in den einzelnen Abteilungen zuständig. Dafür sind in Mittel- und Großbetrieben die Linienmanager verantwortlich, und in Kleinbetrieben liegt diese Verantwortung in der Regel beim Chef selbst. Ihr Job als Produktmanager ist es vielmehr, die reibungslose Zusammenarbeit der Abteilungen und Kräfte sicherzustellen, damit Ihre Produktziele vom Unternehmen verwirklicht werden.

Produktmanager als Querschnittsfunktion

Die Aufgabe eines Produktmanagers besteht darin, ein Produkt abteilungsübergreifend zu managen. Er ist für die optimale Koordination aller produktbezogenen Maßnahmen verantwortlich. Der Weg, den er dabei einschlägt, ist die Verbesserung der Kommunikation, und zwar sowohl innerhalb des Unternehmens als auch mit Markt- und Partnerfirmen. Dies wird in Abbildung 5 dargestellt.

Sinn dieser Vorgehensweise ist einerseits, über das Unternehmen verstreute Kräfte produktbezogen zu bündeln. Andererseits sollen auf diesem Weg vor allem für große und mittlere Unternehmen Zeitvorteile geschaffen werden: Ziel muss es sein, die Wendigkeit kleiner Betriebe zu bekommen und zu erhalten.

Was bleibt, ist dennoch die Herausforderung. Sie werden sich als Produktmanager gelegentlich sehr ohnmächtig fühlen. Ohnmächtig gegenüber Abteilungsdenken, kleinlichen Ressentiments, passiven Widerständen und dem Unvermögen mancher Mitarbeiter, »das Ganze« zu sehen, also die größeren Zusammenhänge.

Der Produktmanager ist die Medizin!

Wie sehr Sie auch mit Abteilungsdenken, kleinlichen Einwänden und Vorbehalten gegenüber Verbesserungen konfrontiert sind, ver

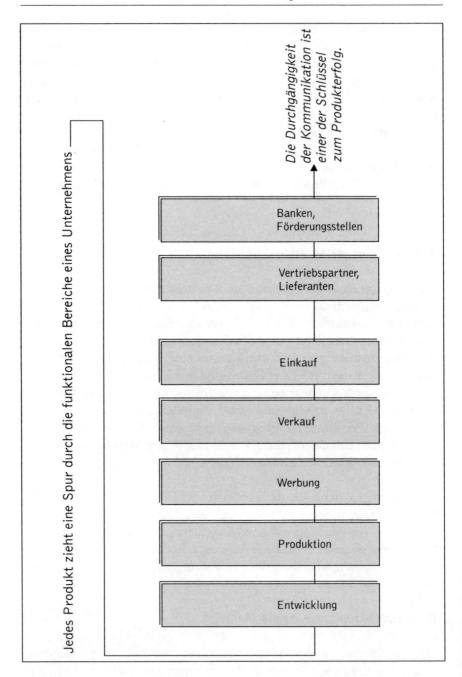

Abbildung 5: Produktmanagement als Querschnittsfunktion

gessen Sie eines nie: Sie sind als Produktmanager die Medizin gegen diese Erscheinungen. Lassen Sie sich also nicht von einem derartigen Virus anstecken. Produktmanagement ist eine Mission. Sie besteht darin, *quer* zu den normalen Unternehmensprozessen alles in die Wege zu leiten, damit Ihr Unternehmen erfolgreich sein kann und bleibt. In dem Moment, in dem Sie sich arrangieren und aufhören, *quer* zu denken und zu handeln, sind Sie angesteckt. Sie mutieren vom Produktmanager zum Sachbearbeiter.

Ziele im Produktmanagement

Das fachliche Ziel eines Produktmanagers besteht darin, einem Produkt zum Erfolg zu verhelfen. So weit, so gut. Nur, was ist Erfolg? Bedeutet dieser Auftrag immer, ein Produkt zum Gewinnträger zu machen? Die Antwort lautet definitiv: Nein. In vielen Fällen wird zwar genau das Ihre Aufgabe als Produktmanager sein, doch werden verschiedene Fälle auftreten, bei denen Ihr Ziel ganz anders lauten wird. Sie könnten zum Beispiel mit der Aufgabe betraut werden, ein überholtes Produkt lange genug am Markt zu halten, bis dessen Nachfolger entwickelt ist. Erfolg ist eben eine relative Sache und kann viele Gesichter haben. Besonders aus der Sicht Ihres Unternehmens heißt Erfolg also nicht unbedingt, dass Ihr Produkt Gewinnträger sein oder werden muss.

Ein weiteres Beispiel dafür liefern Non-Profit-Organisationen. Auch sie managen Produkte, verfolgen aber aufgrund ihrer »Mission« ganz andere Ziele als die Marketingmaschinen privater Unternehmen.

Mit diesen beiden Beispielen haben wir bereits zwei der drei Einflussfaktoren für Ihr Produktziel gestreift: erstens die aktuelle Produkt- und Marktsituation, stellvertretend für die bestehenden Optionen; zweitens die Ziele Ihres Unternehmens, für die Ihr Produkt praktisch ein verlängerter »Handlungsarm« ist. Darüber hinaus gibt es einen dritten Faktor, der zwar in der Praxis nie offen angesprochen wird, aber von großem Einfluss ist: Ihre persönlichen Ziele als Produktmanager, sprich, was Sie persönlich für sich selbst und Ihre Karriere mit dem Produkt erreichen möchten.

Das Produktziel

Für Ihr produktbezogenes Ziel bestehen drei wesentliche Einflussfaktoren: die aktuelle Produkt- und Marktsituation, die Ziele Ihres Unternehmens sowie Ihre persönlichen Ziele. Die verschiedenen Zielarten werden in Abbildung 6 dargestellt.

Aus den drei dargestellten Einflussfaktoren wird sich das Produktziel ableiten, und zwar im Sinne einer Soll-Position.

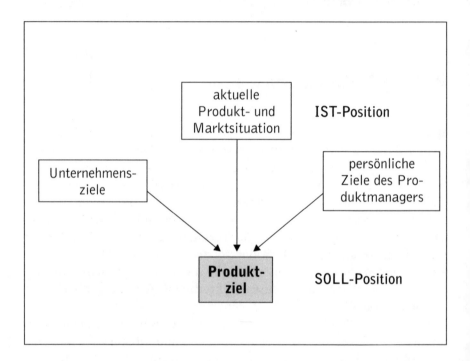

Abbildung 6: Einflussfaktoren des Produktziels

Wenn Sie sich daranmachen, Ihr Produktziel zu definieren, dann werden Sie sich in einem ersten Schritt über die Einflussfaktoren klar. Stellen Sie sicher, dass Sie genug über die drei Bereiche wissen, um nichts zu übersehen:

- Erforschen Sie die *aktuelle Produkt- und Marktsituation.* Stellen Sie fest, wie gut Ihr Produkt im Rennen liegt und worin die möglichen Optionen für die nächste Zeit bestehen.

- Verschaffen Sie sich Einblick in die *Ziele Ihres Unternehmens*. In den meisten modernen Unternehmen sind diese in irgendeiner Form schriftlich festgehalten. Falls nicht, sprechen Sie ein ernstes Wort mit Ihrem Chef.
- Schließlich und endlich sollten Sie sich, was das Produkt betrifft, über Ihre *persönlichen Ziele* klar werden. Was wollen Sie persönlich damit erreichen, wozu soll es Ihnen verhelfen?

Erst wenn Sie aus allen drei Bereichen befriedigende Antworten haben, können Sie daran denken, das Ziel für Ihr Produkt festzulegen.

Ziele erreichbar festlegen!

Ein Produktmanager ohne Produktziel kann nicht aktiv handeln. Er wird dann von anderen getrieben und in eine re-aktive Rolle gedrängt. Damit ein Produktziel seine Funktion erfüllen kann, sollte es folgenden Kriterien genügen:

- Es sollte *erreichbar* sein. Sie haben nichts von einem Fantasieziel, das Sie niemals wirklich erreichen können.
- Es sollte aber auch *herausfordernd* sein. Ein Ziel, das sich nahezu von selbst verwirklicht, wird sie bald demotivieren.
- Es sollte ferner *überprüfbar* sein. Ein Ziel, das so formuliert ist, dass Sie nicht sagen können, ob Sie es erreicht haben, ist kein Ziel.
- Es sollte schließlich *zeitbezogen* sein. Wenn Sie sich keinen Zeitpunkt für die Erreichung vornehmen, ist es ebenfalls nicht überprüfbar.

Ergänzend noch ein Wort zu den Zeitspannen, auf die sich Produktziele beziehen. Durch die immer kürzer werdenden Produktlebensspannen werden Sie Ihre Ziele nicht in allzu weite Ferne rücken können. Langfristige Ziele werden sich auf Zeiträume von maximal zwei bis drei Jahren, mittelfristige Ziele auf Spannen von einigen Monaten bis etwa einem Jahr beziehen.

Abgesehen von der Dimension »Zeit« haben Produktziele zwei weitere wichtige Ebenen: Qualität und Kosten. Darin zeigt sich eine Übereinstimmung mit dem Quality-Management, in dem diese drei Dimensionen ebenfalls eine große Rolle spielen.

Dimensionen von Produktzielen

In Übereinstimmung mit der Systematik im Quality-Management haben Produktziele drei Dimensionen. Diese werden in Abbildung 7 gezeigt.
- *Quality* steht für das Qualitätsniveau, das Sie erreichen möchten. Das ist nicht zwingenderweise so hoch wie nur irgendwie möglich, sondern genauso hoch oder niedrig, wie Ihre Zielgruppe es wünscht. Marktkenntnisse sind also für das Festlegen von Produktzielen eine Voraussetzung.
- *Costs* steht für die Kosten-Gewinn-Situation, die Sie erzielen möchten. Auch hier gilt: Sie muss nicht unbedingt im schwarzen Bereich liegen. Bei manchen Produkten kann eine Verringerung der Verluste ein durchaus lohnendes Ziel für Ihr Unternehmen sein.
- *Scheduling* steht für die Zeitkomponente bei Ihrem Produktziel. Sie sagen damit aus, bis wann sie Ihr Ziel erreicht haben möchten.

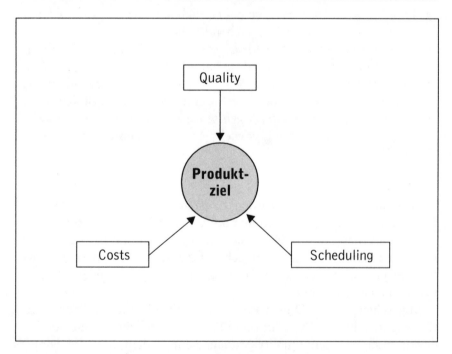

Abbildung 7: Drei Dimensionen eines Produktziels

Ein Produktziel sollte immer Aussagen über alle drei Dimensionen enthalten. Das Produktziel eines Produktmanagers bei einem Software-Hersteller könnte zum Beispiel wie folgt lauten: »Mit der nun abgeschlossenen Entwicklungsphase von XY haben wir das laut Kundenerhebung vom vergangenen Mai gewünschte Niveau an Funktionalität und Qualität realisiert. Bis zum Ende des 3. Quartals möchten wir einen Monatsumsatz von 2,5 Millionen Euro erreichen. Mit Abschluss des 2. Quartals sollen die Entwicklungskosten abgedeckt sein.«

Beachten Sie bitte, dass dieses Beispiel – so wie jede praktikable Zieldefinition – keine Aussagen darüber macht, *wie* das Ziel erreicht werden soll.

Der Weg ist nicht das Ziel!

Halten Sie Ihr Produktziel frei von der Anführung von Maßnahmen. Sie sind Sache der Umsetzung und haben in Ihrer Zieldefinition nichts verloren.

Auch wenn Sie jetzt zustimmend nicken – so selbstverständlich ist das nicht. Der häufigste Fehler beim Definieren von Zielen besteht darin, bereits die Umsetzung mit einzubeziehen. Fehler deshalb, weil Sie damit bereits Weichen stellen und wahrscheinlich alles in den gewohnten Bahnen weiterläuft. Halten Sie also Ihr Produktziel frei von Maßnahmen und lassen Sie Freiraum für neue, unkonventionelle Wege.

Schließlich bleibt noch ein Punkt rund um die Festlegung Ihres Produktziels offen – bevor Sie daran gehen können, es in die Tat umzusetzen: die Zustimmung der Geschäfts- oder Abteilungsleitung.

Einer der besten Tipps für Produktmanager lautet: Legen Sie ein realistisches Produktziel fest, das gut in Übereinstimmung mit den Unternehmenszielen steht, und holen Sie sich das persönliche Commitment Ihres Vorgesetzen. Erst wenn Sie ihn an Bord haben, beginnen Sie damit, über die Umsetzung nachzudenken.

Holen Sie sich unbedingt die Rückendeckung Ihrer Führungsstelle. Sonst werden Sie ein einsamer Kämpfer, so sinnvoll und erstrebenswert Ihr Produktziel auch sein mag.

Persönliche Eigenschaften

Sie werden sich sicher fragen, welche persönlichen Eigenschaften Ihnen in Ihrem Job als Produktmanager am meisten von Nutzen sind. Die Wahrheit ist: Sie werden *alles* brauchen, was Sie haben. Produktmanagement lässt so viele Lösungen zu, dass jede reife Persönlichkeit in jedem Fall ihren eigenen Weg finden wird.

Darüber hinaus gibt es eine Kombination von Eigenschaften, die für erfolgreiches Produktmanagement ganz besonders gute Voraussetzungen zu bieten scheint.

Am besten lässt sich diese Kombination über eine Metapher veranschaulichen ... Stellen Sie sich vor, Sie haben fünf »innere Assistenten«: Mister Spock, Leonardo da Vinci, Franz von Assisi, Dschingis-Khan und einen Marathonläufer. Wie oft, in welchen Situationen und in welchem Mischungsverhältnis Sie diese »Assistenten« zu Wort kommen lassen, bestimmt Ihre Qualität als Produktmanager.

Die beste Basis

In der Praxis zeigt sich, dass einige persönliche Eigenschaften für den Erfolg als Produktmanager eine besonders gute Voraussetzung bieten. In einem Produktmanager sollten fünf »innere Assistenten« besonders gut ausgeprägt sein:

- *Mister Spock* für analytisches Denken, Logik, Fokus, Überblick.
- *Leonardo da Vinci* für visionäres Denken, Weitblick, Kreativität.
- *Franz von Assisi* für Engagement, Verpflichtung, Verantwortung.
- *Dschingis-Khan* für Aggressivität, Durchsetzungsvermögen.
- *Marathonläufer* für Geduld, Stabilität, Ausdauer.

Entscheidend ist nicht, dass einer dieser »Assistenten« besonders stark in Ihnen vertreten ist. Vielmehr geht es darum, dass Ihnen alle fünf bei Bedarf in ausreichendem Maß zur Verfügung stehen.

Im Folgenden gehen wir auf diese fünf gedachten »Assistenten« etwas genauer ein und untersuchen, wofür sie stehen. Von speziellem Interesse ist dabei natürlich, wie sie im Zusammenhang mit der Rolle eines Produktmanagers zu verstehen sind ...

- *Mister Spock* in Ihnen ist der kühle Analytiker. Er ist in der Lage, sich rasch einen Überblick über eine Situation oder eine Sachlage zu verschaffen, Ursachen beziehungsweise Einflussfaktoren zu erkennen und mögliche Optionen zu identifizieren. Er handelt nach den Prinzipien der Logik und ist an Erkenntnissen und deren praktischem Nutzen interessiert. Es gibt für ihn nichts »Faszinierenderes«, als stundenlang Datenbanken zu durchforsten und die eine entscheidende Korrelation zu finden.

  Sie werden den *Mister Spock* in Ihnen immer dann brauchen, wenn Ihre Optionen nicht so klar auf der Hand liegen, das heißt, wenn vor dem nächsten Schritt erst eine gründliche Analyse angesagt ist – und wenn es darum geht, brauchbare Strategien auszuarbeiten und deren Konsequenzen abzuschätzen.

- Ihr *Leonardo da Vinci* ist nicht nur ein begnadeter Kreativer, er zeigt auch Weitblick und vor allem ein Höchstmaß an visionärer Vorstellungskraft. Er ist jene Kraft in Ihnen, die Ihnen erlaubt, Visionen abseits der üblichen Denkmuster und Vorstellungen zu entwickeln. Wenn Sie ein Bild der Zukunft entwerfen, das jenseits des momentan Realisierbaren liegt, dann ist *Leonardo da Vinci* am Werk.

  Leonardo da Vinci ist dann für Sie wichtig, wenn Sie in die langfristige Zukunft schauen, das heißt, wenn Sie jene Perspektiven entwickeln, auf die Sie – unter Einsatz der anderen Kräfte – hinarbeiten. *Leonardo da Vinci* kennt das Wort »unmöglich« nicht. Solange Sie ihn nicht einsperren, wird er ein ewiger Quell von Ideen und Entwürfen sein.

- Den *Franz von Assisi* in Ihnen sollten Sie nicht nur wegen seines Herzens, sondern auch wegen seines Engagements und seines Verantwortungsbewusstseins schätzen. Er geht Verpflichtungen ein für Dinge, an die er glaubt, und handelt danach, kennt kein »oben« und »unten«, und er ist ein pragmatischer Umsetzer bis zur letzten Konsequenz.

  Ohne selbst ein Heiliger werden zu müssen, dürfen Sie ruhig auf die Impulse Ihres *Franz von Assisi* hören. Krempeln Sie die Ärmel auf und packen Sie dort zu, wo Not am Mann ist. Übernehmen Sie Verantwortung für Ihre Ziele und setzen Sie Ihre Ideen mit allem Engagement um – ohne zu fragen, ob diese oder jene Tätigkeit in Ihrem Jobprofil steht oder nicht.

- Ihr *Dschingis-Khan* ist ein Eroberer. *Dschingis-Khan* fesselt und reißt mit, strotzt vor Kraft und zeigt Durchsetzungsvermögen. Seine konstruktive Aggressivität ist jene Kraft, mit der Imperien begründet werden. Die Zauberformel Ihres Eroberers ist sein Glaube an den eigenen Willen. Er ist überzeugt, dass er alles erreichen kann, was er will – und daher bekommt er es auch.

    Ihren Mongolenhäuptling brauchen Sie vor allem dann, wenn Sie andere überzeugen wollen. Sie werden als Produktmanager oft andere Menschen begeistern und Ihnen einen Grund geben müssen, mit Ihnen zu reiten. Ob bei Vertriebspartnern oder Ihren eigenen Leuten ... lassen Sie Ihren Eroberer zum Zug kommen!

- Ihr *Marathonläufer* schließlich steht für Ausdauer. Er teilt seine Kräfte so ein, dass er über eine sehr weite Strecke durchhalten kann. Er bringt genug Geduld auf, um selbst ein weit entferntes Ziel nicht aus den Augen zu verlieren. Er ist stabil und konsequent. Ohne vom Weg abzubiegen, eilt er seinem Ziel entgegen.

    Ihr *Marathonläufer* ist eine der wichtigsten Kräfte, die Sie als Produktmanager in sich tragen, wenn nicht überhaupt die wichtigste. Denn Schnellschüsse bringen einem Produktmanager in den seltensten Fällen anhaltenden Erfolg. Geduld und Ausdauer sind viel öfter der Schlüssel zum gewünschten Ergebnis. Ihren *Marathonläufer* brauchen Sie immer. Denn Produktmanagement ist letztendlich nichts anderes als ein Langstreckenlauf zu Ihrem persönlichen Athen.

Balance ist alles!

Je besser Sie den Einsatz Ihrer fünf »inneren Assistenten« ausbalancieren, umso mehr Erfolg werden Sie als Produktmanager haben. Gefragt sind Kombination und Ergänzung, nicht die Dominanz einzelner Eigenschaften.

Versuchen Sie von Zeit zu Zeit (in unterschiedlichen Situationen) ein Gefühl dafür herzustellen, welcher »Assistent« gerade am Werk ist. Das ist ein hervorragender Weg, sich seiner Stärken und Schwächen als Produktmanager bewusst zu werden.

Produktmanagement und Geschäftsleitung

Um eine Leitlinie für den Umgang mit der Geschäftsleitung beziehungsweise den Vorgesetzten zu haben, gehen Sie am besten so wie mit allen anderen Unternehmensbereichen vor: Versetzen Sie sich in die Lage der betreffenden Personen. Wie Sie dabei feststellen werden, liegt ein wichtiger Umstand darin, dass Führungsebenen nicht *produktbezogen*, sondern *unternehmensbezogen* denken und handeln. Während Sie als Produktmanager all Ihre Kräfte für das Wohl Ihres Produkts einsetzen, gilt die Sorge der Führungsebene dem Unternehmen. Das Unternehmen ist sozusagen das »Produkt« der Geschäftsleitung, von dem es gemanagt wird. Ihr Produkt ist ein Teil davon, das zum Erfolg oder Misserfolg des »Produkts Unternehmen« beiträgt. Das bedeutet aber nicht, dass Ihre Interessen zwangsläufig mit denen der Geschäftsleitung konform gehen werden. Da die Unternehmensführung stets »das Ganze« im Blickfeld hat, werden Sie als Produktmanager gelegentlich zugunsten anderer Produkte und Interessen zurückstecken müssen.

> **Hand in Hand zum Erfolg!**
>
> Während das Interesse eines Produktmanagers vor allem dem Erfolg seines eigenen Produkts gilt, hat die Geschäftsleitung das Wohl des ganzen Unternehmens im Auge.
> Sie werden dann die besten Beziehungen zu Ihrer Geschäftsleitung haben, wenn Sie den dargestellten Umstand akzeptieren.

In der Praxis bedeutet das: Kämpfen Sie für Ihr Produkt, machen Sie sich stark für Ihre Ideen und Ziele, aber akzeptieren Sie auch Entscheidungen, die für Ihr Produkt weniger günstig ausfallen. Signalisieren Sie in jedem Fall, dass Sie »das Ganze« sehen. Sie schaffen damit die beste Gesprächsbasis für Ihre Anliegen – und sie erfüllen damit die erste der *Erwartungen*, welche die Geschäftsleitung an Sie als Produktmanager hat: dass auch Sie *Weitblick* zeigen und im Interesse des Unternehmens denken und handeln.

Ferner wird man von Ihnen erwarten, dass Sie *Verantwortung* für Ihren Produktbereich übernehmen. Das heißt nicht, dass Sie die Ver

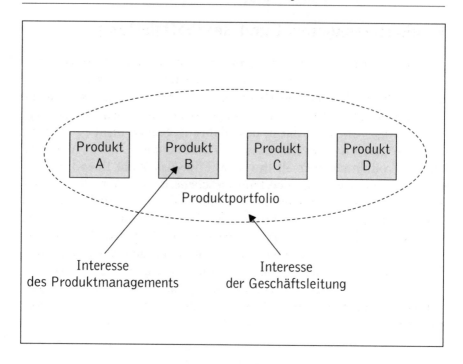

Abbildung 8: Interessen des Produktmanagers und der Geschäftsleitung

antwortung von Mitarbeitern in den Abteilungen übernehmen. Vielmehr wird sich die Geschäftsleitung wünschen, dass Sie in Produktfragen als ihr Agent beziehungsweise Botschafter handeln.

Auch wird man sich von Ihnen als Produktmanager wünschen, dass Sie *Einsatz* zeigen und selbst mit anpacken, sobald es notwendig ist. Wenn Sie sich in einer kritischen Situation auf Ihren Status als Produktmanager berufen und einer vielleicht unangenehmen Arbeit ausweichen, werden Sie bald auf der Abschussliste stehen.

Genauso wird die Geschäftsleitung von Ihnen erwarten, dass Sie *Kontinuität* üben. Mit je mehr Konsequenz Sie deklarierte Ziele verfolgen, je beständiger Ihre Aussagen und Handlungen über einen längeren Zeitraum sind, desto mehr Respekt wird die Geschäftsleitung Ihnen gegenüber entwickeln. Beweisen Sie, dass Sie längerfristige Aufbauarbeit leisten können.

Last, but not least: *Informieren* Sie Ihre Vorgesetzten laufend. Wählen Sie dabei eine Form und eine Dosis, durch die Sie sorgsam mit der Zeit Ihrer Ansprechpartner umgehen. Setzen Sie keine Papierflut in

Gang. Trennen Sie auch hier die Spreu vom Weizen und geben Sie regelmäßige, aber kompakte Infos über den Status Ihres Produkts ab.

Abschließend noch ein Wort zu Ihrer Beurteilung als Produktmanager. Seien Sie sich darüber im Klaren, dass keine Geschäftsleitung unrealistische Erwartungen in Ihre Tätigkeit setzen wird. Sie werden also nicht danach beurteilt, ob es Ihnen gelingt, einen Ladenhüter zum Shootingstar zu machen. Vielmehr wird man Ihre Leistung im Rahmen des Machbaren bewerten. Und das Machbare leitet sich immer aus der jeweils aktuellen Produkt-, Markt- und Unternehmenssituation ab. Das wissen auch Ihre Vorgesetzten.

Demonstrieren Sie Wertigkeit!

Zeigen Sie Ihrer Geschäftsleitung, dass Sie es wert sind, als Produktmanager zu arbeiten. Entlasten Sie Ihre Vorgesetzten in allen produktbezogenen Fragen. Halten Sie sie auf dem Laufenden, aber schonen Sie ihre Zeit. Und wenn es im Interesse Ihres Produkts und des Unternehmens notwendig ist, scheuen Sie sich nicht, auch einmal stark aufzutreten.

Übung: Rollen im Produktmanagement

Anwendung: Im Produktmanagement ist eine Mischung von ganz bestimmten persönlichen Eigenschaften gefragt. Diese wird durch die Mischung von fünf »inneren Assistenten« charakterisiert (Idealtypen Mister Spock, Leonardo da Vinci, Franz von Assisi, Dschingis-Khan und Marathonläufer). Entscheidend ist dabei nicht, dass einer der fünf »Assistenten« besonders stark in Ihnen ausgeprägt ist. Vielmehr geht es darum, dass Ihnen alle fünf bei Bedarf in ausreichendem Maß zur Verfügung stehen.

Anleitung: Führen Sie über einen Zeitraum von zwei Wochen ein Protokoll aller Arbeitssituationen. Notieren Sie zu jeder Situation jenen der fünf »inneren Assistenten«, von dem Sie das Gefühl hatten, dass er Ihr Verhalten in der betreffenden Situation am stärksten geprägt hat. Die Vorlage für diese Übung ist auf der beiliegenden CD-ROM gespeichert.

Übung »Rollen im Produktmanagement«

Datum	Situation	Beteiligte Personen	»Assistent«

Nachbetrachtung: Werten Sie Ihr Protokoll nach Ablauf der zwei Wochen aus. Anschließend versuchen Sie herauszufinden, welche der fünf »Assistenten« Sie besonders oft zu Hilfe nehmen und von welchen Sie Ihre Handlungen nur selten bestimmen lassen. Achten Sie auf Korrelationen zwischen bestimmten Situationen und/oder Personen sowie den fünf »Assistenten«.

Kapitel 4

Kommunikation für Produktmanager

Fremde Welten und Rollen

Jeder Mensch lebt in seiner eigenen Realität. Alle Personen, mit denen Sie als Produktmanager zusammenarbeiten (Entwickler, Servicemitarbeiter, Vertriebsleute usw.) erleben und bewerten eine Situation, ein Problem oder eine Aufgabenstellung gemäß ihrer persönlichen, sehr subjektiven Realität. Wie subjektiv diese Realität ist, zeigt ein einfaches Beispiel: Um genau diesen Sachverhalt zu demonstrieren, wurden in einem Seminar neun Personen gebeten, Größe und Helligkeit des Seminarraums zu bewerten. Das Experiment brachte das Ergebnis, das in Abbildung 9 abgebildet ist.

Wie Sie aus Abbildung 9 sehen können, unterliegen die subjektiven Einschätzungen einer breiten Streuung. Führte man nun das gleiche Experiment mit mehr als zwei Parametern (in dem Beispiel Raumgröße und Helligkeit) durch, erhielte man eine n-dimensionale Punktwolke. Jede Versuchsperson würde in der Punktwolke ihren bestimmten, sehr subjektiven Platz einnehmen – mit einer sehr geringen Wahrscheinlichkeit, dass zwei Punkte denselben Ort belegen.

In der subjektiven Realität treten Unterschiede also bereits auf der sehr niedrigen Ebene der Submodalitäten auf (wie Temperatur, Helligkeit, Lautstärke etc.). Noch viel unterschiedlicher werden komplexe Zusammenhänge erlebt (etwa in einer Besprechungssituation). Bestimmt wird die – wie wir nun wissen *subjektive* – Realität des Einzelnen von einer Vielzahl von Faktoren. Ausschlaggebend sind Erfahrungen, Erziehung, Veranlagungen, persönliche Bedürfnisse usw. Abgesehen von diesen genetischen und individualpsychologischen Faktoren wird die subjektive Realität (und damit das Verhalten) von einem weiteren sehr wichtigen Element bestimmt: der Rolle, die eine Person in einer Situa-

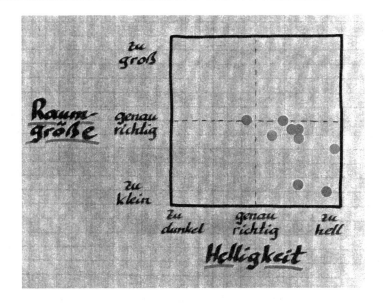

Abbildung 9: Empfinden eines Seminarraums von neun Personen.

tion einnimmt. Dieses Element wird uns im weiteren Verlauf am meisten interessieren, da es leicht verständlich, nachvollziehbar und damit gut nutzbar ist.

Die Rollen, die Menschen in beruflichen Situationen einnehmen, sind stark von ihrem beruflichen Auftrag, ihrem Selbstverständnis und ihren vermuteten Erwartungen geprägt. Alle Entwicklungsleiter zeigen daher – gemäß ihrer Rolle – in wichtigen Punkten ein ähnliches Verhalten. Dasselbe gilt für Vertriebsmitarbeiter oder die Rollen, die von Marketingleuten eingenommen werden. Der Wert an diesem Umstand für uns als Produktmanager besteht darin, dass diese Rollen gut nachvollziehbar und nutzbar sind. Wir können uns gedanklich mit etwas Übung praktisch beliebig den Hut eines Vertriebs-, Entwicklungs- oder Marketingmitarbeiters aufsetzen. Das verschafft uns einen ungemeinen Vorteil: Wir können wichtige Gesprächssituationen vorab analysieren und planen. Kurz gesagt: Wenn man die berufliche Rolle eines Gesprächs- oder Verhandlungspartners versteht, kann man sie nutzen. Denn sie bildet eine wesentliche Grundlage für die Realität des Gegenübers und damit für sein Verhalten.

Mentales Rollenspiel

Menschen nehmen, gemäß ihrer beruflichen Situation, ganz bestimmte Rollen ein. Aus diesen Rollen leiten sich ihre Interessen, ihre Ziele und ihr Verhalten ab. Jenen Umstand können Sie als Produktmanager nutzen – indem Sie die verschiedenen Rollenbilder erforschen und versuchen, ihre Auswirkungen auf das menschliche Verhalten zu verstehen. Führen Sie von Zeit zu Zeit (etwa als Vorbereitung auf ein wichtiges Gespräch) folgendes Gedankenexperiment durch:

- *Wählen Sie eine Rolle*, mit der Sie als Produktmanager in Ihrer Arbeit öfter zu tun haben. Infrage kommen zum Beispiel Entwicklungsleiter, Projektleiter, Marketingleiter, Vertreter der Vertriebsorganisationen und Serviceverantwortliche.
- *Versetzen Sie sich gedanklich in diese Rolle.* Stellen Sie sich beispielsweise vor, Sie wären tatsächlich Entwicklungsleiter.
- *Werden Sie sich über das Umfeld dieser Rolle klar.* Wem sind Sie Rechenschaft schuldig, wer hat Erwartungen an Sie? Im Beispiel des Entwicklungsleiters werden das vielleicht die Geschäftsführung, die Ihnen unterstellten Mitarbeiter und verschiedene »interne« Auftraggeber sein.
- *Erforschen Sie die Erwartungen dieses Umfelds.* Wie würde der grundsätzliche Auftrag lauten, den Ihnen die Geschäftsführung als Entwicklungsleiter übertragen hat? Wie würde der Anspruch Ihrer Mitarbeiter lauten?
- *Finden Sie die resultierenden Ziele.* Bleiben Sie weiter gedanklich in der gewählten Rolle und überlegen Sie, welche Ziele Sie in dieser beruflichen Rolle (mit deren Umfeld und den gegebenen Ansprüchen und Erwartungen) verfolgen würden. Für den Entwicklungsleiter könnte zum Beispiel ein wichtiges Ziel sein, mit den gegebenen Ressourcen möglichst viele Projekte abzuwickeln, ohne die eigenen Mitarbeiter pausenlos zu überfordern.
- *Klären Sie die daraus folgenden Interessen.* Gehen Sie noch einen Schritt weiter und versuchen Sie die Interessen herauszufinden, die sich aus den Zielen dieser Rolle ableiten. In dem Beispiel der Rolle des Entwicklungsleiters könnte ein großes Interesse darin bestehen, frühzeitig in Produktplanungen einbezogen zu werden –

damit das Ziel (möglichst viele Projekte bei einem Minimum an Überforderung) erfüllbar wird.

Bauen Sie Ihr nächstes Gespräch, Ihre nächsten Verhandlungen mit der gewählten Rolle so auf, dass Ihre Argumentation mit dem letzten Punkt – den identifizierten Interessen – konform geht. Sie werden feststellen, dass Ihr Gesprächspartner sich sehr verstanden fühlt und von dem konstruktiven Gesprächsklima überrascht sein wird.

Wenn Sie dieses Gedankenexperiment für die Rollen Ihrer wichtigsten Gesprächspartner durchspielen, werden Sie sehr bald eine gute Vorstellung von den Interessen Ihrer beruflichen Partner haben. Sie werden ihre Standpunkte besser verstehen – und Sie werden wissen, wo sie den Hebel ansetzen können, um zu einer konstruktiven Zusammenarbeit zu motivieren.

Aspekte von Nachrichten

Führen Sie bitte den Test »Die vier Seiten einer Nachricht« im Anhang dieses Kapitels durch, bevor Sie diesen Abschnitt lesen. Eine andere Reihenfolge könnte Ihr persönliches Ergebnis verfälschen und Ihren Nutzen an diesem Test verringern.

Kommunikation spielt sich grundsätzlich in zwei Dimensionen ab. Jede Aussage, Mitteilung, Antwort, Entgegnung usw. enthält zunächst einmal eine sachliche, inhaltliche Angabe zu dem Thema, über das gerade gesprochen wird. Wenn zum Beispiel ein Software-Entwickler sagt: »Die Programmerweiterung, die ich Ihnen versprochen habe, wird nächsten Montag fertig sein«, so ist das zunächst einmal eine sachliche Information. Die Software ist am Montag fertig. Punkt. Darüber hinaus enthält aber jede Aussage eine weniger vordergründige Mitteilung auf der Beziehungsebene, die bewusst oder unbewusst motiviert ist. In unserem Beispiel könnte sie lauten: »Ich habe mich für Sie angestrengt, damit Sie rechtzeitig das bekommen, was Sie brauchen.« Oder »Es geht nicht schneller; Sie haben zu viel von mir verlangt.« Oder aber auch: »Ich habe praktisch Unmögliches geschafft.« Die Aussage auf der Beziehungsebene ist grundsätzlich nur im Kontext verständlich und selbst bei genauer Kenntnis der Lage oft schwer zu entschlüsseln. Fest steht, dass sie immer etwas über die kommunizierenden Personen aussagt beziehungsweise darüber in welchem Verhältnis die beiden stehen.

Jede Kommunikation läuft also auf diesen beiden Ebenen ab. Während wir uns mit irgendeinem Thema oder einem Inhalt auseinander setzen, sind wir parallel die ganze Zeit – bewusst oder unbewusst – damit beschäftigt, Selbstdarstellung zu betreiben, Aufforderungen auszusprechen und die betreffende Beziehung zu definieren.

Um das Verständnis dessen, wie auf der Beziehungsebene kommuniziert wird, zu erleichtern, hat Schulz von Thun das »Konzept der vier Aspekte einer Nachricht« entwickelt und in seinem Buch *Miteinander Reden* vorgestellt. Neben der inhaltlichen Ebene unterteilt er die Beziehungsebene weiter in einen Appell-, Selbstdarstellungs- und (hier enger verstandenen) Beziehungsaspekt.

Die vier Seiten einer Nachricht

Jede Aussage hat nach Schulz von Thun vier (mögliche) Aspekte. Um diese Aspekte zu erläutern, ziehen wir das Beispiel heran, das Schulz von Thun in seinem Buch verwendet: Ein Paar sitzt in einem Auto, das vor einer Kreuzung angehalten hat. Er sagt zu ihr (die am Steuer sitzt): »Du, da vorne ist grün.« Diese Aussage lässt nun, sowohl aus der Sicht des »Senders« (in diesem Fall der Mann auf dem Beifahrersitz) als auch aus der Sicht des »Empfängers« (die am Steuer sitzende Frau) *vier mögliche Auffassungen* zu:

- *Die sachliche Information.* Es wird eine sachliche Information weitergegeben: »Die Ampel hat auf Grün geschaltet; Weiterfahren ist nun möglich.«
- *Der Appell.* Es wird eine Aufforderung ausgesprochen: »Gib Gas!«
- *Die Selbstdarstellung.* Es wird eine Aussage über den Sender getroffen, also zum Beispiel: »Ich habe es eilig.«
- *Die Aussage über die Beziehung.* Es wird eine Aussage über die Beziehung gegeben, also zum Beispiel: »Du brauchst meine Hilfestellung.«

So weit, so gut. Das alles wäre relativ unproblematisch, wenn sichergestellt wäre, dass eine Botschaft in derselben Dimension verstanden wird, in der sie gesendet wurde. Leider ist oft genau das nicht der Fall, und daraus entstehen viele Missverständnisse (und in der Folge Probleme) zwischenmenschlicher Kommunikation.

Verschärft wird dieser Umstand dadurch, dass die meisten Menschen in der Kommunikation einen bestimmten Aspekt bevorzugen. So könnte zum Beispiel eine Person den Appellaspekt bevorzugen; ein solcher Mensch ist also einerseits stets bemüht, Anleitung zu geben, und hört andererseits in den Aussagen anderer ständig Aufforderungen. Auf alle Fälle sei in diesem Zusammenhang angemerkt, dass es in dem Modell von Schulz von Thun keine »reinen« Typen gibt – im Gegenteil: Wir alle brauchen alle vier Aspekte als Ausdrucksmöglichkeit. Viele von uns bevorzugen allerdings die eine oder andere Seite. Der Test im Anhang dieses Kapitels soll Ihnen helfen, Ihren persönlichen Schwerpunkt herauszufinden.

Abschließend sei angemerkt, dass die hier gebrachte Zusammenfassung des »Konzepts der vier Seiten einer Nachricht« eine Vereinfachung der Ausführungen von Schulz von Thun darstellt. Nicht nur aus diesem Grund ist jedem Produktmanager die Lektüre von Schulz von Thun dringend zu empfehlen (siehe auch Literaturhinweise im Anhang).

Aktives Zuhören

Der Auftrag eines Produktmanagers hat viel damit zu tun, herauszufinden, was andere Menschen erlebt haben oder glauben oder erreichen möchten, sei es im Umgang mit Kunden, in der Zusammenarbeit mit Vertriebsleuten oder in der Begleitung einer Entwicklungsabteilung. Denn erst dann, wenn Sie ein Verständnis für die Situation Ihres Gegenübers entwickelt haben, können Sie einen gemeinsamen Weg finden, der für beide Beteiligten gewinnbringend ist.

Eine wirkungsvolle Technik, die Ihnen helfen kann, andere besser zu verstehen, heißt »Aktives Zuhören«. Aktives Zuhören hat nichts mit Anbiedern zu tun. Es ist ein Verhalten, das von Respekt und echtem Interesse am Gesprächspartner geprägt ist. Es gibt Ihrem Gegenüber die Möglichkeit, sich zu öffnen und Ihnen zu erzählen, was er wirklich will.

Die Technik des »Aktiven Zuhörens«

Zuhören heißt nicht unbedingt zu schweigen. Aktives Zuhören ist eine Kommunikationstechnik, die Ihnen hilft, die Sicht Ihres Gegenübers zu verstehen: Sie besteht aus dem kombinierten Einsatz folgender Elemente:

- *Türöffner:* Geben Sie Zeichen, dass Sie zuhören und mit Ihrer Aufmerksamkeit bei Ihrem Gegenüber sind. Beispiel: »Das klingt, als ob Sie sich geärgert hätten.«
- *Paraphrase:* Wiederholen Sie immer wieder das Gesagte, fassen Sie also zusammen. Beispiel »Nur damit ich Sie richtig verstehe. Sie sagen, dass ...«
- *Nachfragen:* Wenn Sie etwas nicht verstehen, fragen Sie nach. Aber Vorsicht! Übernehmen Sie damit nicht die Gesprächsführung.
- *Sperren meiden:* Vermeiden Sie Kommunikationssperren. Sperren sind alle Reaktionen, die von Ihrem Gegenüber wegführen. Dazu gehören nicht nur Kritik, Ermahnungen oder Ratschläge, sondern auch Lob und Beruhigungen.
- *Körpersprache:* Nehmen Sie eine offene Körperhaltung ein und halten Sie Blickkontakt.
- *Notizen machen:* Fragen Sie um Erlaubnis, ob Sie sich Notizen machen dürfen. Lassen Sie Ihren Gesprächspartner mitsehen, was Sie aufschreiben.

Einwandbehandlung

Bei der Verfolgung Ihrer Ziele werden Sie immer wieder mit Einwänden konfrontiert sein. »Nein, so kann ich das nicht machen.« oder »Glauben Sie, ich habe sonst nichts zu tun?« oder »Das wird aber mindestens zwei Wochen dauern ...« sind Klassiker, die Ihnen sicher nicht unbekannt sind.

Damit Sie an der Fülle von Einwänden, mit denen Sie tagtäglich konfrontiert werden, nicht scheitern müssen, ist vor allem eines wichtig: Sie müssen ihre Natur verstehen und akzeptieren. Vor allem intensive Einwände sind nichts anderes als ein Signal, mit dem die betreffende Person ihren Eindruck vermittelt, dass ihre Sicht nicht genügend respektiert worden ist. Einwände haben immer zwei Komponenten: erstens eine Aussage auf der Sachebene; zweitens eine emotionale Botschaft auf der Beziehungsebene. Im Umgang mit Einwänden gilt es vor allem, die emotionale Botschaft zu akzeptieren und erst dann wieder auf den sachlichen Inhalt der Aussage Bezug zu nehmen. Geschieht das nicht, so verfestigt sich im weiteren Verlauf der Widerspruch auf der Sachebene.

Die Technik der Einwandbehandlung

Ein Einwand ist oft nur der Ausdruck davon, dass eine Person ihre Sicht nicht ausreichend respektiert findet. Unabhängig vom sachlichen Inhalt gilt es vor allem, in einem ersten Schritt die emotionale Komponente der Aussage zu akzeptieren. Erst dann ist es angebracht, wieder auf den sachlichen Inhalt Bezug zu nehmen.

- *Einwand:* Ihr Gesprächspartner bringt einen starken Einwand, etwa: »Das kann ich nächste Woche unmöglich fertig haben.«
- *Zuhören:* Vermitteln Sie Ihrem Gegenüber, dass der Einwand bei Ihnen angekommen ist (siehe »Aktives Zuhören«).
- *Pause:* Zeigen Sie mit einer kurzen Gedankenpause, dass Sie den Einwand würdigen. Versuchen Sie während der Pause zu analysieren, was hinter dem Einwand steckt.
- *Antworten:* Stimmen Sie mit dem ersten Teil Ihrer Antwort der emotionalen Botschaft zu. Nehmen Sie erst dann Bezug auf den sachlichen Inhalt und versuchen Sie, eine gemeinsame Lösung zu finden. Beispiel: »Das klingt, als ob Sie im Moment sehr viel Arbeit hätten. Glauben Sie, dass mein Anliegen realisierbar wäre, wenn ...«

Die »Bedingte Zustimmung«, die Sie mit einer Einwandbehandlung geben, ist nichts anderes als ein »Ja« zum emotionalen Inhalt und ein »Nein« zu der inhaltlichen Aussage. Aber Vorsicht: Auch ein stark emotional gefärbter Einwand bedeutet natürlich nicht, dass die inhaltliche Aussage falsch sein muss. Ihre Chancen, trotzdem zu einer Einigung zu kommen, steigen mit der Anwendung einer Einwandbehandlung allerdings gewaltig.

Ich-Botschaft

Als Produktmanager arbeiten Sie ständig an Verbesserungen rund um Ihr Produkt. Da aber an Entwicklung, Produktion und Vertrieb Ihrer Produkte viele Menschen beteiligt sind, werden Sie oft vor folgender Situation stehen: Sie müssen einen unbefriedigenden Zustand aufzeigen und zur Veränderung motivieren.

Die Herausforderung dabei ist die, so vorzugehen, dass Ihr Anliegen von Ihrem Gegenüber angenommen werden kann. Im Grunde brauchen Sie dazu das Gegenstück zur Einwandbehandlung – sprich: Wie transportiert man einen sachlichen Inhalt, ohne dabei auf der emotionalen Ebene Widerstände zu provozieren?

Eine Antwort für diese Aufgabenstellung liefert die Ich-Botschaft. Sie ist eine Technik, mit der Probleme und störende Zustände angesprochen werden können, ohne eine Auseinandersetzung im Streit zu provozieren.

Die Technik der Ich-Botschaft

Eine Ich-Botschaft ist eine Aussage, welche darauf achtet, die Beschreibung eines Problems bewusst aus der eigenen Perspektive abzugeben. Die Betonung der eigenen Perspektive gibt dem Gegenüber die Möglichkeit, Verständnis aufzubringen, und holt ihn zur Lösung des Problems »an Bord«.

- *Sachlage:* Beschreiben Sie im ersten Schritt Ihre Wahrnehmung, und zwar ohne Interpretation oder Bewertung. – Beispiel: »Ich habe festgestellt, dass Lieferzusagen an unsere Vertriebspartner nicht immer eingehalten werden.«
- *Empfindung:* Ergänzen Sie die Aussage durch Ihre Empfindungen. – Beispiel: »Das bringt mich jedes Mal unter Druck, weil unsere Partner bei mir anrufen und sich ausschimpfen.«
- *Folgen:* Zeigen Sie die Folgen auf, die dadurch in Ihrer Arbeit entstehen. – Beispiel: »Ich bin dann immer in einer schlechten Verhandlungsposition. Das kostet uns einiges an Nachlässen.«
- *Wunsch:* Formulieren Sie im nächsten Schritt Ihren Veränderungswunsch. – Beispiel: »Ich wünsche mir daher, dass ...«
- *Frage:* Holen Sie sich schließlich die Zustimmung Ihres Gegenübers. – Beispiel: »Wären Sie damit einverstanden?«

Umgang mit Konflikten

Konflikte stehen im Produktmanagement an der Tagesordnung. Ständig treffen unterschiedliche Standpunkte aufeinander. Entwicklung, Vertrieb und Marketing haben solch unterschiedliche Interessen, dass Konflikte nahezu vorprogrammiert sind. Ein wesentlicher Teil Ihrer Arbeit als Produktmanager besteht daher im Management dieser Konflikte. Um dieser Aufgabe gewachsen zu sein, brauchen Sie vor allem ein gutes Verständnis vom Wesen eines Konflikts.

Konflikt und Konfrontation

Konflikte resultieren aus unterschiedlichen Standpunkten. Ein Konflikt ist daher grundsätzlich nichts Gutes oder Schlechtes – er besteht einfach. Konflikte werden dann zu einem Problem, wenn es nicht gelingt, sie aufzulösen.

Der erste Schritt, um eine Auflösung anzustreben, ist die Konfrontation der Konfliktpartner. Mit Konfrontation ist dabei nicht Streit, sondern die offene und konstruktive Auseinandersetzung mit den unterschiedlichen Standpunkten und Interessen gemeint. Erst diese Auseinandersetzung bildet die Basis, einen Kompromiss oder Konsens zu finden.

Beim Kompromiss modifizieren beide Parteien ihre Standpunkte so, dass sie miteinander verträglich sind. Beim Konsens einigen sich die beiden Parteien auf einen neuen, gemeinsamen Standpunkt. Das Wesen des Konfliktes wird in Abbildung 10 dargestellt.

Erfolgt keine Konfrontation, so wird üblicherweise auf drei Wege ausgewichen: Flucht, Kampf oder Delegation. Sie führen zwar auch zu »Lösungen«, bedingen aber immer mindestens einen Verlierer – ein Ausgang, der meistens nicht in Ihrem Interesse als Produktmanager liegen wird.

Wenn Sie den Weg einer offenen Auseinandersetzung wählen, dann ist es eher nützlich, nicht primär über Standpunkte zu diskutieren. Hilfreicher ist es, die zugrunde liegenden Interessen der Konfliktpartner zu erforschen – wie es auch das PALME-Prinzip vorsieht.

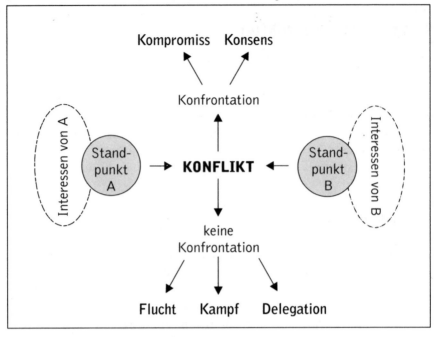

Abbildung 10: Das Wesen eines Konflikts

Das PALME-Prinzip

Wenn Sie ein Konfliktgespräch führen oder moderieren, dann versuchen Sie in erster Linie, einen Positionskampf zu verhindern. Das bloße wechselseitige Verteidigen von Standpunkten führt meistens zu gar nichts. Versuchen Sie stattdessen, die dahinter liegenden Interessen der Konfliktpartner zu erforschen. Erst sie ermöglichen die Modifikation (Kompromiss) oder Erneuerung (Konsens) von Standpunkten.

Konfliktlösung nach dem PALME-Prinzip

Dieses Gerüst zeigt Ihnen, wie Sie zwei Streithähne »von der Palme holen« können – auch wenn Sie selbst einer der beiden sind. Das PALME-Prinzip ist ein Fünf-Schritte-Modell für den konstruktiven Umgang mit Konflikten.

Voraussetzung ist, dass beide Konfliktpartner zu einer Auseinandersetzung bereit und an einer konstruktiven Lösung interessiert sind. Lassen Sie sich das zuallererst versichern. Die weitere Vorgehensweise sieht wie folgt aus:

Problem definieren
Analyse der Interessen
Lösung erarbeiten
Maßnahmen durchführen
Erfolgskontrolle

- Im ersten Schritt beschreiben Sie gemeinsam das *Problem*. Versuchen Sie, die unterschiedlichen Standpunkte und den daraus resultierenden Konflikt möglichst neutral zu beschreiben.
- Darauf aufbauend, versuchen Sie, in einer *Analyse* Klarheit über die Wurzeln des Problems zu schaffen – sprich: Wie lauten die beteiligten Interessen, die zu diesen Standpunkten führen?
- In der anschließenden *Lösungsphase* schaffen Sie (ausgehend von den jeweiligen Interessen) einen Kompromiss oder einen Konsens. Es ist unbedingt notwendig, an dieser Stelle sofort Schritte zur Umsetzung der Lösung zu vereinbaren.
- Das Umsetzen der gemeinsam vereinbarten *Maßnahmen* gehört zwar nicht mehr zum Konfliktgespräch, ist aber unerlässlich, um die Lösung haltbar zu machen.
- Das Gleiche gilt für eine anschließende *Erfolgskontrolle,* mit der Sie gemeinsam feststellen, ob die Lösung für beide Konfliktpartner zufriedenstellend umgesetzt werden konnte.

Das Problem bei solchen Konfrontationen besteht in erster Linie darin, die auftretenden Emotionen unter Kontrolle zu halten, bevor sie in eine Eskalation des Gesprächs führen und mögliche Lösungen vereiteln. Die Gefahr ist umso größer, je älter ein Konflikt ist und dementsprechend lange schwelt.

»Ich-Botschaft« und »Aktives Zuhören« bewähren sich daher speziell in den ersten beiden Phasen (P und A) der PALME-Vorgehensweise.

Besprechungsmoderation

Der Besprechungsalltag ist davon gekennzeichnet, dass eine Gruppe von Personen zusammensitzt, Informationen austauscht und versucht, gemeinsam Probleme zu lösen. Als Produktmanager werden Sie des Öfteren in die Rolle des Moderators kommen, der eine Besprechung steuert und an der Erzielung von Ergebnissen interessiert ist. Dabei wird der Teilnehmerkreis nicht immer nur aus Mitgliedern des eigenen Unternehmens bestehen, da auch Besprechungen, denen Kunden und Lieferanten beiwohnen, durchaus auf der Tagesordnung stehen können.

Der Wert einer Moderation

Wie die Praxis oftmals zeigt, entstehen wirklich haltbare Lösungen in Besprechungen nur dann, wenn alle Teilnehmer sich in der Lösung »wiederfinden«. Diese Aufgabe verlangt vom Leiter der Besprechung einerseits Geschick und andererseits die Kenntnis der wichtigsten Grundregeln einer Moderation.

Moderation ist nun aber eine Methode, die ein ganz bestimmtes Umfeld sowie spezielles Werkzeug (etwa Pinnwände) voraussetzt. Darüber hinaus ist der Moderator bei der klassischen Moderation unabhängig und nicht an der inhaltlichen Diskussion beteiligt – er gibt nur die Struktur vor und achtet auf deren Einhaltung. Das alles ist in der täglichen Besprechungspraxis meistens nicht erfüllt. Als Ersatz bietet sich die so genannte Besprechungsmoderation an. Sie ist ein Konzept, das die Vorteile der Moderation in »gewöhnlichen« Besprechungen nutzbar macht.

Besprechungsmoderation kommt mit wenig Platz aus, denn an Werkzeug wird nicht mehr als ein Flipchart benötigt. Voraussetzung ist allerdings, dass eine Person – und das wird oft ein Produktmanager sein – die Rolle des Moderators übernimmt.

Der Mangel an inhaltlicher »Neutralität« des Moderators kann dadurch wettgemacht werden, dass die Doppelrolle klar sichtbar gemacht wird: Steht der Moderator, ist er in der Funktion des Moderators, sitzt er, so nimmt er an der inhaltlichen Diskussion teil.

Der Moderationszyklus

Der Zyklus einer Moderation selbst besteht aus sechs Phasen:

- *Einstieg:* Orientierung geben, konstruktive Atmosphäre schaffen.
- *Sammeln:* Themen sammeln, Tagesordnungspunkte abstimmen.
- *Auswählen:* Gemeinsame Auswahl der Themen und Prioritäten.
- *Bearbeiten:* Bearbeitung der Themen.
- *Planen:* Festhalten der erarbeiteten Maßnahmen.
- *Abschließen:* Positiver Abschluss.

Die Hauptaufgabe des Moderators liegt darin, die Gruppe mit Fragen durch jene Struktur zu führen. Die gezeigte Fragehaltung hilft auch, Blockaden aufzulösen, unspezifische Begriffe zu präzisieren, Verallgemeinerungen zu relativieren und implizite Annahmen aufzudecken. Das zweite wichtige Instrument des Moderators ist die Visualisierung. Über konsequentes und für alle sichtbares (Mit-)Visualisieren auf einem Flipchart wird die Aufmerksamkeit der Gruppe auch über längere Zeiträume auf das gemeinsam Ziel hin gebündelt.

Moderationsausbildungen werden von vielen Trainingsinstituten angeboten. Jedem Produktmanager sei wärmstens empfohlen, sich in einer Veranstaltung dieser Art die wesentlichsten Bausteine der Moderation anzueignen und in seine Besprechungspraxis zu übernehmen.

Neurolinguistische Programmierung (NLP)

Seit Mitte der 70er Jahre existiert ein Bereich der Psychologie, der sich (auch) mit der raschen und gezielten Erzeugung von Verhaltensänderungen beschäftigt. Unter dem Begriff NLP werden eine Vielzahl von einfach erlernbaren Strukturen zusammengefasst, mit denen sich praktisch jede beliebige Verhaltensänderung hervorrufen lässt. NLP arbeitet sehr zielgerichtet; es bedient sich des so genannten »Metamodells«, welches davon ausgeht, dass jeder Mensch sich ein eigenes, subjektives Modell der Realität schafft. Das Metamodell ist ein »Modell dieser Modellbildung« und stellt damit das Werkzeug dar, effizient in die jeweiligen subjektiven Modelle einzugreifen.

Die Wirksamkeit von NLP darf keinesfalls unterschätzt werden. Gegenüber klassischen Methoden der Kommunikation wirkt NLP, verglichen etwa mit Raufereien auf dem Schulhof, wie ein fernöstlicher Kampfsport. Der Schlüssel zum Einstieg in die Arbeit mit dem Werkzeugkasten NLP ist das gezielte Schulen und Erforschen der sinnlichen Wahrnehmung. Denn die sinnliche Wahrnehmung ist der »Stoff«, aus dem die oben erwähnten subjektiven Modelle gewoben sind. Unter dem Motto »Was ich mir vorstellen kann, kann ich auch erreichen« wird die Veränderung von Verhaltensweisen, Glaubenssätzen oder Einstellungen dadurch verändert, dass die dazugehörigen Vorstellungen auf sinnlicher Ebene verändert werden.

Hinter allen klassischen psychologischen Schulen steckt eine Theorie. Nicht so bei NLP. Die Neurolinguistische Programmierung hat keine Theorie über das Funktionieren der menschlichen Psyche. Sie beschränkt sich schlicht und einfach auf die Systematisierung dessen, was wirkt.

Grundannahmen von NLP

NLP verfügt über keine Theorie, die das Funktionieren der menschlichen Psyche erklären würde. Allerdings gibt es bei der NLP eine Reihe von Grundannahmen (Präsuppositionen), die explizit als solche ausgewiesen sind. Auf der Annahme ihrer Gültigkeit beruht die Veränderungsarbeit mit der Neurolinguistischen Programmierung. Zu diesen Grundannahmen gehören:

- Die Bedeutung von Kommunikation ist das Feedback.
- Es gibt keine Fehler in der Kommunikation, nur Ergebnisse.
- Die Landkarte ist nicht das Gebiet.
- Jeder Mensch verfügt über ein einzigartiges Modell der Welt.
- Menschen treffen immer die für sie günstigste Entscheidung, gemäß ihrem Modell der Welt und der jeweiligen Situation.
- Jeder Mensch hat alle Ressourcen, die er braucht, um jede beliebige Veränderung in seinem Erleben/Verhalten zu erzielen.
- Es gibt keinen Ersatz für klare sinnliche Wahrnehmung.
- Widerstand, den Sie erhalten, ist eine Aussage über Ihren Mangel an Flexibilität als Kommunikator. Wenn Sie etwas anwenden, das nicht funktioniert, versuchen Sie etwas anderes.

- In jedem System wird das Element mit dem größten Verhaltensspielraum zum kontrollierenden Element.

Wie aus diesen Präsuppositionen hervorgeht, geht NLP sehr pragmatisch an den Kern der Sache heran. Hat man erst einmal begonnen, die Implikationen auszuloten, die hinter diesen Grundannahmen stecken, so beginnt man sehr rasch, die Quelle der Wirksamkeit von NLP zu erahnen. Denn in jeder einzelnen dieser Grundannahmen steckt bereits eine Menge Potenzial für Veränderung.

Entstanden ist NLP aus der Analyse der Vorgehensweisen der hocheffizienten Kommunikatoren Virginia Satir, Milton Erickson und Fritz Perls. Den Grundstein zu NLP haben jedenfalls keine Psychologen, sondern ein Informatiker und ein Linguist gelegt, nämlich die beiden Amerikaner Richard Bandler und John Grinder.

Richard Bandler selbst sagt über NLP: »Obwohl viele Psychologen und Sozialarbeiter NLP verwenden, um das zu tun, was sie ›Therapie‹ nennen, denke ich, dass es angemessener ist, NLP als lernpädagogischen Prozess zu bezeichnen. Im Grunde genommen entwickeln wir Methoden, um Menschen beizubringen, wie sie ihr eigenes Gehirn nutzen können.« Einen guten, sehr praxisbezogenen Einstieg in die Materie bietet sein Buch *Veränderung des subjektiven Erlebens* (siehe auch Literaturverzeichnis im Anhang).

Test: Die vier Seiten einer Nachricht

Anwendung: Im Produktmanagement haben Sie es mit einer Vielzahl unterschiedlicher Personen zu tun. Dieser Test soll Ihnen helfen, etwas mehr Klarheit über Ihr eigenes Verhalten im Umgang mit anderen Menschen herauszufinden.

Anleitung: Versetzen Sie sich in die folgenden Gesprächssituationen. Was meint Ihr Gesprächspartner wohl am ehesten, wenn er die angeführten Aussagen macht? Bitte kreuzen Sie jeweils nur eine Antwort an. Die Vorlagen für diesen Test sind auf der CD-ROM gespeichert, die diesem Buch beiliegt.

Bevorzugte Aspekte in der Kommunikation

1. Sie lenken ein Auto. Ihr(e) Beifahrer(in) sagt: »Du, da vorne ist grün!«

Sie verstehen:
- »Ich habe es eilig.« (a)
- »Du brauchst meine Unterstützung.« (b)
- »Die Ampel steht auf Grün.« (c)
- »Fahr schneller, gib Gas.« (d)

2. Sie sitzen vor dem Fernseher. Ihr(e) Partner(in) sagt: »Der Wein ist aus.«

Sie verstehen:
- »Ich bin noch durstig.« (a)
- »Du kümmerst dich nicht gut um mich.« (b)
- »Es ist kein Wein mehr da.« (c)
- »Geh eine neue Flasche holen.« (d)

3. Ihr Kind kommt aus der Schule und sagt: »Die anderen Kinder bekommen mehr Taschengeld als ich.«

Sie verstehen:
- »Ich fühle mich benachteiligt.« (a)
- »Du bist kein(e) gute(r) Mutter/Vater.« (b)
- »Die Kinder in unserer Klasse bekommen unterschiedlich viel Taschengeld.« (c)
- »Zahl mir mehr Taschengeld.« (d)

Kommunikation für Produktmanager

4. Sie sitzen mit Kollegen bei Tisch. Jemand fragt: »Wo ist das Salz?«

Sie verstehen:
- »Ich kann das Salz nicht sehen.« (a)
- »Du weißt doch immer, wo das Salz ist.« (b)
- »Das Salz ist nicht da.« (c)
- »Gib mir das Salz herüber.« (d)

5. Sie haben einen Termin mit einem Vertriebspartner. Sie warten eine Weile. Ihr Geschäftspartner kommt nicht.

Sie verstehen:
- »Ich habe keine Lust zu kommen.« (a)
- »Sie sind mir nicht wichtig genug.« (b)
- »Es ist mir was dazwischengekommen.« (c)
- »Haben Sie Geduld.« (d)

6. Sie haben eine Produktplanung abgeschlossen. Ihr(e) Vorgesetzte(r) sagt zu Ihnen: »Das ist aber schnell gegangen.«

Sie verstehen:
- »Ich bin erstaunt über die rasche Erledigung.« (a)
- »Sie sind aber sonst viel langsamer.« (b)
- »Die Aufgabe hat heute wenig Zeit erfordert.« (c)
- »Machen Sie das künftig auch so schnell.« (d)

7. Sie haben in einer Besprechung einen Vorschlag gemacht. Ein(e) Arbeitskollege(in) sagt. »Wir haben das bisher immer anders gemacht.«

Sie verstehen:
- »Ich bin skeptisch, ob dieser Vorschlag gut ist.« (a)
- »Sie sind mir zu radikal.« (b)
- »Bisher wurden diese Aufgaben anders bewältigt.« (c)
- »Bleiben Sie bei unseren bewährten Modellen.« (d)

8. Ihr(e) Chef(in) fragt Sie: »Wieso steht die Marktstudie nicht an ihrem Platz im grauen Kasten?«

Sie verstehen:
- »Ich habe die Marktstudie gesucht und nicht gefunden.« (a)
- »Sie sind unordentlich.« (b)
- »Die Marktstudie ist nicht am üblichen Ort.« (c)
- »Stellen Sie die Marktstudie an ihren Platz.« (d)

9. Ihr(e) Vorgesetzte(r) fragt: »Ist der Bericht schon fertig?«

Sie verstehen:
- »Ich möchte wissen, ob der Bericht schon fertig ist.« (a)

- »Sie brauchen so lange.« (b)
- »Was ist mit dem Bericht?« (c)
- »Machen Sie den Bericht fertig.« (d)

10. Das Telefon an Ihrem gemeinsamen Schreibtisch läutet. Ihr(e) Kollege(in) sieht sie an.

Sie verstehen:
- »Ich bin gerade sehr beschäftigt.« (a)
- »Den Anruf werden sicher Sie entgegennehmen.« (b)
- »Das Telefon läutet.« (c)
- »Heben Sie ab.« (d)

Auswertung: Die vier Kategorien stehen für folgende Aspekte:
(a): Selbstdarstellung; (b): Aussage über die Beziehung; (c): sachliche Information; (d): Appell. Zählen Sie zusammen, wie viele Antworten Sie in jeder der Kategorien (a), (b), (c), (d) angekreuzt haben. Eine Häufung in einer der Kategorien deutet darauf hin, dass Sie Aussagen anderer Personen bevorzugt in einer bestimmten Weise interpretieren. In diesem Fall sollten Sie sich in der nächsten Zeit darin üben, Ihre Interpretationen zu überprüfen – zum Beispiel, indem Sie die Bedeutung von Aussagen anderer aufmerksam hinterfragen.

Test: Meeting-Kultur

Anwendung: Produktmanagement bedeutet oft, ein Meeting nach dem anderen zu moderieren. Die nachfolgende Liste soll Ihnen helfen, Ihre Meetings so effizient wie möglich zu gestalten.

Anleitung: Gehen Sie die Liste Punkt für Punkt durch. Haken Sie alle Positionen ab, bei denen Sie sich sicher sind, dass Sie sie regelmäßig beachten. Der Text dieses Tests ist auf der CD-ROM enthalten, die diesem Buch beiliegt.

Test »Ergebnisorientierte Meetings«

Vorbereitung

❑ Es ist allen klar, weshalb wir zusammenkommen.
❑ Es hatten alle Gelegenheit, sich genügend vorzubereiten.

Beginn

❑ Am Anfang wird festgehalten, was bis zum Ende der Sitzung erreicht werden soll.
❑ Es wird gemeinsam festgelegt, welche Tagesordnungspunkte Vorrang haben.
❑ Es wird gemeinsam festgelegt, wie vorgegangen wird.
❑ Die Führungsverhältnisse sind klar geregelt.

Durchführung

❑ Wir achten darauf, dass keine Ideen und Argumente verloren gehen.
❑ Wir kontrollieren unsere Fortschritte während der Sitzung.
❑ Wir konzentrieren uns darauf, beim Thema zu bleiben.
❑ Jeder übernimmt eine bestimmte Rolle oder Funktion.
❑ Informationen werden frei und offen ausgetauscht.

❑ Abweichende Meinungen werden akzeptiert und besprochen.
❑ Kritik wird offen und ohne Angst vorgebracht.

Ende

❑ Wir fassen zusammen, was wir beschlossen haben und umsetzen werden.
❑ Wir schließen die Sitzung positiv ab.

Beurteilung: Alle Statements, die Sie nicht bestätigen können, werden als »offene Punkte« bezeichnet. Die offen gebliebenen Punkte zeigen Ihnen, wie Sie Ihre Meetings ergebnisorientierter gestalten können. Wenn Sie viele offene Punkte haben, versuchen Sie nicht, alles auf einmal in Ihre Meetings einzubauen. Nehmen Sie ein oder zwei Punkte heraus, die Sie bei den nächsten Gelegenheiten konsequent beachten. Sobald Sie diese in Ihren Meetings zur »Kultur« gemacht haben, schenken Sie den weiteren Punkten auf gleiche Weise Beachtung.

Test: Konfliktthesen für Produktmanager

Anwendung: Produktmanagement hat viel mit dem Management von Konflikten zu tun. Wie Sie persönlich mit Konflikten umgehen, hängt stark davon ab, woran Sie in diesem Zusammenhang glauben. Die folgende Übung soll Ihnen helfen, darüber mehr Klarheit zu gewinnen.

Anleitung: Reihen Sie die nachfolgenden Aussagen nach dem Grad Ihrer Zustimmung von 1 (stimme am meisten zu) bis 10 (stimme am wenigsten zu). Alle Werte von 1 bis 10 müssen vergeben werden, da gleichrangige Plätze nicht zulässig sind. Die Konfliktthesen werden in einer Datei der CD-ROM wiedergegeben, die diesem Buch beiliegt.

Nr.	These	Bewertung
	Konfliktthesen für Produktmanager	
1	Konflikte stören das Klima und sollten daher von einem Produktmanager vermieden werden.	
2	Wenn ein Produktmanager in einem Konflikt nachgibt, zeigt er Schwäche.	
3	In einem Konflikt sollte ein Produktmanager dem anderen auf halbem Weg entgegen kommen.	
4	Konflikte sind für einen Produktmanager gut, weil sie die Vielfalt der Meinungen zutage bringen.	
5	Haltbare Veränderungen kann ein Produktmanager nur bewirken, wenn sie das Ergebnis ausgetragener Konflikte sind.	
6	Bei Konflikten setzen sich meistens nur starke Produktmanager durch.	

7	Bei Konflikten ist es gut, wenn nicht der Produktmanager, sondern die Vorgesetzten entscheiden.	_____
8	Bei Konflikten sollte ein Produktmanager die Betroffenen auseinander halten.	_____
9	Wenn ein Produktmanager mit einer Abteilung zu häufig Konflikte hat, sollte man dort den Vorgesetzten austauschen.	_____
10	Konflikte sind für einen Produktmanager nur lösbar, wenn jeder ein Stück nachgibt.	_____

Beurteilung: Dieser Test hilft Ihnen, sich Ihr eigenes Verhalten im Umgang mit Konflikten bewusster zu machen. Die zehn Thesen haben folgende Entsprechungen:

- Die Thesen 1 und 8 deuten auf *Fluchtverhalten* hin.
- Den Thesen 2 und 6 liegt *Kampfbereitschaft* zugrunde.
- Die Thesen 7 und 9 spiegeln den Glauben an *Delegation* wider.
- Die Thesen 3 und 10 zeigen *Kompromissbereitschaft* auf.
- Die Thesen 4 und 5 deuten auf den *Willen zum Konsens* hin.

Wenn Sie Ihre persönliche Rangliste nun mit diesen Ergänzungen betrachten, wird Ihnen vielleicht sofort auffallen, in welche Richtung Sie tendieren – ob Sie zum Beispiel gerne davonlaufen, bevorzugt kämpfen oder meistens Kompromisse suchen.

Übung: Persönliche Reflexion zu Konflikten

Anwendung: Konflikte stehen im Produktmanagement an der Tagesordnung. Egal, ob Sie sich selbst in einem Konflikt mit einer anderen Person befinden oder ob Sie als Vermittler auftreten – die Kenntnis Ihres eigenen Konfliktverhaltens ist ein Schlüssel zur erfolgreichen Bewältigung solcher Situationen.

Anleitung: Stellen Sie sich dieser Übung in einer ruhigen und ungestörten Minute. Lassen Sie dazu einige Konfliktsituationen aus der jüngeren Vergangenheit an Ihrem geistigen Auge nochmals vorüberziehen – sie werden Ihnen die gesuchten Antworten liefern. Die Datei für diese Übung ist auf der beiliegenden CD-ROM gespeichert.

Übung »Umgang mit Konflikten«

»Konfliktvermeidung

Wenn ich einen Konflikt vermeiden möchte, neige ich am ehesten zu:

- Flucht
- Kampf (Unterdrückung, Unterwerfung)
- Delegation

Konfliktgespräche

In einem Konfliktgespräch sind meine persönlichen Stärken:

_____
_____
_____

Darüber hinaus kann ich mich in Konfliktgesprächen noch verbessern durch:

_____
_____

Aktueller Bezug

Aus meiner Arbeitssituation im Produktmanagement fallen mir folgende »schlummernde« (unbearbeitete) Konflikte spontan ein:

Nachbetrachtung: Wiederholen Sie diese Übung von Zeit zu Zeit. Betrachten Sie Überlegungen jener Art und ihre Ergebnisse als wichtigen Schritt darin, den eigenen Handlungsspielraum in Konfliktsituationen zu kennen und schrittweise zu erweitern.

Kapitel 5
Sieben goldene Regeln

Regeln und Erfahrungen

Im Grunde scheint jeder Versuch, allgemein gültige Regeln für erfolgreiches Produktmanagement aufzustellen, von vornherein zum Scheitern verurteilt. Erfolg oder Misserfolg eines Produktmanagers werden von seiner Fähigkeit bestimmt, ein ausreichendes und mit der jeweiligen Persönlichkeit kompatibles Set von Verhaltensweisen und Erfahrungen zu integrieren und zur Verfügung zu halten. Mit anderen Worten, im Produktmanagement führen viele Wege zum Ziel, und die meisten Wege sind persönlichkeitsgebunden.

Lernen, was wirkt

Kein Regelwerk kann Ihnen beibringen, wie Sie als Produktmanager erfolgreich werden. Es gibt einen einzigen Ansatz, der Ihnen dabei helfen kann, Ihren persönlichen Weg als Produktmanager zu finden: lernen! Ob Sie aus Büchern, von Vorgesetzten, von Kollegen lernen oder Erkenntnisse aus der eigenen Arbeit ziehen, bleibt dabei egal. Entscheidend ist, dass Sie sich, als Produktmanager, selbst als »Ständig Lernenden« definieren. Bleiben Sie offen gegenüber allen Inputs, allen Gelegenheiten, Erfahrungen zu machen, und allen Chancen, herauszufinden, was wirkt.

Unter diesem Aspekt sind auch die nachfolgenden »Sieben Regeln« zu verstehen. Sie sind ein Versuch, die Handlungsweisen erfolgreicher Produktmanager abzubilden. Was sie ganz bestimmt nicht darstellen, ist eine Erfolgsgarantie. Sie haben als Produktmanager nur einfach bessere Chancen, wenn Sie sich mit dem Inhalt dieser Regeln und den Bedeutungen, die dahinter stecken, auseinander setzen.

Ihre Arbeit als Produktmanager lebt davon, dass Sie herausfinden, was Ihrem speziellen Produkt am besten hilft, was in Ihrem speziellen Markt gut funktioniert und welche Verhaltensweisen mit Ihrer Persönlichkeit in Einklang zu bringen sind.

Hören Sie vor allem nie auf, Fragen zu stellen. Fangen Sie an, auch die bisher als feststehend und gegeben betrachteten Annahmen zu hinterfragen. Das beginnt bei banalen Fragen wie: »Mit welchen Produkten wurde welcher Erfolg erzielt?« Wenn Sie beispielsweise die Ergebnisse einer Produktlinie genau unter die Lupe nehmen, werden Sie möglicherweise die eine oder andere Überraschung erleben. Es könnte sich herausstellen, dass ein Produkt, das Sie als nicht so gewinnträchtig eingeschätzt haben, mehr gebracht hat, als Sie glauben. Oder Ihr persönlicher »Liebling« zeigt mit einer flachen Umsatzkurve sein wahres Gesicht. Fragen Sie weiter: »Welche Kommunikationsmaßnahmen haben zum gewünschten Erfolg geführt?« Werbung, Public Relations und Direktmarketing werden viel zu selten einer Kontrolle unterzogen. Eine einfache Gegenüberstellung von Kommunikationsmaßnahmen und den unmittelbaren Ergebnissen genügt hier, um erfolgreiche Methoden identifizieren zu können. Vor allem fangen Sie an auf diese Weise zu erkennen, was funktioniert.

Regeln sind keine Erfolgsgarantie

Lesen Sie die nachfolgenden Regeln immer vor dem Hintergrund, ihre Bedeutung und Konsequenzen für die eigene Arbeit zu erkennen. Fassen Sie die Aussagen nicht als starres Regelwerk auf, sondern als weiteren Input, der Ihnen hilft, zu lernen, was wirkt. Und am allerbesten wäre, Sie stellen Ihre eigenen, persönlichen Erfolgsregeln für Ihr Produkt und Ihren Markt auf.

1. Beschaffen Sie sich Informationen

Als Produktmanager sollten Sie alle Faktoren kennen, die den Erfolg Ihrer Produkte beeinflussen können. Das versetzt Sie in die Lage, Ihre Entscheidungen auf fundierter Basis zu treffen.

Entscheidungen im Produktmanagement

Effizientes Produktmanagement steht und fällt mit raschen Entscheidungsprozessen. Um Ihre Entscheidungen schnell und fundiert treffen zu können, brauchen Sie Basis- und Detailinformationen aus drei großen Bereichen: produkt-, markt- und unternehmensbezogene Daten. Die drei Informationsbereiche werden in Abbildung 11 veranschaulicht.

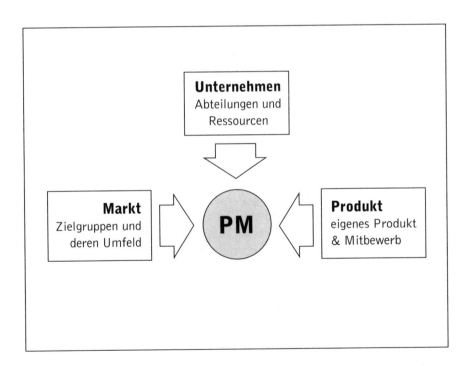

Abbildung 11: Informationsbedarf im Produktmanagement

Ihre wichtigste Arbeitsgrundlage im Produktmanagement sind exakte *Produktkenntnisse*. Sie sollten mit Ihrem Produkt sehr gut vertraut sein. Idealerweise setzen Sie es selbst ein und sind Anwender. Sie lernen es so unter den verschiedensten Bedingungen kennen und kritisch beurteilen.

So wie die Beschäftigung mit Ihrem eigenen Produkt wichtig ist, dürfen Sie auch die Auseinandersetzung mit Mitbewerbsprodukten nicht vernachlässigen. So kann zum Beispiel der Kauf eines Konkurrenzprodukts und seine Analyse Wettbewerbsvorteile zum Vorschein bringen oder Entwicklungsmöglichkeiten aufzeigen.

Detaillierte Informationen über den zu bearbeitenden *Markt* sind ein weiteres wichtiges Erfolgskriterium für Ihre Arbeit. Daten zu Größe, Zusammensetzung, Sättigungsgrad, wirtschaftlichen und technischen Trends bieten ebenfalls eine große Hilfe. Erst auf dieser Basis können Sie die für Sie attraktivsten Zielgruppen identifizieren. Genutzt werden können Studien, Veröffentlichungen von Branchenverbänden, Fachzeitschriften und was immer Ihnen Informationen liefern kann.

Falls Sie als Produktmanager in einem mittleren oder größeren Betrieb arbeiten, kann es von großem Nutzen sein, wenn Sie sich mit den Möglichkeiten Ihres eigenen *Unternehmens* im Detail vertraut machen. Einerseits können Sie so bestehende Vertriebskanäle und Kontakte nutzen. Andererseits ermöglicht die Beschäftigung mit den einzelnen Abteilungen und ihren Methoden, die Ressourcen des Unternehmens optimal auszuschöpfen. Denken Sie also immer daran: Ihr Unternehmen ist einer Großfamilie vergleichbar, in der zahllose Kontakte herrschen und viele offene Möglichkeiten bestehen.

Während Informationen zu Produkt und Unternehmen meist in ausreichendem Maß zur Verfügung stehen, werden Daten zu Markt und Mitbewerb oft zu wenig erhoben. Theoretisch steht Ihnen eine Fülle von Quellen offen – Sie müssen sie nur nutzen. Als Anregung hier einige der vielen Möglichkeiten neben dem Internet:

- persönliche Kundenbefragungen,
- schriftliche und telefonische Umfragen,
- Besuch der Mitbewerber auf Messen,
- Kauf von Mitbewerbsprodukten,
- Verbände, Handelskammer,
- Adressenverlage,
- Statistisches Zentralamt,

- Messeführer, Tagungsbände,
- Branchenverzeichnisse,
- Fachzeitschriften,
- Geschäftsberichte sowie
- Prospekte der Mitbewerber.

Quellen nutzen!

Schreiben Sie Ihre drei wesentlichen Konkurrenzprodukte auf. Überlegen Sie sich zu jedem einzelnen einen einfachen Weg, wie Sie zu detaillierten Informationen kommen könnten. Nehmen Sie sich vor, in den nächsten drei Wochen jede Woche eine dieser Möglichkeiten auszuschöpfen.

2. Analysieren Sie Ihre Daten

Machen Sie die Analyse zu Ihrem Steckenpferd. Analyse bewahrt Sie vor Sackgassen und erhöht Ihre Wachsamkeit für neue Chancen.

Informationen zu beschaffen ist ein wichtiger Schritt. Ihre Bedeutung zu analysieren ist mindestens genauso wichtig. Sobald Sie beginnen, Produkt- und Marktdaten genauer unter die Lupe zu nehmen, stoßen Sie sehr schnell auf ungenutzte Chancen. Vielleicht fallen Ihnen plötzlich neue, attraktive Zielgruppen auf; oder Sie stellen fest, dass eine kleine Produktmodifikation ein zusätzliches Marktsegment öffnet; oder Sie erkennen, dass der Mitbewerb in einem bestimmten Bereich an Boden verliert. Voraussetzung ist nur, dass Sie sich mit Ihren Informationen eingehend beschäftigen.

Analyse – ein wichtiger Schritt

Analyse ist einer von vier Schritten in einem Managementmodell, das auf W. E. Deming zurückgeht. Ursprünglich zur Optimierung von Produktionsketten entworfen, wurde es später auf viele Managementaktivitäten ausgedehnt. Es ist besonders gut für Branchen mit raschem Wandel oder hohen Qualitätsanforderungen geeignet. Das Deming-Rad ist in Abbildung 12 dargestellt.

Die Abfolge von Analyse, Planung, Umsetzung und Kontrolle stellt einen natürlichen Zyklus dar, der im Grunde bei jeder Aktivität abläuft. In der täglichen Praxis werden die Schritte Analyse und Kontrolle aber gerne vernachlässigt: Da Analyse zur Konzentration zwingt und Kontrolle meist als lästig empfunden wird, erfolgen Planung und Umsetzung nicht selten in Hauruck-Aktionen. Das Deming-Rad dient dazu, die Bedeutung dieser beiden Schritte wieder ins Bewusstsein zu rufen. Planungs- und Umsetzungsphase werden dadurch um ein Vielfaches erleichtert.

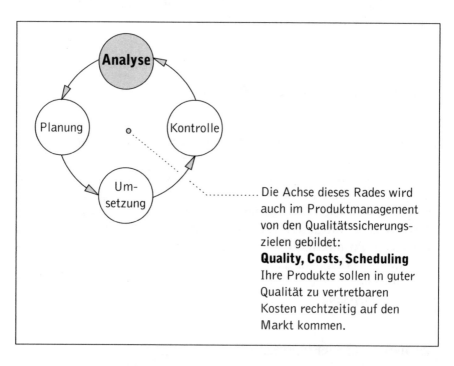

Abbildung 12: Das Deming-Rad

Das Deming-Rad ist ein Modell, das Ihnen im Produktmanagement von großem Nutzen sein kann. Dieses Modell ist auch unter anderen Namen bekannt und zum Beispiel als PTCA-Zyklus ins Qualitätsmanagement eingegangen. Das Prinzip ist stets dasselbe: Es liegt in der geschlossenen, immer wiederkehrenden Abfolge von Analyse, Planung, Umsetzung und Kontrolle. Die Achse des Rades bilden die Ziele, die Sie erreichen wollen. Jeden Prozess, den Sie in Angriff nehmen (egal, ob aus Entwicklung oder Vermarktung, ob kurz- oder langfristig) können Sie in folgende Phasen gliedern:

- Im Zuge der *Analyse* erheben Sie aus allen zur Verfügung stehenden Quellen die wichtigen Informationen. Sie untersuchen Ihre Möglichkeiten und definieren Ihre Ziele. Die Bedeutung dieser Phase wird gerne unterschätzt. Das ist ein Fehler, denn die genaue Kenntnis des Ist-Standes ermöglicht eine sinnvollere Planung.
- Die anschließende *Planungsphase* dient Ihnen zum Festlegen von Maßnahmepaketen. Dabei ist gesunder Realismus angebracht: Sie müssen die zur Verfügung stehenden Ressourcen und Budgetmittel berücksichtigen.
- Bei der nachfolgenden *Umsetzung* unterstützen Sie alle Beteiligten aktiv. Denn ohne Hilfestellung bei der Umsetzung ist das schönste Aktionsprogramm wertlos. Lassen Sie die betroffenen Stellen bei der Ausführung der notwendigen Maßnahmen nicht allein.
- Einen wichtigen Schritt stellt die *Kontrolle* dar. Auch diese Auswertungsphase erhält normalerweise nicht die nötige Aufmerksamkeit. Dabei birgt sie eine große Chance in sich, nämlich die, aus der eigenen Arbeit zu lernen. So ist eine laufende Verfeinerung Ihrer Anstrengungen möglich ... Das Rad dreht sich weiter.

Die Unsitte, auf eingehende Analysen zu verzichten, scheint ihren Ursprung zumindest teilweise in der starken Belastung durch das Tagesgeschäft zu haben. Dabei macht allein die Gewohnheit, Daten auf ihre Bedeutung hin zu untersuchen, schon sensibel für ungenutzte Potenziale. Genutzt werden können auch Daten, die ohnehin im Unternehmen vorliegen. Beispielsweise die Stückzahlentwicklung der letzten Perioden. Warum ist sie so und nicht anders verlaufen? Können alle Schwankungen begründet werden?

Erklärungen sollten Sie nicht nur für negative, sondern auch für positive Trends suchen. Denn vielleicht können Sie die Ursache einer günstigen Entwicklung auch an anderer Stelle gewinnbringend verwerten.

> **Sich Zeit nehmen!**
>
> Versuchen Sie, bei Ihrer nächsten Aktion nicht sofort mit Umsetzung oder Planung zu beginnen. Nehmen Sie sich die Zeit, erst den Ist-Stand zu erheben, Ihre Möglichkeiten klar zu analysieren und die Ziele festzulegen. Sie werden feststellen, dass Sie die dafür aufgewendete Zeit in der Planungs- und Umsetzungsphase um ein Vielfaches wieder einspielen.
>
> Analysieren Sie zum Beispiel bei Gelegenheit Ihre Produktlinie. Beginnen Sie damit, die Gewinne pro Produkt zu erheben. Finden Sie die rentablen und die weniger rentablen Produkte heraus. Ziehen Sie Ihre Schlüsse und stellen Sie einen Plan für die gezielte Veränderung auf.

3. Schlagen Sie Brücken

Kommunikation kann eines Ihrer wirkungsvollsten Werkzeuge sein ... wenn Sie es verstehen, »Informationstäler« zu überbrücken.

> **Produktmanagement ist Informationsmanagement**
>
> Jede Abteilung, jeder Partner, jeder Fremdleister bringt seinen Beitrag zum Erfolg Ihrer Produkte ein. Wie qualifiziert dieser Beitrag ausfallen kann, hängt in hohem Maß von Ihnen als Produktmanager ab. Bei Ihnen laufen die Fäden zusammen. Sie verfügen über den höchsten Grad an produkt- und marktbezogenen Daten. Entscheidend ist, dass Sie davon Gebrauch machen und alle Stellen mit genau den Informationen versehen, die diese brauchen.
>
> Diese Aufgabenstellung tritt immer wieder auf. Es macht sich daher sogar bezahlt, Standards für den Informationsbedarf der einzelnen Stellen zu entwerfen. Wird ein neues Produkt eingeführt, greifen Sie auf die Standards zurück: Die richtigen Informationen fließen rasch an die richtigen Stellen.

Bedenken Sie: Jedes Produkt zieht eine Spur durch die verschiedensten funktionalen Bereiche. Entwicklung, Produktion, Werbung und Verkauf sind nur einige Beispiele. Die Spur führt aber auch weiter zu Händlern, Agenturen, Banken usw. Überall wird von dem Produkt gesprochen – nur überall anders. Die Technik redet von Debugging und RISC; das Marketing philosophiert über Impacts und Mediadaten; das Controlling rechnet mit DBs und Leistungsbudgets; der Vertrieb plant Kick offs und erstellt Launch-Packages. Diese Sprachverwirrung, typisch für die Kluft zwischen den funktionalen Bereichen, schafft Bruchstellen – Bruchstellen, die von weiteren Spannungen verbreitert werden: Abteilungsdenken, unterschiedliche Interessen der Beteiligten sowie verschiedenartige Denk- und Verhaltensmuster. Was dabei am Ende herauskommt, ist manchmal einfach Glückssache.

Jede Stelle, die am Produkterfolg beteiligt ist, hat ihre eigene Realität. Gemäß dieser Realität sieht sie das Produkt in einem ganz speziellen Licht: Eine Werbeagentur wird ein Produkt anders ansehen und bewerten als die Entwicklungsabteilung. Und deren Sicht wird sich wieder stark von den Maßstäben unterscheiden, die zum Beispiel eine staatliche Förderungsstelle anlegt.

Management, das Sie Ihren Produkten angedeihen lassen, ist dann effizient, wenn es diesen Umständen Rechnung trägt. Die Lösung besteht darin, die unterschiedlichen Realitäten zu akzeptieren und sich an ihnen zu orientieren. Erhält jeder Bereich von Ihnen die für ihn wichtigen Informationen, so wirkt sich das sehr positiv auf die rasche Durchsetzung Ihres Produkts aus.

Leben und leben lassen!

Legen Sie eine Liste aller Stellen an, die am Erfolg Ihres Produkts beteiligt sind. Überlegen Sie, ob Sie den genauen Informationsbedarf jeder dieser Stellen kennen. Und nehmen Sie sich vor, Ihre Ansicht in Gesprächen zu überprüfen.

4. Werden Sie zum Anwalt Ihrer Kunden

Ein Interessent, der knapp vor dem Abschluss war, kauft bei einem Mitbewerber. Ein langjähriger Kunde springt plötzlich ohne jeden ersichtlichen Grund ab. Ein Neukunde beklagt sich über ein unbrauchbares Produkt, obwohl er vereinbarungsgemäß beliefert wurde. Fälle, die jeder kennt und über die niemand gerne spricht. Mit großer Wahrscheinlichkeit wären sie alle vermeidbar gewesen – unter der Voraussetzung, dass man sich etwas mehr am Kunden und an seiner Realität orientiert hätte.

Die Realität der Kunden

Auch Kunden sind nur Menschen und haben ein Recht auf ihre Bedürfnisse. Wir alle wollen Geld verdienen, unser Selbstwertgefühl geachtet wissen, uns sicher fühlen oder ein leichteres Leben haben. Nicht zuletzt leben wir sogar von diesen Bedürfnissen – sie sind der Motor aller Austauschprozesse.

Wenn wir nun ein Produkt anzubieten haben, das eines dieser Grundbedürfnisse gut anspricht, werden unsere Kunden längerfristig trotzdem nur von jemandem kaufen, der ihre Sicht der Dinge auch respektiert. Denn sie wollen nicht nur ihre Bedürfnisse befriedigen, sie wollen auch bestätigt bekommen, dass diese legitim sind.

Die logische Konsequenz daraus ist, alle Unternehmensprozesse am Kunden auszurichten. Diese Idee der Kundenorientierung ist simpel, ihre Umsetzung leider nicht. Der Grund dafür liegt darin, dass wir sehr hartnäckige Vorstellungen davon haben, was unsere Kunden von uns und unseren Produkten wollen. So geschieht es, dass wir oft vergessen, unsere Vorstellungen zu überprüfen.

Dabei ist der Weg ziemlich klar: Fragen Sie einfach. Reden Sie mit Ihren Kunden und Vertriebspartnern. Ist das Bestellsystem praktikabel? Entsprechen die Serviceleistungen den Bedürfnissen Ihrer Kunden? Führen Sie Umfragen durch, etablieren Sie ein Info- und Beschwerdesystem. Fangen Sie an, wie ein Kunde zu *denken*. Aber was fast noch wichtiger ist: Lassen Sie nicht zu, dass die Ergebnisse Ihrer Nachforschungen unter den Tisch gekehrt werden. Setzen Sie sich für Ihre Kunden ein, als ob Sie ihr Anwalt wären.

Ihre Bemühungen werden sich auszahlen: Unternehmen, die ihre Produkte und Leistungen am Kunden orientieren, erzielen deutlich über dem Durchschnitt liegende Deckungsbeiträge. Das Preisargument rückt mehr und mehr in den Hintergrund.

Erwartungen übertreffen!

Kunden lieben es, wenn ihre Erwartungen nicht nur erfüllt, sondern übertroffen werden. »Mehr als erwartet« heißt die Devise. Das bestätigt sie in ihrer Entscheidung und fördert ihre Gewissheit, die richtige Wahl getroffen zu haben.

Überlegen Sie, mit welchen »Überraschungen« Sie Ihre Kunden nach dem Kauf weiter umwerben könnten. Forschen Sie zu diesem Zweck nach, mit welchen Aspekten Ihres Produkts neue Kunden sich in der ersten Zeit nach dem Kauf auseinander setzen. Das liefert Ihnen Ideen, wunschgemäß ihre Erwartungen zu übertreffen.

5. Denken Sie strategisch

Neben operativem Geschick sollten Sie eine weitere wichtige Eigenschaft pflegen: Legen Sie erst die Ziele und dann die Maßnahmen fest.

Strategie ist Zielorientierung

Ein Weg alleine ist noch keine Strategie. Erst die Kombination von gegenwärtiger Position, zu erreichender Position und der gewählten Vorgehensweise bildet eine Strategie. Dies wird in Abbildung 13 dargestellt.

Die gebräuchliche Verwechslung von Strategie mit reiner Vorgehensweise unterschlägt einen wesentlichen Faktor: das Ziel, das erreicht werden soll. Denn mit einer Strategie werden primär Grundsatzentscheidungen getroffen: die Soll-Position in Bezug zur Ist-Position sowie der bestmögliche Weg.

Aus der Grundsatzentscheidung »Soll-Position« folgt eine Verbindlichkeit, die ohne sie nicht bestehen würde. Erst wenn ich weiß, wohin ich marschiere, kann ich nicht mehr so leicht vom Weg abkommen.

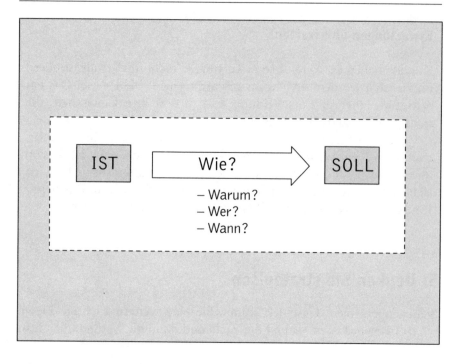

Abbildung 13: Wesen einer Strategie

Viele Ihrer Produkte erfordern laufende Händler- und Kundenbetreuung, die sich meist in starker Belastung durch das Tagesgeschäft niederschlägt. Als Konsequenz werden Sie manchmal zielorientiertes Arbeiten vergessen. Dabei liegt der Schlüssel zur Arbeitserleichterung oft darin, vom operativen *Re-Agieren* auf strategisches *Agieren* überzugehen – sprich: Ihre Ziele festzulegen, um damit wichtige und unwichtige Arbeiten leichter trennen zu können. Denn strategisch zu denken heißt schließlich, zielorientiert zu denken.

Legen Sie also Ihre Ziele fest. Hüten Sie sich dabei vor unscharfen Aussagen wie etwa der folgenden: »Ich möchte den Produkterfolg verbessern.« Definieren Sie genau und für Sie selbst überprüfbar, was Sie erreichen wollen. Sobald Sie Ihre Ziele exakt kennen, entwickeln Sie Ihre Route. Finden Sie heraus, welche Kräfte Sie nutzen und einsetzen müssen, um Ihre Ziele zu erreichen.

Die Umsetzung Ihrer Strategie bedeutet schließlich, in größeren zeitlichen Kategorien zu denken. Sie müssen eine Menge Geduld aufbringen und so manches Bauernopfer in Kauf nehmen. Ihr Einsatz wird sich aber lohnen: Viele wünschenswerte Ergebnisse lassen sich nur durch langfristige und kontinuierliche Arbeit erreichen.

Ziele definieren!

Überprüfen Sie Ihre Produktziele. Haben Sie kurz-, mittel- und langfristige Ziele definiert? Wenn ja: Sind diese Ziele so formuliert, dass Sie sie auch auf Erreichung überprüfen können?

6. Verbünden Sie sich mit der Zeit

Nicht die Großen fressen die Kleinen, sondern die Schnellen die Langsamen. In der modernen Wirtschaft gilt dieser Grundsatz mehr als irgendwo sonst.

Die Zeit läuft ...

Ein sorgsamer Umgang mit der Zeit ist im Produktmanagement mehr als angebracht. Denn die Innovationszyklen werden zunehmend kürzer. Leider nehmen damit auch die verfügbaren Entwicklungszeiten ab. Nachfolgend einige Beispiele *(Quelle: Dr. I. Köhler, 1994)* für Time to Market in Bezug auf elektrotechnische beziehungsweise elektronische Technologien:

- Fotografie   112 Jahre
- Telefon   56 Jahre
- Telegrafie   35 Jahre
- Kernspeicher   22 Jahre
- Videorekorder   6 Jahre
- Schnelle Logik   2 Jahre

Kennen Sie den Witz von den beiden Barfüßigen, die von einem Löwen verfolgt werden? Als einer der beiden stehen bleibt, um seine Turnschuhe anzuziehen, fragt ihn der andere: »Glaubst du tatsächlich, dass du nun schneller bist als der Löwe?« Seine Antwort: »Brauch ich nicht, ich muss nur schneller sein als du!«

Diese zugegebenermaßen morbide Geschichte bringt die »Sache mit der Zeit« auf den Punkt. Der Grund für die große Bedeutung des Zeitfaktors liegt in einer Kostenschere: Einerseits sinken die Produktlebenszeiten ständig: Der Zeitraum, in dem mit einem bestimmten Produkt Erlöse eingefahren werden können, wird immer kürzer. Andererseits nehmen die Aufwendungen für Forschung und Entwicklung drastisch zu. Am chancenreichsten sind daher Unternehmen, die es verstehen, in den kurzen verbleibenden Marktzeiten Gewinne zu erzielen.

Neue Produkte werden heute entweder sofort vermarktet oder nie. Ein Trost ist, dass das für alle Anbieter gilt. Im Folgenden ein paar Vorschläge, wie Sie Ihrem Produkt »Turnschuhe« anziehen und Ihre Mitbewerber abhängen:

- *Prioritäten setzen:* Klare Prioritäten erlauben beschleunigtes Vorgehen. Beispiel: Bei der Entwicklung eines neuen Software-Produkts kann in einer ersten Version nur ein Teil der vorgesehenen Funktionalität verwirklicht werden. Dennoch ist es mit dem Basisprodukt bereits möglich, einen Fuß in die Tür zum Markt zu stellen. Ihr Zeitvorteil: rascher Markteintritt.
- *Analysieren:* Analyse ist das Werkzeug, mit dem Sie Entscheidungen auf einen sicheren Boden stellen. Ganz allgemein gilt: Die hohe Rate an Flops ließe sich vermeiden, wenn Markt und Kundenbedürfnissen generell mehr Aufmerksamkeit geschenkt würde. Ihr Zeitvorteil: Sackgassen werden vermieden.
- *Planen:* Ihre Entwicklungs-, Marketing- und Vertriebsaktivitäten laufen durch realistische Planung effizienter ab. Denn an den meisten Prozessen sind mehrere Personen beteiligt. Wenn von diesem Kreis jeder genau weiß, was wann zu erledigen ist, läuft alles schneller. Ihr Zeitvorteil: »Totzeiten« nehmen ab.
- *Redundanzen vermeiden:* Bevor Sie daran denken, Entwicklungs- oder Vertriebsressourcen zu erweitern, sollten Sie sie auf Redundanzen überprüfen. In vielen Unternehmen geschehen dieselben Tätigkeiten mehrmals parallel – entsprechende Zusammenlegungen bringen eine Beschleunigung mit sich. Ihr Zeitvorteil: Mehrfachnutzung von spezialisiertem Know-how.
- *Parallel arbeiten:* Viele Aktivitäten müssen nicht nacheinander ablaufen, sondern können parallel erledigt werden. Klassisches Bei-

spiel ist die Produktentwicklung und das gleichzeitige Erstellen der Dokumentation. Ihr Zeitvorteil: Unnötige Wartezeiten werden vermieden.

- *Koordinieren:* Rechtzeitiges Vorbereiten und Einbeziehen aller an einer Aufgabe beteiligten Personen schützt Sie vor unliebsamen Überraschungen. Wenn die Logistik am Mittwoch erfährt, dass ab Freitag eine neue Produktlinie vertrieben werden soll, wird es wahrscheinlich zu Verzögerungen kommen. Ihr Zeitvorteil: Keine Zeitverluste durch Überforderung.
- *Motivieren:* Wenn Sie alle Beteiligten einbeziehen, schaffen Sie erhöhte Identifikation. Aber nicht nur das aktive Einbeziehen in Problemstellungen ist wichtig, auch Erfolge sollten gemeinsam gefeiert werden. Denn wenn man dazugehört, geht alles leichter von der Hand. Ihr Zeitvorteil: Alle beeilen sich.

Fit machen!

Ihre Alleinstellungsmerkmale haben eine eng begrenzte Lebensdauer. Betrachten Sie zum Beispiel Ihr wichtigstes Produkt und dessen herausragenden Nutzen. Schätzen Sie die verbleibende Zeit ab, in der Sie der Einzige sind, der diesen Nutzen bieten kann. Überlegen Sie, wie Sie dieses »Zeitfenster« optimal nutzen können. Was könnten Sie zusätzlich unternehmen, um Ihren Zeitvorsprung gegenüber Mitbewerbern zu halten?

7. Kontrollieren Sie alles

Kontrolle sollte für Sie kein lästiges Übel sein, sondern eine Waffe – eine Waffe im Kampf um den Produkterfolg. Denn jedes Produkt ist einmalig, und jeder Markt folgt seinen eigenen Gesetzen. Die müssen Sie finden. Ein Mittel, das Ihnen dabei hilft, ist die Kontrolle.

Kontrolle erhält zum Beispiel in der Absatzförderung besondere Bedeutung. Werbung, Messen und Verkaufsaktionen sind teuer, und trotzdem werden die Ergebnisse selten den Kosten gegenübergestellt. Dabei bergen solche Auswertungen eine immense Chance in sich: Kontrolle ermöglicht Ihnen zu lernen.

Lernen, was wirkt

Vorsätze haben aber nur dann einen Sinn, wenn sie ein realistisches, erreichbares Ziel implizieren. Bevor Sie sich Ziele stecken, lohnt es sich, erst einmal zurückzusehen und einen eingehenden Blick auf die Ist-Situation der Arbeitsprozesse in Ihrem Verantwortungsbereich zu werfen. Kontrolle dieser Art bietet die Möglichkeit, aus der eigenen Arbeit zu lernen – zu lernen, was wirkt.

Wenn Sie sich Kontrolle erleichtern wollen, so bauen Sie in jede Maßnahme, die Sie setzen, von Beginn an einen Auswertemechanismus ein. Sie erhalten automatisch Ihr Feedback und wissen sofort Bescheid.

Aber Vorsicht: Missverstehen Sie den Begriff der Kontrolle nicht. Suchen Sie im Fall mangelhafter Ergebnisse in erster Linie nach Ursachen. Lernen Sie aus den Ergebnissen und optimieren Sie den Einsatz von Personal und Material.

Gehen Sie bei neuen Vorsätzen nicht blind auf Wunschergebnisse (wie etwa Stückzahlen) los. Solche Ansätze führen über kurz oder lang nur auf die Suche nach Schuldigen. Besser ist es, eine Veränderung der zugrunde liegenden Prozesse anzustreben. In weiterer Folge ergibt sich daraus automatisch eine Verbesserung der Ergebnisse. Dieser Weg ist zwar etwas beschwerlich, dafür aber von länger anhaltendem Erfolg gekrönt.

Klarheit schaffen!

Kontrollieren Sie zum Beispiel Ihren letzten Messeauftritt. Welche tatsächlichen Kosten sind entstanden? Wie viele Verkäufe hat die Messe gebracht und welche Deckungsbeiträge wurden erzielt? War der Messeauftritt rentabel?

Übung: Sieben goldene Regeln für Produktmanager

Anwendung: Allgemein gültige Prinzipien, die einen Produktmanager erfolgreich machen, lassen sich nur schwer aufstellen. Zu unterschiedlich sind Märkte und Unternehmen, zu vielfältig Persönlichkeiten und Charaktere. Trotzdem lassen sich – bei aller gebotenen Vorsicht – aus der Arbeit erfolgreicher Produktmanager Vorgehensweisen ableiten, die zumindest eine gute Basis für den Erfolg bilden.

Anleitung: Arbeiten Sie diese Übung Schritt für Schritt durch. Machen Sie sich Notizen zu den Fragen, die bei jeder Regel angeführt sind. Wenn Sie mit allen Regeln fertig sind, leiten Sie zum Schluss konkrete Konsequenzen für Ihre weitere Arbeit ab. Der Text dieser Übung wird Ihnen auf der beiliegenden CD-ROM zur Verfügung gestellt.

Übung »Vorgehensweisen für Produktmanager«

○ *Beschaffen Sie sich Informationen.* Informationen sind das A und O unserer schnelllebigen Wirtschaft. Für vertriebsorientierte Positionen sind vor allem drei Bereiche wichtig: Informationen zu Produkt, Markt und dem eigenen Unternehmen.
● *Fragen Sie sich:* Welche Informationen aus diesen drei Bereichen könnten Ihnen helfen, Ihre Arbeit leichter zu bewältigen?

_____

_____

_____

○ *Analysieren Sie Ihre Daten.* Informationen zu beschaffen ist ein wichtiger Schritt. Genauso wichtig ist es, vorliegende Daten einer Analyse zu unterziehen. Dadurch wird die Definition von Zielen leichter, und Wege zu ihrer Erreichung werden klarer sichtbar.
● *Fragen Sie sich:* Gibt es in Ihrem Unternehmen Daten, deren Untersuchung Ihnen helfen könnte, zielorientierter vorzugehen? Welche sind es und wie könnten Sie zu einer Analyse kommen?

_____

○ *Schlagen Sie Brücken.* Der Informationsfluss zu »Partnerbereichen« wie Vertrieb, Entwicklung, Werbung, Wiederverkäufer ist ein wesentlicher Faktor für den Erfolg Ihrer Arbeit.
● *Fragen Sie sich:* Kennen Sie den genauen Informationsbedarf der Bereiche, mit denen Sie zusammenarbeiten? Wenn nicht, wie könnten Sie ihn ermitteln?

○ *Denken Sie strategisch.* Strategisch denken heißt zielorientiert vorgehen. Sind die Ziele genau definiert, wird auch der Weg zu ihrer Erreichung – die Strategie – leichter sichtbar.
● *Fragen Sie sich:* Gibt es Arbeitsbereiche, in denen Sie keine klar definierten Ziele haben? Wenn ja, wie könnten Sie zu Zieldefinitionen kommen?

○ *Werden Sie zum Anwalt Ihrer Kunden.* Kundenorientierung ist das Zauberwort unserer modernen Wirtschaft. Profitieren können davon aber nur jene, die nicht nur darüber reden, sondern sie auch praktizieren.
● *Fragen Sie sich:* Orientieren Sie Ihre Leistungen an Ihren (externen und internen) Kunden? Welche Ihrer Kunden würden mehr Aufmerksamkeit verdienen und wie könnten Sie sie ihnen geben?

○ *Verbünden Sie sich mit der Zeit.* Zeitvorteile sind Wettbewerbsvorteile. Entscheidend ist aber nicht, Rekorde zu brechen, sondern rascher als die Mitbewerber zu sein.
● *Fragen Sie sich:* Mit welchen Mitteln könnten Sie sich in Ihrer persönlichen Arbeit Zeitvorteile schaffen?

○ *Kontrollieren Sie alles.* »Kontrolle« wird oft als lästiges Übel empfunden. Dabei birgt sie eine große Chance in sich: Aus der eigenen Arbeit zu lernen.
● *Fragen Sie sich:* Welche Ihrer Arbeitsprozesse ziehen einfach an Ihnen vorbei, das heißt, werden von Ihnen keiner Auswertung unterzogen? Wie könnten Sie einfache Kontrollmechanismen einbauen, die Ihnen zeigen, was Sie die jeweilige Arbeit an Aufwand kostet und was sie Ihnen bringt?

Kapitel 6
Produktlebenszyklen

Der Produktlebenszyklus

Der Werdegang Ihres Produkts ist ein Hindernislauf, und zwar einer, bei dem Sie Ihr Produkt durch die verschiedenen Abschnitte seines Lebens tragen. Einige Gesetzmäßigkeiten dieser Sportart lassen sich am besten über das Modell der Produktlebenszyklen verstehen.

Ein Produktlebenszyklus lässt sich schematisch in fünf Phasen gliedern. Jede dieser Phasen hat ihre eigenen Charakteristika und hält immer neue Aufgaben bereit: Während der *Entwicklungsphase* müssen Sie Ihr Produkt zur Marktreife bringen. Sie schaffen die Voraussetzungen für den Vertrieb; rundherum sind Investitionen notwendig. In der nachfolgenden *Einführungsphase* landen Sie Ihr Produkt am Markt; Ihre Umsätze sind gering, und Gewinne bleiben meist noch aus. Erste Erträge erzielen Sie erst während der *Wachstumsphase*, in der Sie die Position Ihres Produkts festigen. Die *Reifephase* stellt schließlich die Zeit des Abschöpfens dar. In der Folge beginnen Ihre Gewinne zu stagnieren, da Sie Ihr Produkt verteidigen müssen. Während der *Rückgangsphase* sinken Ihre Gewinne und bleiben schließlich aus – Ihr Produkt findet sein Ende.

Der idealisierte Lebenszyklus

Ihr Produktlebenszyklus beschreibt die Umsatz- und Gewinnentwicklung Ihres Produkts über seine Lebensdauer. Während es die verschiedenen Phasen durchwandert, stellen sich unterschiedliche Herausforderungen. Falls Sie die aktuelle Position Ihres Produkts in seinem Lebenszyklus kennen, so bietet Ihnen dieses Wissen eine wesentliche Unterstützung für Ihre weitere Vorgehensweise. Produktlebenszyklen sind daher eines der wichtigsten Instrumente im Produktmanagement. Ein idealisierter Lebenszyklus sieht so aus, wie in Abbildung 14 dargestellt. Innerhalb der Lebensspanne Ihres Produkts haben einige Zeiträume eine spezielle Bedeutung:

- *Time-to-Market* ist die Zeit von der Produktidee bis zur Markteinführung.
- *Pay-off-Time* ist der Zeitraum, innerhalb dem Amortisation eintritt.
- *Break-even* ist der Zeitpunkt, an dem die Erträge (B) den Aufwendungen (A) entsprechen. Der Gewinn in der Summe ist an diesem Punkt 0.
- *Ertragszeit* ist der daran anschließende Zeitraum, in dem Ihr Produkt Reingewinne produziert.
- *Produktlebenszeit* ist die Zeitspanne, die Ihr Produkt auf dem Markt besteht.

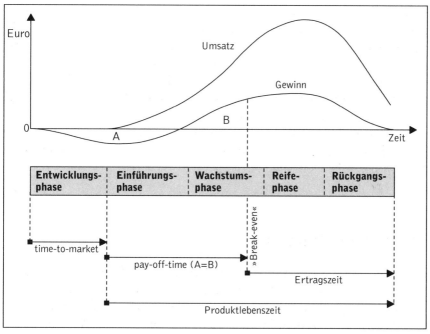

Abbildung 14: Der Lebenszyklus eines Produkts

An der grafischen Darstellung in Abbildung 14 wird die »Zeitfalle« in der Vermarktung besonders deutlich. Die Zeiträume »Time to Market« und »Pay off Time« nehmen tendenziell zu: Zunehmende Entwicklungsaufwendungen führen zu steigenden Entwicklungszeiten. Gleichzeitig nehmen die Produktlebenszeiten ab, weil immer mehr Innovationen immer schneller auf den Markt drängen. Was bleibt, sind leider immer kürzere Ertragszeiten. Ein schwacher Trost darf Ihnen sein, dass dies für alle Anbieter gilt. Die besten Chancen im Wettbewerb haben daher jene, die es schaffen, Zeitvorteile zu erzeugen und zu nutzen.

Eine gute Möglichkeit dafür bietet Ihnen penible Planung. Gewissenhafte Vorbereitung Ihrer Aktivitäten nimmt kritischen Phasen die Schärfe und lässt Sie Schritt für Schritt an Boden gewinnen. Ganz besonders gilt das für die Einführungsphase eines neuen Produkts. Arbeiten Sie bereits vor der Markteinführung eine detaillierte Planung der Einführungsphase aus. Sie stellt sicher, dass Sie den ersehnten Breakeven so rasch wie möglich erreichen.

Das vollständigste Bild Ihres Produktlebenszyklus erhalten Sie, wenn Sie sowohl Umsätze als auch Gewinne pro Periode in ein Diagramm eintragen. In der Praxis liegen aber produktbezogene Gewinnzahlen oft nicht vor oder sind nur mühsam zu beschaffen. Sie können sich fürs Erste damit behelfen, dass Sie ein Diagramm mit den Umsätzen aufstellen. Das entstehende Bild zeigt Ihnen zumindest, mit welchem Typ Sie es zu tun haben und in welcher Phase Sie sich befinden. Auf keinen Fall sollten Sie sich beim Zeichnen Ihrer Kurve nur auf Stückzahlen verlassen. Sie bieten oft ein höchst trügerisches Bild. Beachten Sie auch, dass Ihre Lebenszykluskurve keinesfalls das Aussehen einer idealisierten Sinuskurve haben muss. Lebenszyklen von Produkten nehmen sehr vielfältige Formen an.

Formen und Phasen

Kein Lebenszyklus gleicht dem anderen. Sie sind so unterschiedlich wie die Produkte und deren Märkte selbst. Während manche Produkte sich mit ihren Umsatzkurven nahe der idealisierten Sinusform aufhalten, produzieren andere Wellenlinien, fast horizontale Verläufe oder weisen einen plötzlichen Abriss auf. Auch die Länge der Lebenszyklen

– die Produktlebenszeit – variiert von Produkt zu Produkt sehr stark. Von wenigen Monaten Überlebensdauer bis zu jahrzehntelangem Beharren auf dem Markt ist alles möglich.

Ein Zoo von Zyklen

Produktlebenszyklen nehmen die unterschiedlichsten Formen an. Hier finden Sie eine kleine Auswahl häufig vorkommender Vertreter der Gattung »Lebenszyklen«. Die verschiedenen Bilder in Abbildung 15 zeigen Ihnen die Umsätze pro Periode ab Markteinführung.

- *Die typische Normalform.* So sieht der klassische Vertreter aus.
- *Der Flop.* Ein unbeliebter Geselle. Nach einigen Anfangserfolgen reißt der Verkauf plötzlich ab. Möglicherweise schafft das Produkt Probleme in der Anwendung – was sich dann herumgesprochen hat.
- *Der Relaunch.* Ein allzu häufiges Exemplar. Ein Produkt, das beinahe ein Flop wurde, wird verbessert und (in unserem Beispiel erfolgreich) neu gelandet.
- *Die Laune.* Ein Produkt, das kurze Zeit alle haben müssen und dann plötzlich niemand mehr will. Meist ein Produkt ohne echten Nutzen.
- *Der Shootingstar.* Das Prachtexemplar. Im Grunde ist das nur die Anfangsphase einer Normalform. Ein Ende des Wachstums ist aber vorläufig nicht abzusehen.

Kehren wir aber zu der typischen sinusförmigen Normalform zurück. An ihr lassen sich am besten die fünf wichtigsten Phasen unterscheiden. Jede dieser Phasen bringt unterschiedliche Herausforderungen für Sie als Produktmanager mit sich.

- *Entwicklungsphase:* Während der Entwicklungsphase müssen Sie zwei große Aufgabenstellungen abdecken. Die erste besteht darin, Ihr Produkt zur Marktreife zu bringen. Ihre zweite wichtige Aufgabe ist es, die Markteinführung mit möglichst hoher Genauigkeit zu planen: Jeder ungeplante Schritt, jede vergessene Maßnahme und jede unbedachte Konsequenz rächen sich in Form von empfindlichen Verzögerungen und Störungen.

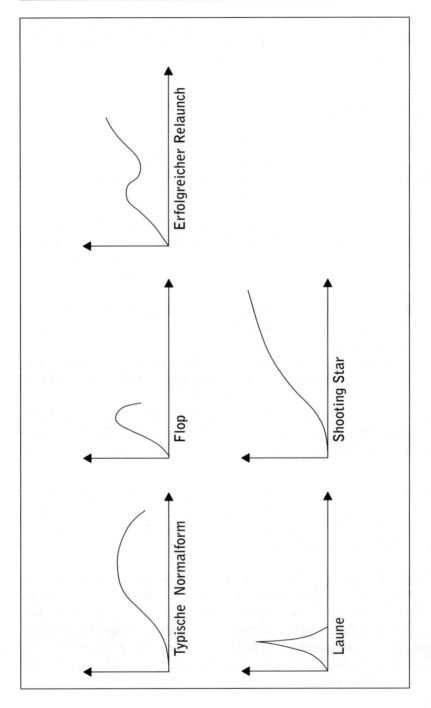

Abbildung 15: Formen von Produktlebenszyklen

- *Einführungsphase:* Während der Einführungsphase wird es Ihr Ziel sein, am Markt Fuß zu fassen und so rasch wie möglich den Break-even-Point zu erreichen. Ihre Hauptarbeiten werden die Eliminierung von Kinderkrankheiten Ihres Produkts, der Aufbau Ihres Absatzkanals und die Gewinnung von Referenzen sein.
- *Wachstumsphase:* Gelangt Ihr Produkt in eine stetige Wachstumsphase, so steht fest, dass Sie keinen Flop geboren haben. Ihr primäres Ziel wird es nun sein, Konsolidierung zu erreichen. Dazu stehen Ihnen verschiedene Mittel zur Verfügung: Die Steigerung von Qualität und Funktionalität Ihres Produkts sowie die Abrundung Ihrer Produktlinie.
- *Reifephase:* Spätestens jetzt werden Sie es mit etlichen Mitbewerbern zu tun haben – es herrscht »Krieg an allen Fronten«. Die Verteidigung Ihrer Marktanteile ist möglich durch klare Differenzierung gegenüber Ihrem Mitbewerb, Preissenkungen, verstärkte Absatzförderung und die Suche nach neuen Absatzwegen beziehungsweise Marktsegmenten. Eine wesentliche Aufgabe während der Reifephase Ihres Produkts wird die rechtzeitige Entwicklung eines Nachfolgeprodukts darstellen.
- *Rückgangsphase:* Ihr Hauptziel in der Rückgangsphase wird es sein, Verluste zu vermeiden. Der Rückgang wird sich zum Beispiel aufgrund technischen Fortschritts oder verstärkter Konkurrenz einstellen. Im Idealfall ist Ihr Nachfolgeprodukt bereits entwickelt und steht kurz vor der Markteinführung. Produkte in der Rückgangsphase stellen eine erhebliche Gefahr dar. Ohne gutes Controlling kann es leicht sein, dass es Ihnen entgeht, wenn Ihr Produkt durch verdeckte Kosten bereits Verluste erwirtschaftet.

Wie im Flug

Wie beim Pilotieren eines Fluges gibt es in der Lebensdauer Ihres Produkts einige Schlüsselstellen, die Ihre besondere Aufmerksamkeit verdienen. Diese Schlüsselstellen werden in Abbildung 16 gezeigt.

Markteinführung und Relaunch bedeuten, dass Sie Ihr Produkt erfolgreich zum Abheben bringen müssen. Und das möglichst rasch, denn je eher Sie den Break-even-Point erreichen, umso früher haben

> Sie kostenseitig den Rücken frei. In der Reifephase müssen Sie darauf achten, dass Sie lange genug »oben bleiben«. Denn zu diesem Zeitpunkt haben Sie es mit den meisten Mitbewerbern zu tun – alles hängt von erfolgreichen Verteidigungsmaßnahmen ab. In der Rückgangsphase geht es darum, rechtzeitig und sanft zu landen – möglichst bevor Ihr Produkt in die Verlustzone rutscht.

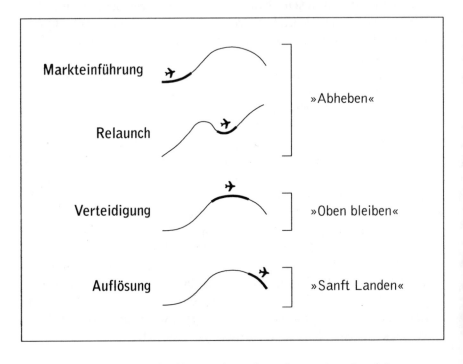

Abbildung 16: Schlüsselstellen in der Lebensdauer eines Produkts

Phase und Käufertyp

Wie Sie bemerken, sind Produktlebenszyklen viel mehr als nur hübsche Bilder. Sie bieten Ihnen konkrete Anhaltspunkte für Ihre Arbeit – auch für die Zusammenstellung Ihrer Werbemaßnahmen und Serviceleistungen. Den Schlüssel dazu liefern die unterschiedlichen »Käufertypen«: In jeder Phase eines Lebenszyklus haben Sie es mit einem anderen Typ von Abnehmer zu tun. Während zu Beginn die risikofreudigen Innovatoren kaufen, wird die Käuferschaft im Laufe der Zeit immer konservativer. Jede dieser Adoptionsgruppen will anders behandelt sein.

Wer kauft wann?

Jede Phase eines Lebenszyklus hat ihren eigenen Abnehmertyp. Stellen Sie sich auf das unterschiedliche Verhalten der Adoptionsgruppen ein, und Ihre Gewinnkurve wird schneller steigen. Die jeweiligen Abnehmertypen während der Phasen eines Lebenszyklus werden in Abbildung 17 vorgestellt.

- *Einführungsphase – die Mutigen:* Die mutigen Abnehmer, die Ihr neues Produkt als Erste kaufen, werden als Innovatoren und frühe Abnehmer bezeichnet. Sie sind experimentierfreudig und durchaus bereit, etwas zu riskieren. Die Innovatoren – sie machen in der Summe nicht mehr als ein paar Prozent Ihrer potenziellen Käuferschaft aus – sind in Wahrheit die Einzigen, die sich in diesem frühen Stadium zum Kauf bewegen lassen. Alle anderen warten ab. Um jene frühen Abnehmer zu überzeugen, werden Sie während der Einführungsphase primär informierende Werbung und – mit besonderem Schwerpunkt – den persönlichen Verkauf einsetzen. Im Business-to-Business-Geschäft sollten Ihre Serviceleistungen darauf aufbauen, Unsicherheiten und Änderungswiderstände abzubauen. Eine Kombination von Beratungen im Vorfeld, Hilfeleistungen bei der Übernahme, Schulungen und Qualitätsgarantien wirkt sich positiv auf die rasche Einführung aus.
- *Wachstumsphase – die Aufgeschlossenen:* Jetzt kauft die frühe Mehrheit. Ihre Angehörigen sind wagemutiger als der Durchschnittskonsument, aber vorsichtiger als Innovatoren. Während Ihr Produkt in die Wachstumsphase gelangt, empfiehlt es sich, von informierender auf überzeugende Werbung überzugehen. Ihr Produkt ist nun bekannt; es geht darum, Präferenzen zu seinen Gunsten aufzubauen. Die zur Einführung beschriebenen Serviceleistungen sollten vorerst aufrechterhalten werden.
- *Reifephase – der Durchschnitt:* Erst jetzt kauft die Mehrheit Ihrer potenziellen Abnehmer. Obwohl Ihr Produkt nun schon länger auf

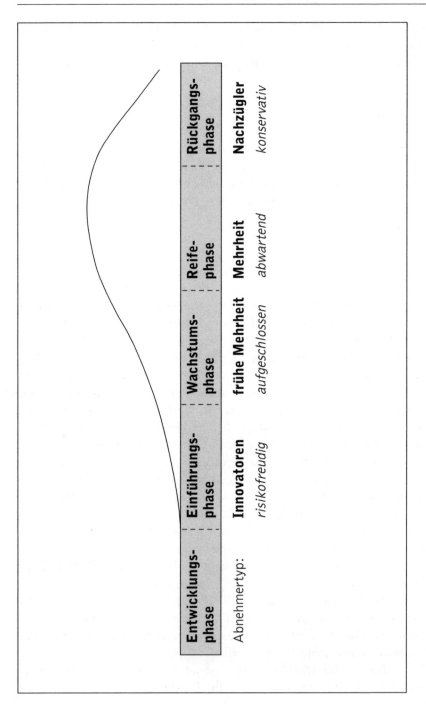

Abbildung 17: Abnehmertypen während der Phasen eines Lebenszyklus

dem Markt ist, haben sich diese Käufer bis jetzt skeptisch verhalten. Nur wenn eine hinreichend große Anzahl von Personen in ihrem Umfeld Ihr Produkt erfolgreich einsetzt, entschließen sie sich zum Kauf. Wegen der großen Zahl möglicher Abnehmer, die jetzt »reif« sind, sind in dieser Phase Verkaufsförderungsaktionen besonders sinnvoll. Sonderrabatte, Geschenke, Wettbewerbe und dergleichen geben oft den letzten notwendigen Anstoß zum Kauf. Auch Ihre Serviceleistungen müssen sich nun mehr und mehr daran orientieren, dass Ihr Produkt »reif« geworden ist. Es bestehen jetzt nur noch wenige Unsicherheiten. Leistungen wie etwa kurze Lieferzeiten oder Unterstützung bei der Finanzierung rücken mehr in den Vordergrund.

- *Rückgangsphase – die Ängstlichen:* Nun entscheiden sie sich doch noch, die Nachzügler. Diese Käufergruppe steht Veränderungen sehr vorsichtig gegenüber und übernimmt Innovationen erst dann, wenn sie zur Tradition geworden sind. Ihre Absatzförderung in der Rückgangsphase wird meist aus einer zurückhaltenden Kombination von erinnernder Werbung und Verkaufsförderung bestehen.

Die Innovatoren entscheiden

Den frühen Abnehmern einer Innovation kommt eine ganz besondere Bedeutung zu. Sie sind nicht nur risikofreudig, sondern auch Meinungsführer. Deshalb ist es enorm wichtig, die ersten Kunden eines neuen Produkts über alle Maßen zufrieden zu stellen. Sie allein sind es, die entscheiden, ob der Markt kaufen wird oder nicht. Hören Sie daher auf ihre Wünsche und Verbesserungsvorschläge. Geben Sie ihnen Unterstützung, wo Sie nur können. Sie erleichtern sich nur selbst den Start.

Fallbeispiel: Happy Birthday, Businessphone!

Das Produkt unseres Beispiels ist das System *Businessphone 250,* eine digitale Telefonanlage, deren Leistungen auf eine Teilnehmerzahl ausgerichtet sind, die bis zu rund 250 Personen umfassen kann. Zielgruppe für Anlagen dieser Art sind primär mittelständische Unternehmen, die sich ihre *Businessphones* je nach Ausbaustufe zwischen rund

3500 und 75000 Euro kosten lassen. So konnte *Ericsson* von 1993 bis 1996 zum Beispiel in Österreich mehr als 1000 Stück dieser Anlagen absetzen. Das entsprach einem Marktanteil von etwa 25 Prozent in diesem Segment.

Im Herbst 1996 wurde bei diesen bestehenden Kunden eine *Businessphone*-Kampagne gestartet. Das Ziel war, aktiv Zusatzverkäufe zu erzielen und die Kundenbeziehungen zu festigen. Kernstück der Kampagne bildete ein Programm von fünf neuen Optionen. Sie reichten von schnurlosen Nebenstellen über eine integrierte Voice-Mail und eine ISDN-Umrüstung bis zum Computer-Telefon. Verpackt wurde das Programm in eine für den (sonst recht trockenen) Telefoniesektor ungewöhnliche Aktion: Die Kunden waren eingeladen, den dritten Geburtstag von *Businessphone* mitzufeiern. Jede im Feld installierte *Businessphone*-Anlage erhielt ihre Geburtstagstorte. Erwarb ihr Ei-

Abbildung 18: Schnurlose Nebenstellen, eine der Businessphone-Hightech-Optionen. *Bild: Ericsson*

gentümer eine der Optionen, bekam er zusätzlich noch das neueste Betriebssystem dazugeschenkt.

Die Geburtstagsaktion wurde dem Kundenstamm über ein Mailing angekündigt. Das hausinterne Telemarketing telefonierte nach und konnte mit sagenhaften 54 Prozent der angeschriebenen Kunden Termine vereinbaren. Innerhalb von drei Monaten hatten davon 15 Prozent mindestens eine der Optionen erworben.

Diplom-Ingenieur Meczes, zu diesem Zeitpunkt Leiter der Abteilung Produktmanagement der *Ericsson* VertriebsgesmbH und geistiger Vater der Geburtstagsaktion, zieht folgendes Resümee: »Wir müssen uns darüber klar sein, dass die Anschaffung einer Telefonanlage auch für ein mittelständisches Unternehmen keine unbeträchtliche Investition ist. Der Schlüssel zum Gelingen der Kampagne war nun, dass die neuen Optionen die Anlagen unserer Kunden signifikant aufwerteten. Sie bestätigten die Richtigkeit Ihrer Entscheidung, auf *Ericsson* gesetzt zu haben. So gesehen lieferte uns die Kampagne wesentlich mehr als nur Zusatzverkäufe – sie bedeutete zufriedene Kunden, die uns weiterreichten und auch selbst weiter auf uns setzten.«

Ericsson nutzt die Reifephase

In der Lebensspanne jedes Produkts gibt es einige Schlüsselstellen, die besondere Aufmerksamkeit verdienen. Eine davon ist die Reifephase. Auf den ersten Blick besteht in dieser Zeit kein Grund zur Besorgnis. In der Summe läuft alles so, wie man es sich wünscht. Das Produkt ist gut eingeführt, die Grenzen gegenüber dem Mitbewerb sind abgesteckt, der Verkauf liefert höchst befriedigende Ergebnisse, und von Absatzproblemen ist weit und breit nichts zu sehen. Man verweilt in einer Phase relativer Stabilität. Nun könnte man sich zurücklehnen und den »Rubel rollen lassen«. Eine gewieftere Alternative demonstrierten uns die Mitarbeiter des Produktmanagements der Ericsson VertriebsgesmbH an unserem Fallbeispiel *Businessphone*. Sie nutzten die Reifephase, um aufgebaute Kundenbeziehungen zu vertiefen, Zusatzgeschäfte abzuschließen und den Grundstein für die nächste Produktgeneration zu legen. Denn die Reifephase ist in Wahrheit nur die Ruhe vor dem Sturm: Man hat es mit einer dichten Phalanx von Mitbewerbern zu tun. Marktanteile lassen sich in dieser Zeit nur noch durch Verdrängung gewinnen, und alles wartet darauf, dass man seine Kunden vernachlässigt. Deshalb ist es gerade in diesem Zeitraum so wichtig, konsequent an der Zufriedenheit der Kunden zu arbeiten – über die Abrundung der Produktlinie, die beständige Verbesserung des Produktnutzens und durch laufende Betreuungsarbeit. Ziel muss in jedem Fall sein, nicht durch Nachlässigkeit den eigenen Kundenstamm schon vor dem nächsten Innovationssprung zu verlieren.

Kapitel 7
Markteinführung

Stunde Null

Die Markteinführung Ihres neuen Produkts ist der Moment der Wahrheit. Erst wenn Ihr Produkt verkaufsfertig auf dem Tisch liegt, zeigt sich, ob es in der Realität des Marktes bestehen kann, es tatsächlich geeignet ist, Kundenbedürfnisse zu befriedigen, und ob Ihre Zielgruppe auch bereit ist, dafür Geld auszugeben.

Früh übt sich ...

Die Markteinführung eines Produkts ist eine besonders zeitkritische Phase. Sie lässt sich in drei Abschnitte gliedern: Analyse, Planung und tatsächliche Umsetzung.

Idealerweise schließen Sie unmittelbar nach der Produktidee Ihre Analyse des Marktes, der Kundenanforderungen und des Mitbewerbs an. Ihre Analyse lassen Sie langsam in eine konkrete Planung übergehen, die Sie spätestens mit der tatsächlichen Verfügbarkeit des Produkts abschließen. Mit Ihren Umsetzungsaktivitäten (Marktkommunikation, Vorbereitung des Vertriebs etc.) beginnen Sie am besten bereits Monate vor der Produktfreigabe.

Bedauerlicherweise sieht die Realität gerne anders aus. Die Analyse fällt oft unter den Tisch, Planung und Umsetzung setzen zu spät ein.

Der Zeitpunkt der Produktfreigabe ist eine Schlüsselstelle in der Markteinführung. Zu dieser »Stunde Null« ist es geboten, voll loszulegen. Damit Vertrieb, Logistik, Kommunikation und andere Bereiche an die

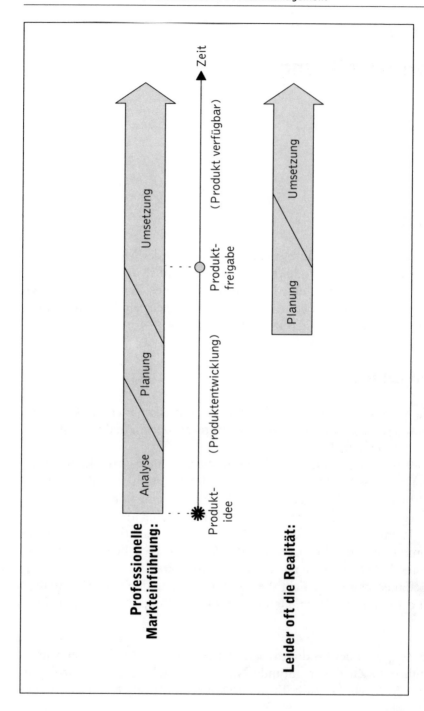

Abbildung 19: Die Markteinführung eines Produkts

sem kritischen Punkt wirklich optimal zusammenspielen, ist gutes Timing Voraussetzung. Denn viele Aktivitäten haben lange Vorlaufzeiten, bevor sie greifen. Ein Beispiel aus der Praxis zeigt das sehr deutlich: Angenommen, die Freigabe Ihres Produkts wird im September erfolgen. Sie soll von Anzeigen in Fachzeitschriften begleitet werden. Die entsprechenden Sujets müssen dann spätestens im Monat Juli zur Verfügung gestellt werden. Das setzt voraus, dass Sie bereits im Juni (!) einen entsprechenden Medienplan vorliegen haben.

Den Blick schärfen!

Markteinführungen sind regelrechte Indikatoren. An ihrem Timing erkennen Sie die Marketingkultur eines Unternehmens. Verfolgen Sie in der nächsten Zeit einige Produkteinführungen verschiedener Unternehmen »von außen«. Sind es gut vorbereitete »Punktlandungen« – oder können Sie feststellen, dass manche Aktivitäten zeitlich verzögert stattfinden?

Analyse

Der erste Schritt einer professionellen Markteinführung besteht darin, sich zu orientieren und die Ziele zu definieren, kurz, eine Analyse durchzuführen.

Phase 1: Analyse

Die Vorbereitung Ihrer Markteinführung bildet die Analyse der Ist-Situation. Sie besteht darin, die notwendigen Informationen zu erheben, ihre Bedeutung für Ihr Produkt festzustellen und daraus Ihre Ziele abzuleiten. Diese Phase wird in Abbildung 20 dargestellt.

Der ideale Zeitpunkt für den Beginn Ihrer Analyse ist der Zeitpunkt unmittelbar nach der Produktidee. Denn die Ergebnisse werden sich signifikant auf Ihren gesamten Marketing-Mix niederschlagen – und

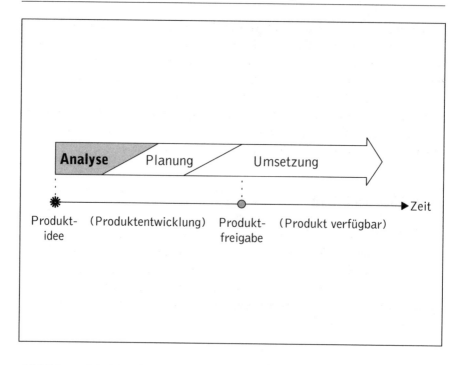

Abbildung 20: Die Phase 1 der Markteinführung

damit auch auf die Entwicklung Ihres Produkts. Selbst wenn die Produktentwicklung nicht in Ihrem eigenen Haus liegt, so sind auf alle Fälle Ihr Service-Mix und andere Elemente rund um Ihr Produkt von den Ergebnissen Ihrer Analyse betroffen.

Was analysieren?

Welche Bereiche Sie vor Ihrer Markteinführung einer Analyse unterziehen sollten, ist von Fall zu Fall verschieden. Es gibt aber einige wichtige Kernbereiche, bei denen es sich in den meisten Fällen lohnen wird, sie genau zu untersuchen und daraus Ihre Ziele abzuleiten:

- *Markt und Zielgruppen:* Der Markt für Ihr Produkt kann segmentiert und hinsichtlich seines Potenzials untersucht werden.

Außerdem ist es nützlich, seine Entwicklung in den letzten Jahren zu betrachten und Trends aufzuspüren. – Ihre wichtigste Zieldefinition: die zu bearbeitende Zielgruppe.
- *Mitbewerb:* Bei Ihrem Mitbewerb ist vor allem interessant, wie sein Angebot und seine Strategie aussehen und welche Erfolge er damit am Markt erzielt. – Ihre wichtigste Zieldefinition: die eigene Differenzierung.
- *Kundenbedürfnisse:* Sie müssen erforschen, welche Kundenbedürfnisse durch Ihr Produkt am besten abgedeckt werden. Dazu ist das persönliche Gespräch mit potenziellen Abnehmern unerlässlich. – Ihre wichtigste Zieldefinition: die eigene Produktpositionierung.
- *Vertriebswege:* Im Zuge der Analyse ist es auch von Wert, alle möglichen Vertriebswege für Ihr Produkt zu durchleuchten. Das sind in der Praxis meist wesentlich mehr, als der erste Blick zeigt. – Ihre wichtigste Zieldefinition: Vertriebsform und gewünschte Vertriebspartner.
- *Kostensituation:* Schließlich sind die Antworten auf die Fragen, welche Kosten entstehen, zu welchem Preis Ihr Produkt am Markt bestehen kann und welche Mengen verkauft werden können, eine wesentliche Vorinformation für Ihre Planung. – Ihre wichtigste Zieldefinition: das Budget.

Planung

Ihre Analyse der Ist-Situation lassen Sie langsam in die konkrete Planung übergehen. Nachdem Sie das Umfeld genau kennen und Ihre Ziele definiert haben, folgt nun der Zeitraum, in dem Sie ein konkretes Szenario vor Ihrem geistigen Auge entstehen lassen.

Phase 2: Planung

Mit Ihrer Planung nehmen Sie großen Einfluss darauf, wie die nachfolgende reale Umsetzung aussehen wird. Das Einzige, was Planung wirklich unangenehm macht, ist ein Mangel an Informationen. Daher empfiehlt es sich, in keinem Fall auf die vorangehende Analyse zu verzichten. Diese Phase wird in Abbildung 21 gezeigt.

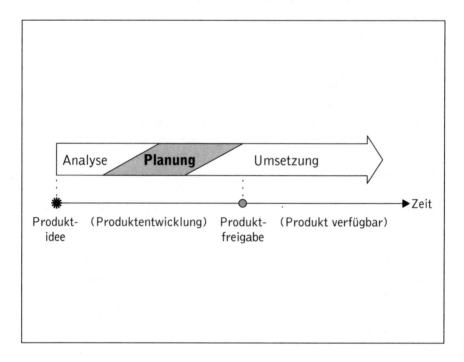

Abbildung 21: Die Phase 2 der Markteinführung

Der beste Zeitraum für Ihre Planungsarbeiten ist die Zeit der Produktentwicklung. Entwicklung muss in diesem Zusammenhang nicht unbedingt bedeuten, dass die Produktion eines Produktes vorbereitet wird. Sie steht hier für den Prozess, in dem Ihr Produkt zur Marktreife gebracht wird. Um ein Beispiel zu nennen: Auch die Adaption einer fremdsprachigen Software an Ihren lokalen Markt ist eine Arbeit der Produktentwicklung.

Vor allem die Zeitspanne, die eine fundierte Planung benötigt, sollten Sie nicht unterschätzen. Um die »Punktlandung« Ihres Produkts vorzubereiten, ist eine Vielzahl von Aktivitäten zu berücksichtigen, einzubeziehen und aufeinander abzustimmen. Das braucht Zeit – Zeit, die Sie allerdings in der anschließenden Umsetzungsphase um ein Vielfaches wieder einspielen. Denn wenn zum Zeitpunkt Ihrer Produktfreigabe alles koordiniert abläuft, werden Sie eine Menge Verzögerungen vermeiden.

Was planen?

Für die Markteinführung ist eine Vielzahl von Aktivitäten zu planen. Mehr dazu finden Sie in der Checkliste im Anschluss an dieses Kapitel. Ein Beispiel für den Einführungsplan eines Handelsproduktes wird Ihnen in Abbildung 22 gezeigt.

Umsetzung

Den dritten Schritt Ihrer Produktlandung bildet die Umsetzung. Jetzt zeigt sich, ob Sie das Abenteuer Markteinführung gut vorbereitet haben. Wenn der Startschuss Ihrer Produktfreigabe fällt, ist Schnelligkeit das Gebot der Stunde.

Wo Ihr Ziel liegt, welchen Straßenverhältnissen Sie unterwegs ausgesetzt sein werden und welche Ausrüstung Sie brauchen, haben Sie in der ersten Phase, der Analyse, ermittelt. Damit verhindern Sie, dass Sie ohne Karte mit Sommerreifen auf einer tief verschneiten Forststraße stehen – womöglich im Dunkeln mit einer Sonnenbrille.

Wie Sie Ihren Weg im Detail befahren werden, haben Sie in der zweiten Phase, der Planung, ausgearbeitet. Ihre Planung stellt sicher, dass Sie unterwegs nicht mehr viel überlegen müssen. Sie wissen vorab, wer wann am Steuer sitzt, wo Sie tanken, wann Sie rasten und zu welchen Zeiten Sie welche Strecken befahren. Derartig vorbereitet, kann nicht mehr viel schief gehen. Jetzt müssen Sie nur noch losfahren.

Phase 3: Umsetzung

Die beste Zeit für die »Abreise« in Ihrer Markteinführung, also die ersten Aktivitäten in der Umsetzung, liegt etwa drei bis sechs Monate vor der Produktfreigabe. Interne Maßnahmen können schon bis zu einem Jahr vorher notwendig sein. Die dritte Phase wird Ihnen in Abbildung 23 vorgestellt.

	Woche	22	23	24
	Aktivität			
Produkt	Tests			
	Dokumentation			
	Verpackung			
	Genehmigungen			
	Mustergeräte			
Vertrieb	Auswahl Vertriebswege			
	Bestellwesen			
	Lagerplanung			
	Provisionsschema			
	Vertrag erstellen			
	Kick-off-Vertrieb			
Kommunikation	Prospekt			
	Datenblatt			
	Pressetext			
	Folienpräsentation			
	Messeauftritte			
	Zielgruppen-Mailing			

Abbildung 22: Einführungsplan eines Handelsprodukts (Ausschnitt)

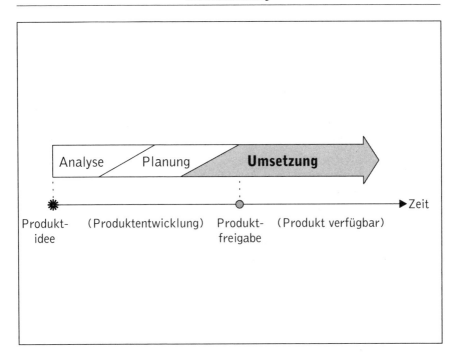

Abbildung 23: Die Phase 3 der Markteinführung

Auch in der Umsetzung ist ein frühzeitiger Beginn notwendig, eben weil viele Aktivitäten eine Vorlaufzeit haben, bis sie zu greifen beginnen. Zum Beispiel dauert es seine Zeit, bis Sie Vertriebspartner für Ihr Produkt interessiert haben. Genauso viel Zeit nimmt es in Anspruch, Werbematerial und -kampagnen vorzubereiten. Und selbst die Abstimmung Ihrer Logistik auf Ihr neues Produkt braucht seine Zeit. Alle diese Aktivitäten müssen vor der Produktfreigabe erledigt sein.

Volle Power!

Zum Zeitpunkt der Produktfreigabe heißt es: »Jetzt oder nie!« Alle Ihre Aktivitäten müssen auf die konzentrierte und schnelle Besetzung des Marktes ausgerichtet sein. Denn Ihre ersten Monate am Markt haben großes Gewicht. Zum einen spielen die »frühen Abnehmer« eine entscheidende Rolle im Hinblick darauf, wie sich der Rest des Marktes entscheiden wird. Zum anderen kosten grobe Fehler in der Markteinführung (und der notwendige Relaunch) immenses Geld: Sie erreichen Ihren Break-even-Point später als möglich, und Ihre Mitbewerber haben leichteres Spiel mit Ihnen. Schließlich ist ein rascher und erfolgreicher Einstieg auch für die anhaltende Motivation Ihres eigenen Teams ausschlaggebend. In den ersten Monaten müssen Sie daher als Produktmanager überall und nirgends sein. Sie werden eine Art »ABS« Ihrer eigenen Planung sein müssen. Wenn sich ein Rad durchdreht, regeln Sie nach. Lassen Sie nicht locker – es braucht einige Zeit, bis sich alles eingespielt hat. Zu keinem anderen Zeitpunkt ist es so notwendig, überall (im eigenen Unternehmen und extern) zu motivieren, Unterstützung zu geben und selbst mitanzupacken. Halten Sie durch und geben Sie ihrem Produkt die Chance, ein Renner zu werden.

Innovationen

Die Markteinführung einer Innovation ist eine ganz besondere Herausforderung – vor allem dann, wenn es sich um eine echte Innovation handelt.

»Echte« und »unechte« Innovationen

Produktneuerungen treten in zwei Gestalten auf: in Form »echter« und »unechter« Innovationen. Von einer echten Innovation spricht man, wenn Ihr Produkt eine Neuerung bringt, die grundsätzlicher Natur ist. Es bietet eine Lösung, die vorher gar nicht oder nur völlig anders möglich war. »Unechte« oder Marktinnovationen bringen dagegen nichts wirklich Neues. Sie sind in erster Linie ein Versuch, ein Produkt gegenüber dem bestehenden Mitbewerb durch formale Neuerungen zu differenzieren. Im Folgenden verstehen wir unter Innovationen nur echte Innovationen.

Der Markt steht Innovationen immer zwiespältig gegenüber, vor allem dann, wenn sie komplexer Natur sind. Auf der einen Seite lockt der Nutzen. Die Neuerung verspricht ein leichteres Leben, verbesserte Gewinnchancen oder erhöhte Wettbewerbsfähigkeit. Auf der anderen Seite droht die Gefahr einer Fehlinvestition. Bei einer Innovation muss daher Ihre Markteinführung zwei Kategorien Rechnung tragen: nicht nur dem Nutzen, sondern auch dem Risiko Ihrer Abnehmer.

Innovationen: Kaufen oder nicht kaufen?

Alles, was neu ist, ist interessant. Es macht aber auch Angst. Menschen bringen daher Veränderungen, wie sie Innovationen darstellen, immer gemischte Gefühle entgegen. In Abbildung 24 werden wesentliche Argumente genannt, die für oder gegen die Einführung einer Innovation sprechen.

Um positive Kaufentscheidungen zu erzielen, müssen die Kaufmotive das Risiko überwiegen. Eine wichtige Strategie bei der Markteinführung Ihrer Innovation ist es daher, das Risiko für Ihre Abnehmer so weit wie möglich auszuschalten.

Der Nutzen Ihrer Innovation besteht zum Beispiel darin, dass sie ein Kundenproblem löst, Ihrem Abnehmer eine Möglichkeit zur Qualitätssteigerung bietet oder er sie zur Erzielung von Gewinnen einsetzen kann. Wesentlich ist, dass Sie im Zuge Ihrer Markteinführung diesen Nutzen in der Kommunikation – so etwa in der Öffentlichkeitsarbeit, bei Präsentationen und auch in Angeboten – deutlich herausstreichen.

Dem Nutzen steht für Ihren Abnehmer das Risiko einer Fehlentscheidung gegenüber. Eben weil Ihre Lösung neu ist, muss er befürchten, auf das falsche Pferd zu setzen. Eine übliche Sorge besteht darin, dass Ihr Produkt zu komplex ist, um leicht übernommen werden zu können. Andere Bedenken gelten der Frage, ob nicht zu viele Abläufe an Ihr Produkt beziehungsweise Verfahren angepasst werden müssen oder ob Sie überhaupt in der Lage sind, Ihre Versprechen einzulösen. Diese Risiken müssen Sie akzeptieren und ihnen aktiv entgegentreten.

Pro

Ich könnte ein Problem damit lösen ...

Ich könnte damit Geld verdienen ...

Ich könnte meine Qualität steigern ...

Kontra

Werde ich es leicht einsetzen können, oder ist es zu komplex?

Passt es in meine Abläufe, oder muss ich alles umstellen?

Wird der Lieferant halten, was er verspricht?

Abbildung 24: Kundenüberlegungen zu Innovationen (Pro und Kontra)

Risiko verringern!

Versuchen Sie, Ihren Kunden den Zugang zu Ihrer Innovation zu erleichtern. Finden Sie in einem ersten Schritt heraus, worin Ihre möglichen Abnehmer das größte Risiko sehen werden. Überlegen Sie, welche Leistungen oder Zusatzvereinbarungen am besten geeignet sind, um diesen Punkt zu entschärfen. Leiten Sie daraus ein »Sicherheitsnetz« ab, das Sie rund um Ihre Innovation anbieten. Folgende Möglichkeiten bieten sich an:

- *Nutzen- und Kompetenzbeweise:* Nachweise, die zeigen, dass Sie in der Lage sind, Ihre Versprechen einzulösen. Das beste Mittel dieser Kategorie sind Referenzen. Sie belegen Ihre Kompetenz und überzeugen vom Nutzen Ihrer neuen Lösung.
- *Beratungsleistungen im Vorfeld:* Leistungen, die es Ihren Kunden erlauben, sich vor dem Kauf mit Ihrem Produkt und seinen Einsatzmöglichkeiten vertraut zu machen. Möglichkeiten sind Präsentationen, Schnupperkurse, Produktdemonstrationen und Beratungen zur Anwendung.
- *Hilfestellungen bei der Übernahme:* Dienstleistungen, die Ihre Kunden bei der Übernahme und in der Anfangsphase im Einsatz unterstützen. Dazu gehören zum Beispiel Produktschulungen.
- *Gewährleistungen:* Vereinbarungen, die den Nutzen Ihres Kunden absichern. Beispiele dafür sind Garantien, Rückgaberechte und »Abonnements« auf laufende Produktverbesserungen.

Imitationen

Das Gegenstück der Produktinnovation ist die Produktimitation. Imitationen sind alle Produkte, die bereits existente Angebote nachempfinden. Kleine Unterschiede wie eine andere Form- oder Farbgebung, erweiterte Funktionalitäten oder spezielle Serviceleistungen machen ein neues Produkt noch zu keiner Innovation – maximal zu Marktinnovationen, die nichts anderes als geschickt getarnte Imitationen sind.

Die Markteinführung einer Imitation findet unter komplett anderen Voraussetzungen statt als die einer Innovation. Dabei sind die wichtigsten Unterschiede die, dass Ihr Mitbewerb bereits besteht und Ihr

Markt schon hinreichend Kenntnisse über diese Art von Produkt hat. Aufklärungsarbeit und Risikoverringerung, wie sie bei einer Innovation notwendig sind, spielen bei Imitationen eine geringe Rolle. Ihre Abnehmer müssen nicht mehr vom grundsätzlichen Nutzen Ihres Produkts überzeugt werden.

Imitationen: Besser als die anderen

Die Hauptarbeit bei der Markteinführung einer Imitation ist die, eine Präferenzierung gegenüber bereits bestehenden Mitbewerbsprodukten zu erreichen. Sie müssen Ihren Abnehmern einen Grund geben, Ihr Angebot bereits etablierten Produkten vorzuziehen. Die Möglichkeiten sind vielfältig. Hier einige gängige Beispiele:

- *Nischenprodukt:* Sie passen Ihr Produkt einer speziellen Marktnische an. Dadurch haben Sie in diesem engen Segment Vorzüge gegenüber allen anderen Anbietern.
- *Preis-Leistungs-Verhältnis:* Sie streben eine Differenzierung über ein besseres Preis-Leistungs-Verhältnis an, als es bereits etablierte Produkte bieten.
- *Marktinnovation:* Sie schaffen über eine »kleine« Variation (verbesserte Funktionalität, andere Einsatzmöglichkeiten, höhere Lebensdauer als die bestehenden Mitbewerbsprodukte etc.) eine Modifikation, die mehr als herkömmliche Produkte zu bieten hat.

Die Markteinführung einer Imitation ist eine Verdrängungsstrategie. Die entstehende Schlacht wird sich möglicherweise auch auf der Ebene der Produktpreise (und der Kosten) abspielen. Als Imitator haben Sie naturgemäß einen Kostenvorteil. Ihre Entwicklungskosten sind einfach geringer als die bei der Schaffung einer Innovation. Andererseits haben aber Ihre etablierten Mitbewerber vielleicht schon den Break-even-Point erreicht. Sie verfügen dadurch ihrerseits über mehr Spielraum in der Preisgestaltung.

Kennen Sie Ihre Gegner?

Bei der Markteinführung einer Imitation müssen Sie immer gegen bestehende Produkte vorgehen. Spezielle Bedeutung kommt daher Ihren Kenntnissen über Ihren Mitbewerb zu. Beschaffen Sie sich bereits in der Analysephase alle Informationen über die Produkte Ihrer Konkurrenten! Untersuchen Sie deren Zielgruppen und deren Marketing-Mix und analysieren Sie die zugrunde liegenden Produktstrategien. Dieses Wissen wird Ihre wichtigste Basis dafür sein, rasch und erfolgreich eine gute Marktposition zu erobern und zu behaupten.

Checkliste: Marketingkonzept

Anwendung: Diese Checkliste ist ein »Kochrezept« für die Vorbereitung einer Markteinführung. Es bietet den roten Faden bei der Erstellung des benötigten Marketingkonzepts. Hier sind nur die *wesentlichen* Fragen in kompakter Form zusammengestellt.

Checkliste »Marketingkonzept«

1. Schritt: Definieren Sie Ihr Produkt

In diesem ersten Schritt geht es darum, genau festzulegen, was Ihr Kunde erhält.

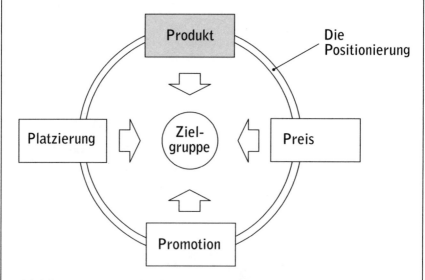

Abbildung 25: 1. Schritt des Marketingkonzepts

- ❏ Was ist der Kern des Produkts (welchen Nutzen erfüllt es)?
- ❏ Was ist das konkrete Produkt (was gehört physisch alles dazu)?
- ❏ Wodurch wird das Produkt erweitert (Serviceleistungen, Garantien etc.)?

2. Schritt: *Wählen Sie Ihre Zielgruppe aus*

Im zweiten Schritt ist nun der Personenkreis festzulegen, auf den sich Ihre Bemühungen konzentrieren werden.

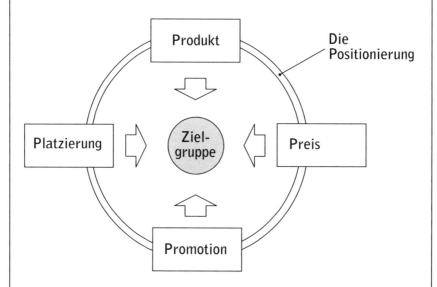

Abbildung 26: 2. Schritt des Marketingkonzepts

❑ Achten Sie darauf, dass die Zielgruppe in ihrer Größe *messbar*, in ihrer Zusammensetzung *homogen* ist und ihre Mitglieder *erreichbar* sind.
❑ Denken Sie daran, dass Ihre Zielgruppe auch im Investitionsgütermarkt aus Personen und nicht aus Unternehmen besteht. Im Grunde geht es also darum, einen Personenkreis genau festzulegen.
❑ Setzen Sie sich als Vorbereitung auf Schritt 3 mit einigen Mitgliedern Ihrer Zielgruppe *persönlich* auseinander. Führen Sie Gespräche mit ihnen, erzählen Sie ihnen von Ihrem (geplanten) Produkt und verschaffen Sie sich einen Überblick darüber, wie sie reagieren.

3. Schritt: Legen Sie Ihre Positionierung fest

Nun bestimmen Sie, welches Bild diese Zielgruppe von Ihrem Produkt erhalten soll:

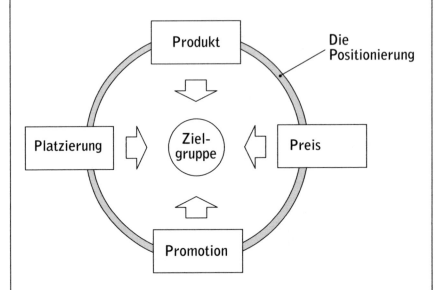

Abbildung 27: 3. Schritt des Marketingkonzepts

❑ Mit Ihrer Positionierung bestimmen Sie, in welche »Schublade« Sie Ihr Produkt für die Zielgruppe legen sollen.
❑ Um zu Ihrer Positionierung zu kommen, müssen Sie zwei Fragen klären. Erstens: Warum kauft ein Mitglied Ihrer Zielgruppe überhaupt solche Produkte? Zweitens: Warum soll er es ausgerechnet von Ihnen kaufen.
❑ Die Antwort auf die erste Frage finden Sie, wenn Sie die Bedürfnisebene Ihrer Zielgruppe untersuchen: Welches Bedürfnis (Gewinn, Sicherheit, Selbstwert, Bequemlichkeit etc.) wird von Ihrem Produkt am besten abgedeckt?
❑ Die Antwort auf die zweite Frage finden Sie, wenn Sie Ihr Produkt auf Besonderheiten untersuchen. Beispiel: Was kann nur Ihr Produkt und vergleichbare nicht?

❏ Die Summe der beiden Antworten liefert Ihnen Ihre Positionierung, also das, wofür Sie mit Ihrem Produkt bei Ihrer Zielgruppe stehen möchten.

4. Schritt: Arbeiten Sie Ihren Marketing-Mix aus

Mit diesem Schritt wird festgelegt, wie Sie Ihre Positionierung transportieren.

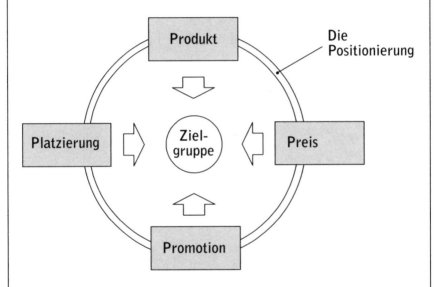

Abbildung 28: 4. Schritt des Marketingkonzepts

❏ Ihr Produkt haben Sie bereits in Schritt 1 definiert. Überprüfen Sie an dieser Stelle nochmals, ob es noch mit der Positionierung konform geht beziehungsweise ob sich Änderungen ergeben haben.
❏ Für die anderen drei Elemente des Marketing-Mix arbeiten Sie top down: Legen Sie – ausgehend von Ihrer Positionierung – erst einmal grundsätzlich fest, wie Absatz, Kommunikation und Preis

aussehen müssen; gehen Sie anschließend ins Detail, und zwar bis zur Ausarbeitung konkreter Maßnahmen.
❏ Bedenken Sie bei allen Arbeiten, dass Ihr Marketing-Mix ein Mix ist. Das heißt, die einzelnen Elemente müssen sich ergänzen und einander unterstützen. Sie alle dienen dazu, Ihre Positionierung zu verwirklichen.

5. Schritt: Führen Sie eine Planung durch

Erst im letzten Schritt werden die konkreten Maßnahmen zur Umsetzung geplant – der Marketingplan entsteht.

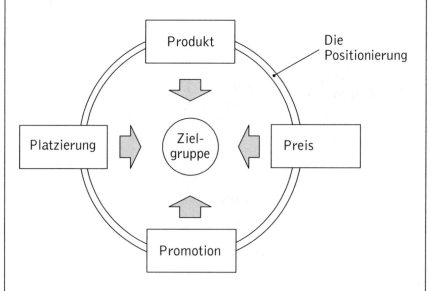

Abbildung 29: 5. Schritt des Marketingkonzepts

❏ Die Schritte 1 bis 4 waren im Grunde Vorarbeiten (eine Art Ist-Soll-Analyse) für diesen Schritt. Sie werden aber feststellen, dass

dadurch Schritt 5 wesentlich erleichtert wird. Das kommt daher, dass sich nun keine Grundsatzfragen mehr stellen.
❏ Ein Produkt auf dem Markt einzuführen ist im Grunde eine Aufgabe des Projektmanagements. Sie können alle Techniken der Projektplanung einsetzen, um Ihre Maßnahmen in Richtung Zielgruppe in Einklang zu bringen.
❏ Verwenden Sie für diesen Schritt zum Beispiel die nachfolgende Checkliste »Planung Markteinführung«. Dort finden Sie eine Zusammenstellung der wichtigsten Punkte, die in die Planung der Markteinführung eines Hightech-Produkts einbezogen werden sollten.

Checkliste: Planung Markteinführung

Anwendung: Hier finden Sie eine exemplarische Checkliste für die Markteinführung. Sie enthält eine Zusammenstellung der wichtigsten Punkte, die in die Planung der Markteinführung eines Hightech-Produkts einbezogen werden sollten. Sinn der Planung ist natürlich primär, den Überblick zu behalten.

Darüber hinaus kann Ihnen Planung sehr viel Zeit und nicht wenige Irrwege sparen, weil Sie die auftretenden Zusammenhänge stets vor Augen haben. Denn viele Aktivitäten haben Vorlaufzeiten beziehungsweise sind von anderen abhängig. Daraus erklärt sich auch, warum es wichtig ist, das Umfeld der Zielgruppe (etwa Ferienzeiten oder spezielle Branchen-Events) in die Planung mit einzubeziehen.

Checkliste »Planung Markteinführung«

Bauen Sie Ihre Planung nach dem folgenden Schema auf. Das Schema ist nach dem Modell des Marketing-Mix aufgebaut und stellt ein Grundgerüst dar. Streichen Sie jene Punkte, die für Ihr Produkt irrelevant sind, verdichten Sie dagegen jene Punkte, die Ihnen für Ihr Produkt besonders wichtig erscheinen.

1. Markt und Umfeld

- ❏ Eigene Erhebungen
- ❏ Eigene Umfragen
- ❏ Aktionen des Mitbewerbs
- ❏ Besondere Aktivitäten der Zielgruppe
- ❏ Rechtliche Einflüsse
- ❏ Wirtschaftliche Einflüsse
- ❏ Besondere Zeiträume (Ferien, Euroumstellung etc.)

2. Produkt

- Analyse, Pflichtenhefte, Spezifikationen
- Codierung
- Tests
- Piloteinsatz
- Freigabe
- Dokumentationen
- Handbücher
- Verpackung
- Schulungsplan
- Produktion

3. Preis

- Verträge (Lizenz-, Händler-, Partnerverträge etc.)
- Kalkulationen
- Preisfestlegung
- Preislisten
- Finanzierungsmodelle
- Laufende Auswertungen

4. Placement

- Logistische Aktivitäten
- Vertriebsinformationen
- Vertriebsschulungen
- Kick off

5. Kommunikation

- *Werbung*

- Anzeigen
- Streu-Mailings
- Broschüren
- Firmen-Newsletter
- Internetseiten
- Demo-CDs

- *Sales Promotions*
❑ Update-Aktionen
❑ Kundengewinnspiele
❑ Verkaufswettbewerbe

- *Public Relations*
❑ Presseaussendungen
❑ Case-Studies
❑ Öffentliche Präsentationen

- *Persönlicher Verkauf*
❑ Argumentationshilfen für Verkäufer
❑ Mitbewerbsübersicht für Verkäufer
❑ Demogeräte, -versionen für Verkäufer
❑ Bausteine für Angebotstexte
❑ Referenzlisten
❑ Mailings an Kundenstamm
❑ Kundenbesuche
❑ Hausmessen
❑ Kundengeschenke
❑ Incentives

Kapitel 8

Markt und Zielgruppen

Vom Markt zur Zielgruppe

Stellen Sie sich vor, Sie produzieren im Süden von Wien hochwertiges Gemüse. Für den Vertrieb Ihrer Erzeugnisse unterhalten Sie einen Verkaufsstand auf dem Wiener Naschmarkt. Auf die Frage, wer Ihr Markt und Ihre Zielgruppe sind, werden Sie möglicherweise antworten: »Mein Markt ist der Naschmarkt. Meine Zielgruppe sind alle, die dorthin kommen und Gemüse brauchen.«

Obwohl diese Antwort logisch erscheint, zeigt sie doch genau jenen Kardinalfehler, der bei der Zielgruppenfestlegung gerne begangen wird: Der Blick ist zu eng und ist fix ausgerichtet. Nehmen wir daher an, Sie überdenken Ihre Definition und stellen fest, dass den Markt für Ihre Produktlinie alle Personen im Großraum Wien bilden, die Bedarf an hochwertigem Gemüse haben. Denn bloß weil Ihre Vertriebsstelle im 6. Bezirk liegt, heißt das noch lange nicht, dass der Bedarf nicht auch bei einem Restaurantbetreiber im 23. Bezirk entstehen kann.

Sie unterziehen nun diesen Markt genaueren Untersuchungen. So unterteilen Sie ihn beispielsweise nach den Verbrauchsgewohnheiten Ihrer möglichen Abnehmer – eine Segmentierung in Gelegenheitsverbraucher, häufige private Verbraucher und gewerbliche Verbraucher entsteht. Sie stellen fest, dass das Segment der »häufigen privaten Verbraucher« noch von keinem Mitbewerber bearbeitet wird, der die speziellen Bedürfnisse dieser Gruppe berücksichtigt. Es ist daher besonders attraktiv für Sie, und Sie erklären es zu Ihrer Zielgruppe. Eine Ihrer praktischen Konsequenzen ist, dass Sie Ihren Vertrieb um einen Zustellservice erweitern. Nach einiger Zeit beliefern Sie täglich viele Stammkunden, und zwar nicht nur mit Gemüse, sondern auch mit Obst, Wein und anderen hochwertigen Lebensmitteln »direkt vom Erzeuger« – ein Erfolg, den Sie nicht gehabt hätten, wenn Sie bei Ihrer ursprünglichen Auffassung von Markt und Zielgruppe geblieben wären. Solche und ähnliche Ergebnisse sind der Sinn der Überlegungen zu Markt und Zielgruppe.

Es wird Ihnen nicht schwer fallen, den Kern dieser simplifizierten Geschichte auf Ihr Produkt zu übertragen. Die Crux ist, dass besondere Absatzerfolge oft mit einer guten Kenntnis der Marktanforderungen und sensibler Rücksichtnahme darauf gekoppelt sind, sprich: der Bereitschaft, den Blick weit schweifen zu lassen. Dieses Kapitel beschreibt daher den Weg zu Ihrer Zielgruppe vom Großen ins Kleine. Ausgehend von der Übermenge Ihrer tatsächlichen und potenziellen Käufer – Ihrem Markt –, arbeiten Sie immer konkreter heraus, wen Sie gezielt ansprechen möchten.

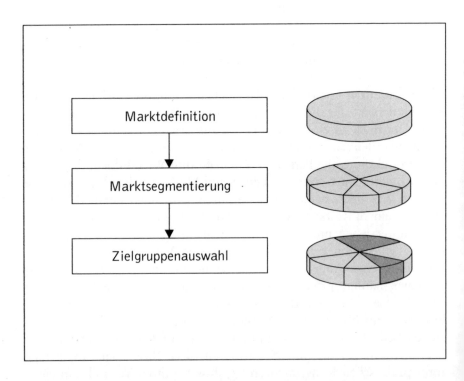

Abbildung 30: Von der Marktdefinition über die Marktsegmentierung zur Zielgruppenauswahl

Der Weg zur Zielgruppe

Sie bestimmen erst Ihren Markt und unterteilen ihn dann in einzelne Segmente. Auf dieser Basis wählen Sie die für Sie attraktivsten Segmente aus und finden so Ihre Zielgruppe(n). Dieses Vorgehen wird Ihnen in Abbildung 30 dargestellt.

Marktdefinition

Der erste Schritt besteht darin, herauszufinden, wer denn für den Erwerb Ihres Produkts überhaupt infrage kommt. Diese Menge bildet den Markt Ihres Produkts.

Der Markt

Den Markt für Ihr Produkt bildet die Summe aller tatsächlichen und potenziellen Käufer Ihres Produkts.

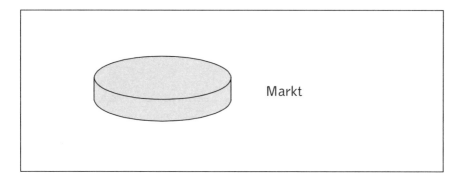

Abbildung 31: Der Markt

Nehmen Sie in Ihre Marktdefinition alle möglichen Käufer auf, für die der Einsatz Ihres Produkts Sinn machen würde. Lassen Sie an dieser Stelle noch niemand durch den Rost fallen. Ziel ist es, überhaupt einmal die Gesamtmenge der theoretisch existenten Käufer zu finden.

Die Art Ihres Marktes

Der von Ihnen definierte Markt wird von einem bestimmten Typ sein. Man unterscheidet Konsumgüter- und Organisationsmärkte, die wieder in drei Untergruppen gegliedert werden. Diese Unterscheidung wird in Abbildung 32 vorgestellt.

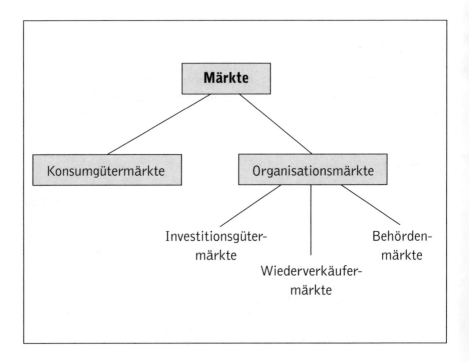

Abbildung 32: Typen von Märkten

Von welcher Art Ihr Markt ist, wird bei Ihren späteren Überlegungen zum Absatz Ihres Produkts eine große Rolle spielen – zum Beispiel bei der Festlegung Ihrer Marktkommunikation.

Marktsegmentierung

Ihr Markt, also die Gesamtmenge aller möglichen Käufer, wird wahrscheinlich eine sehr große Menge bilden. Sie müssen sich nun Klarheit verschaffen, wie diese Menge zusammengesetzt ist. Das erreichen Sie, indem Sie Ihren Markt nach verschiedenen Gesichtspunkten untersuchen: Sie segmentieren ihn in Teilstücke und verschaffen sich so einen Überblick über seinen Aufbau.

Die Segmente

Der Markt für Ihr Produkt lässt sich in einzelne Segmente unterteilen. Ein Segment ist ein Teil Ihres Marktes, dessen Mitglieder ein bestimmtes Merkmal gemeinsam haben, so beispielsweise die Betriebsgröße, die Branche oder die geografische Lage. Diese Gemeinsamkeit bewirkt, dass die Mitglieder eines Segments auf Ihr Angebot ähnlich reagieren werden.

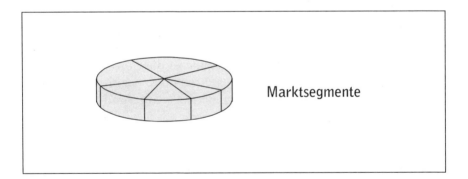

Abbildung 33: Die Marktsegmente

Die Segmentierung Ihres Marktes nach verschiedenen Gesichtspunkten (den so genannten Segmentierungsvariablen) lässt Sie seine Zusammensetzung erkennen.

Jeder Markt, auch Ihrer, lässt sich sehr vielfältig segmentieren. Fraglich ist immer die Sinnhaftigkeit der verwendeten Variablen. So wäre beispielsweise eine Segmentierung des Diskettenmarktes in blonde, schwarzhaarige und brünette Käufer möglich, aber ziemlich sinnlos, nicht so jedoch für Haarpflegemittel.

Wie segmentieren?

Die für die Segmentierung Ihres Marktes sinnvollen Variablen lassen sich in der Praxis meist recht einfach finden. In Abbildung 34 werden Ihnen einige Beispiele genannt, nach welchen Variablen Sie Konsumgüter- beziehungsweise Organisationsmärkte segmentieren können.

Abdeckungsstrategie

Bevor Sie endgültig aus den Marktsegmenten Ihre Zielgruppe(n) auswählen, sollten Sie sich Gedanken über Ihre Abdeckungsstrategie machen. Sie steht dafür, wie Sie den Markt für Ihr Produkt bearbeiten möchten. Die drei möglichen Typen werden als »undifferenzierte«, »differenzierte« und »konzentrierte Marktbearbeitung« bezeichnet.

- *Undifferenzierte Marktbearbeitung* bedeutet, dass Sie den gesamten Markt zu Ihrem Zielgebiet erklären. Sie bearbeiten alle Segmente ohne Unterscheidungen. Ihre Zielgruppe ist die ganze »Torte«.
- *Differenzierte Marktbearbeitung* peilt mehrere Segmente an. Allerdings sprechen Sie die einzelnen Bereiche aufgrund ihrer Unterschiede verschieden an und versorgen sie mit variierten Ausführungen Ihres Produkts. Ihre Zielgruppe sind mehrere »Tortenstücke«. Sie essen von verschiedenen Tellern mit unterschiedlichem Besteck.
- *Konzentrierte Marktbearbeitung* schränkt Ihre Bearbeitung auf jenes Segment ein, in dem Sie die besten Erfolgschancen sehen. Ihre Zielgruppe ist ein einzelnes »Tortenstück«, das Ihnen besonders ins Auge springt.

Die Abdeckungsstrategie

Mit Ihrer Abdeckungsstrategie legen Sie fest, wie Sie Ihren Markt bearbeiten werden: alle Segmente gleich oder mehrere unterschiedliche oder nur ein einziges Segment. Die nachfolgende Tabelle gibt Ihnen ei-

Segmentierungskriterien	Konsumgüter-märkte	Organisations-märkte
Geografisch zum Beispiel: Gebiet Bevölkerungsdichte	x	x
Demografisch zum Beispiel: Alter Geschlecht Einkommen Beruf	x	
Psychografisch zum Beispiel: Soziale Schicht Persönlichkeit Lebensstil	x	
Verhaltensorientiert zum Beispiel: Branche Unternehmensgröße Verbrauch des Produkts Verwenderstatus	x	x

Abbildung 34: Marktsegmentierung nach Variablen (Beispiel)

nen Überblick darüber, in welchen Situationen welche Abdeckungsstrategie gut geeignet ist:

Ihr Produkt bestimmt die Form Ihrer Marktbearbeitung über seine Variabilität. Ist es gering variierbar, so spricht das für eine undifferenzierte Marktbearbeitung. Kann es gut auf unterschiedliche Anforderungen einzelner Segmente angepasst werden, so sind eine differenzierte oder eine konzentrierte Marktbearbeitung begünstigt. Auch das »Alter« Ihres Produkts spielt eine Rolle. Ist Ihr Produkt neu, so spricht das in vielen Fällen für eine konzentrierte Marktbearbeitung, um erst einmal am Markt Fuß zu fassen.

Ihr Markt bestimmt seine Bearbeitungsform selbst, und zwar durch seine Zusammensetzung. Haben alle Ihre Kunden denselben Nutzen von Ihrem Produkt, so ist er homogen und kann undifferenziert bearbeitet werden. Gibt es darin Unterschiede, müssen Sie differenziert oder konzentriert vorgehen.

Ihre Ressourcen, die für die Marktbearbeitung zur Verfügung stehen, limitieren natürlich ebenfalls Ihre Möglichkeiten. Die kostengünstigste Variante ist die konzentrierte Marktbearbeitung, weil Sie alle Bemühungen auf ein Segment richten. Sie wird gefolgt von der undifferenzierten Form, die deshalb mehr Investitionen verlangt, weil Sie den ganzen Markt erreichen müssen. Die aufwendigste Variante ist die differenzierte Marktbearbeitung. Sie müssen jedes Segment unterschiedlich bearbeiten und erreichen.

Die Zielgruppe

Nachdem Sie sich im Zuge der Segmentierung einen Überblick über Ihren Markt verschafft haben und mit Ihrer Abdeckungsstrategie festgelegt haben, wie Sie ihn bearbeiten wollen, folgt nun der Schlusspunkt: die Auswahl Ihrer Zielgruppe(n).

Das ist bei undifferenzierter Marktbearbeitung keine Frage: Ihr gesamter Markt wird Zielgruppe. Wenn Sie Ihren Markt aber differenziert oder konzentriert bearbeiten möchten, dann stehen Sie vor gewichtigen Entscheidungen. Sie müssen dann die für Sie attraktivsten Segmente auswählen.

Produkt	nicht variierbar	variierbar	variierbar
Produktalter	reif	reif	neu
Markt	homogen	inhomogen	inhomogen
Ressourcen	ausreichend	hoch	niedrig
Abdeckungs-strategie	**undifferenziert**	**differenziert**	**konzentriert**

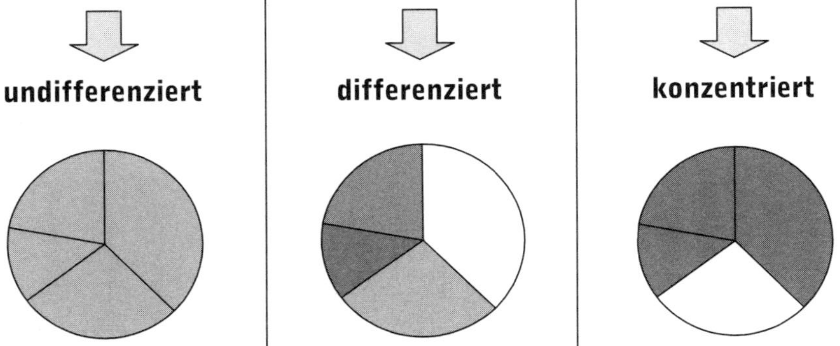

Abbildung 35: Abdeckungsstrategien

Zielgruppenauswahl

Ihre Zielgruppen sind jene Personengruppen, an die Sie sich aktiv mit Ihren Marketingmaßnahmen wenden. Häufig werden Sie vor der Aufgabe stehen, aus einer Reihe von möglichen Zielgruppen (Marktsegmenten) die für Sie attraktivsten auszuwählen. Die Attraktivität eines Segments wird von einer Reihe von Faktoren bestimmt. Die wichtigsten sind:

- *Größe:* Wie groß ist die Anzahl der potenziellen Käufer in dem Segment?
- *Erreichbarkeit:* Wie leicht sind die Mitglieder des Segments für Sie erreichbar? Gibt es Kommunikations- und Vertriebskanäle, die Sie nutzen könnten?
- *Mitbewerb:* Wie stark ist die Präsenz Ihres Mitbewerbs in dem Segment? Wie hoch sind dessen Marktanteile?
- *Kaufbereitschaft:* Wie rasch würde das Produkt von den Mitgliedern des Segments angenommen werden? Bietet es für Sie hohen Nutzen, schnelle Vorteile?
- *Wirtschaftliche Situation:* Wie ist die wirtschaftliche Situation und damit die Investitionsbereitschaft der Mitglieder des Segments?
- *Abnehmerbindungen:* Haben Sie bestehende Kundenbeziehungen in dem Segment, die Ihnen seine Erschließung mit einem neuen Produkt erleichtern würden?
- *Strategische Bedeutung:* Ist das Segment für die Erschließung anderer, wichtiger Segmente von strategischer Bedeutung?

So viel zur Attraktivität einzelner Segmente und der Auswahl von Zielgruppen. In diesem Zusammenhang sei noch eine ernst gemeinte Warnung ausgesprochen: Auch wenn Sie sich einen hervorragenden Überblick Ihres Marktes verschaffen und in Ihre Überlegungen eine Vielzahl von Faktoren einbeziehen – Sie können sich Ihren Erfolg nicht im Voraus ausrechnen. Die Auswahl Ihrer Zielgruppen bleibt, wie vieles im Marketing, eine Entscheidung, die oft sehr viel mit dem häufig zitierten »Bauchgefühl« zu tun hat. Alle Informationen der Welt können Sie höchstens unterstützen, aber Ihnen niemals das Risiko abnehmen. Im Produktmarketing gibt es kein sicheres Blatt. Das endgültige

Urteil über den von Ihnen eingeschlagenen Weg trifft immer ein unbestechlicher und oft launischer Richter – der Kunde.

Zielgruppendefinition: Personenkreis festlegen!

Wenn Sie Ihre Zielgruppe definieren, denken Sie in jedem Fall daran, dass sie sich aus Menschen zusammensetzt. Auch wenn Ihre Zielgruppe einem Organisationsmarkt entspringt und nicht aus Privatpersonen besteht, wird sie von Menschen und niemals von Unternehmen gebildet. Eine Zielgruppendefinition, die mit »Unsere Zielgruppe sind Unternehmen, die ...« beginnt, kann Sie ganz schön auf dem Bauch landen lassen.

Sie müssen also in jedem Fall den Personenkreis festlegen, den Sie ansprechen. Je nachdem, wer die Kaufentscheidung trifft oder beeinflusst, können das bei einem Investitionsgut zum Beispiel Inhaber, Geschäftsführer, Einkäufer, EDV-Leiter oder die Anwender in den von Ihnen angesprochenen Unternehmen sein.

Fallbeispiel: Fest im Sattel

Der österreichische Software-Hersteller *rm-DATA* gibt uns ein Paradebeispiel für konzentrierte Marktbearbeitung. Es zeigt uns, wie man mit der intensiven Bearbeitung einer engen Zielgruppe oft mehr Erfolg hat als mit einer weiten Streuung. Wie das nachfolgende Beispiel zeigt, ist es diesem kleinen Unternehmen gelungen, eine Nische mit hohem Bedarf an Informationstechnologie nahezu für sich allein zu erobern und erfolgreich zu verteidigen: die Vermessung.

Kurz zum Hintergrund: Für jeden, der Vermessung betreibt, ist die EDV ein wahrer Segen. Von der rein koordinativen Bestimmung von Punkten bis zur grafischen Darstellung und weiteren Nutzung in geografischen Informationssystemen treten eine Vielzahl von Aufgaben auf, die sich automatisieren lassen. In Österreich werden Vermessungen vor allem von Dienstleistungsbetrieben (Ziviltechniker und technische Büros) und in eigenen Abteilungen größerer Organisationen (Baufirmen, Post, Verbund, Bundesbahnen etc.) durchgeführt. Diese Bereiche sind die Zielgruppe von *rm-DATA*. Denn jeder, der vermisst, muss seine Messungen auch auswerten.

Im Jahr 1985 landete der Gründer von *rm-DATA*, Diplom-Ingenieur Richard Malits, den Volltreffer, mit dem alles begann: Er schrieb das

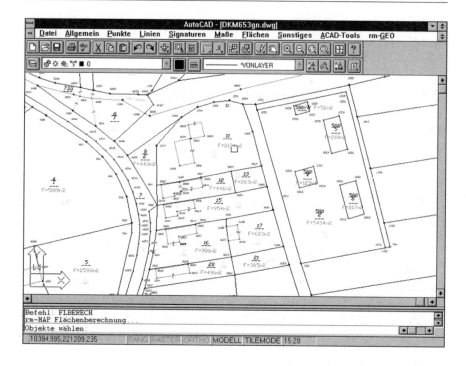

Abbildung 36: Vermessung auf dem PC als klassisches Nischenprodukt.
Bild: rm-DATA

erste Vermessungsprogramm auf PC-Basis. Der damals etablierte Mitbewerb bot seine Lösungen auf Taschenrechnern, CP/M-Computern und exotischen Arbeitsplatzrechnern an. Das Potenzial des PC wurde von diesen Anbietern unterschätzt – was zur Folge hatte, dass *rm-DATA* innerhalb weniger Jahre die Nummer 1 in diesem Bereich wurde. Seine gute Nase für den richtigen Trend bewies Malits zum zweiten Mal Ende der 80er Jahre: Ein neuer Hersteller namens *Autodesk* machte Computergestütztes Zeichnen auf dem PC zur Wirklichkeit, noch dazu in einer offenen Architektur, die eine leichte Einbindung spezieller Anwendungsmodule möglich machte. Was machte *rm-DATA*? Das Unternehmen setzte auf dieses neue Produkt AutoCAD – und gewann wieder.

Heute betreut das 15-köpfige Team so ziemlich alle, die in Österreich Vermessung betreiben, denn die Zielgruppe ist voll erschlossen. Die Produktlinie wurde abgerundet und reicht von Berechnungsprogrammen über integrierte CAD-Anwendungen bis zu GIS-Systemen. Rund die Hälfte der Mitarbeiter arbeitet in der Produktentwicklung. Die andere Hälfte steht in absatzorientierten Positionen und schielt schon stark auf eine geografische Ausweitung der Nische in Richtung Westen.

Merkmale erfolgreichen Nischenmarketings

Vor allem für kleine und mittlere Unternehmen der EDV-Branche wird die Zukunft in der konzentrierten Bearbeitung ausgewählter Zielgruppen liegen. Nischenmarketing ist also angesagt. Die begehrten Marktnischen wachsen aber nicht auf den Bäumen. Sie wollen nicht nur gefunden, sondern auch gelungen genutzt werden. Der Erfolg von *rm-DATA* zeigt drei wichtige Merkmale erfolgreichen Nischenmarketings:

- *Erstens* die hohe Bedeutung spezieller »Skills«. Nur wer auch fachlich einen guten Zugang zu der Nische hat, wird Erfolg haben können.
- *Zweitens* die Einbeziehung von übergeordneten Markttrends in die eigene Strategie. Im Beispiel der *rm-DATA* ist das zweimal gelungen – einmal mit dem PC, dann mit AutoCAD.
- *Drittens* die beständige Arbeit an der Erhaltung der Kundennähe. Würde *rm-DATA* nicht primär im Eigenvertrieb arbeiten und ihre Lösungen nicht selbst warten, würde die Mitbewerbssituation heute wohl anders aussehen.

Checkliste: Informations-Beschaffung

Anwendung: Die Auseinandersetzung mit Markt und Zielgruppen ruft unweigerlich das Thema Marktforschung auf den Plan. Marktforschung ist aber nichts anderes als die Beschaffung von Informationen, die als weitere Entscheidungsgrundlagen dienen sollen. Entscheidend ist dabei, dass nur Informationen erhoben werden, die auch wirklich *notwendig* und *geeignet* sind, Entscheidungen zu stützen. Gehen Sie daher bei jedem Vorhaben, das mit Informationsbeschaffung zu tun hat, die folgende Checkliste durch.

Checkliste »Info-Beschaffung«

Die Beschaffung von Informationen kostet Geld. Jedes größere Vorhaben zur Info-Beschaffung sollte daher einer eingehenden Prüfung auf Sinnhaftigkeit und Notwendigkeit unterzogen werden. Stellen Sie daher sicher, dass Sie die Antworten auf folgende Fragen kennen:

- ❏ Wie lautet der genaue Informationsbedarf?
- ❏ Wo beziehungsweise von wem sollen die Informationen beschafft werden?
- ❏ Ist das die einzige mögliche Quelle für die benötigten Informationen?
- ❏ Welche Entscheidungen sollen auf Basis dieser Informationen getroffen werden?
- ❏ Warum reicht die bestehende Informationsbasis nicht aus?
- ❏ Werden die neuen Informationen ausreichen, um die offenen Entscheidungen treffen zu können?
- ❏ Wann werden die Informationen zur Verfügung stehen?
- ❏ Wird dieser Zeitpunkt rechtzeitig sein?
- ❏ Werden die Informationen mehr bringen, als sie kosten?
- ❏ Werden die Informationen einen Soll-Ist-Vergleich zulassen?

Kapitel 9
Die Positionierung

Die Macht der Positionierung

Die große Macht der Positionierung entspringt der Sehnsucht der Menschen nach Einfachheit. Sie basiert auf ihrem Wunsch, die Welt um sie herum zu verstehen und in einfache Kategorien zu ordnen. Kurz gesagt, mit Ihrer Positionierung nutzen Sie bewusst das Schubladendenken der Menschen – mit dem Vorteil, dass Sie sich Ihre Schublade selbst aussuchen. Sie bestimmen, wie sie lackiert ist, und versehen sie mit ihren eigenen Beschlägen. Die Positionierung ist das Ticket in die Vorstellungswelt Ihrer Kunden. Sie »positionieren« sich dort an einer bestimmten Stelle.

Der Begriff der Positionierung

Die Positionierung Ihres Produkts steht dafür, wie Sie Ihr Produkt als wünschenswert und unverwechselbar in der Meinung Ihrer Zielgruppe verankern. Sie setzt sich aus drei wesentlichen Elementen zusammen:

- *Ihre Zielgruppe:* Sie muss klar definiert sein. Die beiden anderen Elemente, unverwechselbar und wünschenswert, sind unbedingt aus ihrer Sicht zu sehen.
- »*Wünschenswert*« steht dafür, dass in Ihrer Positionierung der Produktnutzen enthalten ist. Die potenziellen Käufer müssen einen Grund sehen, warum sie ein Produkt Ihrer Kategorie kaufen sollen.
- »*Unverwechselbar*« bedeutet, dass die Positionierung Ihr Produkt klar vom Mitbewerb differenziert. Um die Unverwechselbarkeit

sicherzustellen, eignen sich zum Beispiel besondere Produkt- und Unternehmenseigenschaften, ein spezielles Preis-Leistungs-Verhältnis oder ungewöhnliche Serviceleistungen.

Eine Positionierung sagt in Kurzform aus, warum Ihre potenziellen Kunden ein Produkt wie Ihres kaufen und warum sie ausgerechnet Ihr Produkt kaufen sollen. Sie bringt Ihr Produkt »auf den Punkt«. Mit anderen Worten: Sie schaffen eine eindeutige Produktidentität, die Sie zum Kern Ihrer Arbeit machen. Ihr Marktauftritt wird umso erfolgreicher, je gezielter Sie alles, was für Ihre Käufer sichtbar wird, aus demselben Nenner ableiten – Ihrer Positionierung. Sie stellen sicher, dass alle Ihre Kontakte mit Ihrer Zielgruppe in der Summe ein einheitliches Bild ergeben.

Image und Identität

Gerne wird auch heute noch daran geglaubt, dass es notwendig ist, ein Produkt mit einem Image auszustatten. Es wird mit Eifer daran herumgetüftelt, was die Zielgruppe von einem Produkt glauben soll. Leider verleitet die Arbeit an einem konstruierten Produktimage zur Unehrlichkeit. Denn wenn ein Bild schon künstlich gestaltet werden kann, dann kann auch da und dort etwas retuschiert werden.
   Das ist ein fataler Irrtum, denn Kunden sind nicht dumm. Wenn mit einem Produktimage geworben wird und die Käuferschaft sieht, dass die Realität nicht hundertprozentig der Darstellung entspricht, fühlt sie sich betrogen. Und üble Nachrede verbreitet sich wie ein Lauffeuer.
   All das liegt anders, wenn Sie statt eines Images die Identität Ihres Produkts kommunizieren. Identität ist real. Sie steht dafür, was das Produkt wirklich ist – wofür es geschaffen wurde, was es leistet, wem es nutzt. Identität kann sich ruhig stolz auf herausragende Eigenschaften beziehen – nur stimmen müssen sie. Stellen Ihre Kunden nach dem Kauf fest, dass das Produkt mit dem übereinstimmt, womit Sie werben, stärkt das mit Recht das Vertrauen in Sie. Vertrauen, das in weiterer Folge zu mehr Verkäufen führt.

Der Weg zur Positionierung

Die Kunst des Positionierens besteht darin, ein Filtrat herzustellen, eine Reduktion Ihres Produkts auf ein oder zwei Sätze durchzuführen, die Ihr Produkt genau »auf den Punkt« bringen. Den praktischen Weg zur Positionierung liefern Ihnen eben ihre drei Elemente »Zielgruppe«, »wünschenswert« und »unverwechselbar«. Sobald es Ihnen gelungen ist, zu diesen drei Elementen jeweils ein klares Statement aufzustellen, finden Sie auch einen Weg, sie zur Positionierung zu vereinen. Im Folgenden gehen wir genauer auf die Bedeutung der einzelnen Elemente ein, um abschließend ihre Zusammenfassung zur Positionierung zu besprechen.

Positionierung versus Claim

Eine Positionierung ist kein Slogan, den Sie publik machen werden. Vielmehr soll sie Ihnen dazu dienen, Ihre Position für Sie selbst und die Leute, mit denen Sie zusammenarbeiten, genau zu definieren. Aus der Positionierung einen Produkt-Claim abzuleiten ist Sache der Marktkommunikation und im Grunde ein Detail. Konzentrieren Sie sich daher bei der Suche nach Ihrer Positionierung auf eine klare Aussage und lassen Sie deren »Klang« vorerst beiseite.

Eine Positionierung ist also nichts, was man in seiner Urform laut in den Markt hinausposaunen würde. Im Grunde ist sie eine strategische und vertrauliche Entscheidungsgrundlage. Sie hilft Ihnen dabei, Ihre engsten Partner zu informieren. Und sie ist das Instrument, mit dem Sie alle am Produkterfolg beteiligten Bereiche dazu bringen, bei der Zielgruppe ein einheitliches Produktbild entstehen zu lassen.

Zielgruppe

Die Zielgruppe Ihres Produkts steht für den Personenkreis, den Sie aus Ihrem Markt zur aktiven Bearbeitung auswählen.

1. Element: Zielgruppe

Das erste Element für die Festlegung Ihrer Positionierung ist die Definition Ihrer Zielgruppe. Sie beschreibt den Personenkreis, an den Sie sich aktiv mit der Vermarktung Ihres Produkts wenden. Die Überlegungen zur Zielgruppe stehen deshalb an erster Stelle, da die Fragen, was Ihr Produkt »wünschenswert« und »unverwechselbar« macht, immer aus Sicht Ihrer Zielgruppe zu beantworten sind.

Was ist wünschenswert?

Wenn Sie geklärt haben, wer Ihr Produkt kaufen soll, stellen Sie sich im zweiten Schritt die Frage: Warum soll ein Mitglied meiner Zielgruppe überhaupt ein Produkt meiner Kategorie erwerben? Bei der Beantwortung dieser Frage steht nicht Ihr spezielles Produkt im Mittelpunkt, sondern was ein Produkt wie Ihres (also etwa ein Multimedia-PC, ein Handy oder eine CAM-Software) für Ihre Zielgruppe wünschenswert macht. Die Suche nach der Antwort wird Sie unweigerlich auf die Kaufmotive führen. Die wichtigsten Kaufmotive leiten sich aus den Bedürfnissen nach Gewinn, Sicherheit, Selbstwert, Bequemlichkeit, Kontakt und Gesundheit ab. Ihre Produktkategorie wird zweifellos in der Lage sein, mehrere dieser Bedürfnisse anzusprechen. Ziel ist es aber, die einzelnen Motive zu untersuchen und das für Ihren Fall *stärkste* auszuwählen. Das liefert Ihnen sofort die Antwort darauf, was Ihr Produkt für Ihre Zielgruppe wünschenswert macht.

2. Element: Wünschenswert

Ihre Positionierung muss die Teilfrage beantworten, was Ihr Produkt auf der persönlichen Ebene wünschenswert macht. Die Antwort darauf finden Sie, indem Sie das für Ihr Produkt stärkste Kaufmotiv auswählen:

- *Gewinn:* Das Produkt hilft dem Käufer Kosten zu sparen oder seine Erträge zu vergrößern.
- *Sicherheit:* Das Produkt sichert den Käufer in seinem Umfeld ab.

- *Selbstwert:* Das Produkt steigert seinen Selbstwert.
- *Bequemlichkeit:* Das Produkt erleichtert dem Käufer das Leben.
- *Kontakt:* Das Produkt hilft dem Käufer, soziale Kontakte zu pflegen.
- *Gesundheit:* Das Produkt unterstützt die Gesundheit des Käufers.

Wenn sich also zum Beispiel herausstellt, dass Ihre Produktkategorie in erster Linie aus Gründen der Rationalisierung gekauft wird, werden Sie auf das Gewinnmotiv setzen. Wenn bei der Kaufentscheidung Sicherheit eine zentrale Rolle spielt, dann werden Sie dieses Bedürfnis in den Vordergrund stellen. Das hört sich leichter an, als es in der Praxis ist. Denn erstaunlicherweise lässt sich in den meisten Fällen die Frage, welches das *stärkste* persönliche Motiv der Kaufentscheider im Zusammenhang mit einem bestimmten Produkt ist, nicht aus dem Stand beantworten. Der Grund dafür liegt darin, dass wir mit unserer Aufmerksamkeit meist viel zu wenig bei unserer Käuferschaft sind.

Gedankenleser: Vorsicht!

Wenn Sie sich auf die Suche nach dem stärksten Kaufmotiv für Ihr Produkt machen, hüten Sie sich vor dem Gedankenlesen. Beziehen Sie unbedingt mindestens einige (potenzielle) Kunden ein. Suchen Sie das persönliche Gespräch und lassen Sie sich die Frage beantworten, warum überhaupt irgendjemand so ein Produkt kauft. Sie werden nicht immer vollkommen offene Antworten erhalten, speziell wenn sich das stärkste Motiv aus der Selbstwertebene ableitet. Sie müssen daher auch »Nichtgesagtes« mithören. Wichtig ist auf jeden Fall, dass Sie mit Kunden sprechen, sie beobachten und aus der Summe Ihrer Eindrücke den Schluss auf den wichtigsten Kaufgrund für Produkte wie Ihres ziehen.

Was ist unverwechselbar?

Im dritten Schritt untersuchen Sie die Frage: Was ist speziell an meinem Produkt dran – weshalb also soll die Zielgruppe ausgerechnet *mein* Produkt erwerben? Denn nachdem Sie im zweiten Schritt geklärt haben, warum Produkte wie Ihres gekauft werden, müssen Sie noch einen guten Grund finden, warum man Ihres und nicht das Produkt eines Mitbewerbers erwerben soll. Oder anders ausgedrückt: Sie suchen nach einer guten Möglichkeit, Ihr Produkt eindeutig von Ihrem heutigen und zukünftigen Mitbewerb zu differenzieren. Geeignet ist dafür alles, was tatsächlich nur Sie bieten können. In der Literatur werden Sie solche Differenzierungen auch oft unter dem Begriff USP (Unique Selling Proposition) finden. Die Varianten solcher Differenzierungen sind ausgesprochen vielfältig. Sie reichen von besonderen Produktfeatures bis zu speziellen Eigenschaften eines Unternehmens. Denn auch Ihr *Unternehmen* ist zum Beispiel dafür geeignet, ein sonst durchschnittliches Produkt von Ihrem Mitbewerb abzugrenzen.

3. Element: Unverwechselbar

Ihre Positionierung muss enthalten, was Ihr Produkt unverwechselbar macht. Folgende Alleinstellungsmerkmale kommen oft zur Anwendung:

- Besondere Produktfeatures.
- Besondere Produktfunktionalitäten (zum Beispiel Patente).
- Spezielle Eignung des Produkts für die Zielgruppe (zum Beispiel »entwickelt für ...«).
- Ungewöhnliche Serviceleistungen (zum Beispiel Vor-Ort-Service).
- Einzigartiges Preis-Leistungs-Verhältnis.
- Herausragende Qualität.
- Spezielle Unternehmenseigenschaften.

Bedenken Sie, dass diese Möglichkeiten nur eine Auswahl darstellen und keineswegs vollständig sein können – die mögliche Vielfalt ist zu groß.

Welchen Weg auch immer Sie wählen, um Ihr Produkt unverwechselbar zu kennzeichnen, achten Sie stets auf die Verteidigungsfähigkeit Ihrer Differenzierung. Ihr Alleinstellungsmerkmal sollte auf möglichst lange Sicht nur von Ihnen geboten beziehungsweise realisiert werden können.

Einen wirklichen Volltreffer werden Sie landen, wenn Ihnen Folgendes gelingt: Sie finden eine Differenzierung, die das Kaufmotiv aus dem zweiten Schritt (»wünschenswert«) noch unterstreicht. Das gelingt nicht oft, denn selten ist die Situation so ideal. Versteifen Sie sich also nicht darauf, aber halten Sie dennoch die Augen für solche Konstellationen offen. Denn wenn Sie so einen Fall vorfinden, dann halten Sie eine Goldgrube in Händen.

Die Summe

Sobald Sie zu allen drei Elementen ein klares Statement haben, steht der Geburt Ihrer Positionierung nichts mehr im Weg. Der letzte Schritt besteht nur mehr darin, die drei Elemente zusammenzuführen.

Die Zusammenführung zur Positionierung

Die Zusammenführung der drei Elemente *Zielgruppe*, *wünschenswert* und *unverwechselbar* zu einer Kurzbeschreibung Ihres Produkts führt zu Ihrer Positionierung:

In der Praxis bewährt es sich sehr, wenn Sie Ihre Positionierung in der Art der nachfolgenden Beispiele formulieren. Ob Sie es glauben oder nicht: Jeder dieser einfachst klingenden Positionierungen (die Beispiele sind authentisch) sind intensive Analysearbeiten der jeweiligen Produktexperten vorausgegangen:

BEISPIEL 1: SOFTWARE-PRODUKT (OBJEKTVERWALTUNG)
Wir sprechen mit unserem Produkt Entscheidungsträger in Organisationen mit einer zu verwaltenden Büro- und Produktionsfläche von über 20 000 Quadratmetern an. Unser Produkt XY steht bei dieser Zielgruppe für Sicherheit: Sicherheit für die Verantwortlichen in ihren planerischen Entscheidungen, Sicherheit für Anwender im Umgang mit dem System und Sicherheit bei den Kaufentscheidern, auf das richtige Pferd zu setzen.

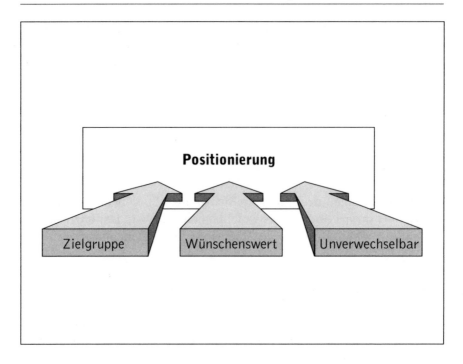

Abbildung 37: Elemente der Positionierung

BEISPIEL 2: TELEFONANLAGE

Wir wenden uns mit unserem Produkt an die Inhaber beziehungsweise Leiter von Büroorganisationen mit bis zu 35 Mitarbeitern, für die das Telefon ein Lebensnerv ist. Unsere Anlage XY stellt ein stabiles, zukunftssicheres System dar, das speziell für diese Zielgruppe entwickelt wurde.

BEISPIEL 3: CAD-DIENSTLEISTUNGSPRODUKT

Wir sprechen mit unseren Dienstleistungen Architekten im Großraum Hamburg an, die gelegentlich Projekte mit einer Bausumme von über 1,5 Millionen Euro durchführen. Das XY-Dienstleistungscenter steht bei dieser Zielgruppe für Gewinnsteigerung in der Durchführung solcher Gelegenheitsprojekte. Unsere Zeichenteams bewältigen (mit eigenem speziellen Equipment) auch kurzfristig umfangreiche Projektaufgaben.

Positionieren heißt Verzichten!

Ein häufiger Stolperstein auf dem Weg zur Positionierung ist, dass die Bedeutung der Reduktion unterschätzt wird. Oft wird versucht, möglichst alle anzusprechen und in die Positionierung alles zu verpacken, was das Produkt wünschenswert oder unverwechselbar macht – weil das Produkt so vielseitig ist und man sein Licht nicht unter den Scheffel stellen möchte. Genau das aber verhindert, dass sich eine klare Identität bildet. Es kommt maximal eine schwammige Beschreibung heraus, die nicht das Geringste aufklärt und niemandem wirklich dient.

Die Reduktion, die eine bewusste Positionierung bedeutet, verlangt Ihren ganzen Mut: Mut zum Verzicht auf alle Seitenäste, die vielleicht auf den ersten oder sogar zweiten Blick ebenfalls wichtig erscheinen. Mit Sicherheit aber bedeutet sie nicht den Verzicht auf Kunden. Denn sie ist die einzige Möglichkeit, einen festen Platz in der Vorstellung Ihrer Zielgruppe zu erringen.

Die Erarbeitung einer Positionierung bringt einigen Aufwand mit sich. Sie müssen Zeit investieren, um mit (potenziellen) Kunden zu sprechen, Sie müssen sich einen guten Überblick über Ihre Mitbewerber verschaffen, und Sie müssen Ihr Produkt auf brauchbare Besonderheiten abklopfen.

Letzten Endes ist die Ausarbeitung Ihrer Positionierung aber die Abkürzung schlechthin. Denn Sie ersparen sich in der Folge eine Menge Rätselraten und Erklärungsaufwand. Die Ausarbeitung Ihres Marketing-Mix wird zum Kinderspiel. Das Briefing von Werbepartnern wird einfach. Der Vertrieb lässt sich leicht informieren. Ein Pressetext ist sofort geschrieben. Sie können einfach jedermann sofort und in Kürze sagen, was bei Ihrem Produkt Sache ist.

Kapitel 10
Der Marketing-Mix

Der Produktmarketing-Mix

In vielen Bereichen gibt es auch heute noch eine sehr enge Vorstellung vom Begriff Marketing. Manche verstehen darunter das Verschicken von Mailings und die Organisation von Messeauftritten. Andere, fortschrittlichere Geister, zählen zum Marketing immerhin schon die marktgerechte Gestaltung von Produkten.

Ganzheitlich betrachtet, hat Marketing noch viel mehr zu bieten: Man fasst darunter alle Aktivitäten zusammen, die den Absatz von Waren und Dienstleistungen begünstigen. In einem gewinnorientierten Unternehmen sind davon im Grunde alle Prozesse und Parameter betroffen, die mit der Außenwelt in Berührung kommen – von der Stimmung am Empfang bis zur Art der Zahlungsbedingungen.

Im Produktmarketing steht es Ihnen offen, einen Teil dieser Prozesse und Parameter selbst zu gestalten. Sie sind im Modell des Produktmarketing-Mix zusammengefasst. Die vier Freiheitsgrade sind die Gestaltung Ihres Produkts, seines Preises, seines Vertriebs und der dazugehörigen Marktkommunikation. Das Zusammenspiel dieser vier Faktoren wird als Marketing-Mix bezeichnet. Ursprünglich sind die vier Parameter als die »4P« bekannt geworden: Product, Price, Place und Promotion.

- *Product* steht für die Kombination von Ware und Service. Beides bieten Sie an. Hier finden Sie ein weites Feld von Gestaltungsmöglichkeiten. Angefangen bei der Funktionalität Ihres Produkts über seine Verpackung bis zu Dokumentation und Serviceleistungen haben Sie eine unendliche Vielfalt an Möglichkeiten, Ihr Produkt zu designen.

- *Price* meint natürlich den Preis Ihres Produkts. Darunter ist aber nicht nur der Geldbetrag zu verstehen, der von Ihren Käufern zu entrichten ist. Es gehören dazu auch alle mit dem Preis in Zusammenhang stehenden Vereinbarungen. Zahlungsbedingungen, Konditionen, Rabatte und daran geknüpfte Bedingungen spielen eine ebenso große Rolle wie der Verbraucherpreis.
- *Place* benennt alle Aktivitäten, die Ihr Produkt Ihrer Zielgruppe verfügbar machen. Dazu gehören Auswahl, Betreuung und Motivation Ihres Vertriebs und Ihrer Handelspartner. Nicht zuletzt zählen dazu auch alle Fragen der physischen Distribution.
- *Promotion* steht für die Absatzförderung Ihres Produkts. Das sind alle Aktivitäten, mit denen Sie die Vorteile Ihres Produkts bei Ihrer Zielgruppe bekannt machen: Werbung, PR, Verkaufsförderung und der persönliche Verkauf.

Im Modell des Produktmarketing-Mix sind die vier Parameter zusammengefasst, die Sie als Produktmanager beeinflussen können. Diese

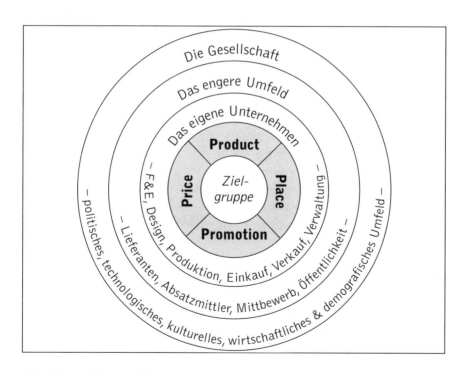

Abbildung 38: Umfeld des Produktmarketing-Mix

vier Parameter sind Ihr Produkt (Product), sein Preis (Price), seine Absatzwege (Place) und seine Absatzförderung (Promotion). Die Eingliederung in sein Umfeld wird Ihnen in Abbildung 38 dargestellt.

Die »4P« sind die Schnüre, an denen Sie als Produktmanager ziehen können. Sie sind die einzigen Faktoren, die Sie im Produktmarketing wirklich steuern können; der Rest ist Bühne. Die Stärke des Marketing-Mix liegt ja gerade darin, durch optimale Abstimmung der »4P« im Kampf auf dieser Bühne zu bestehen. Denn alle anderen Größen sind nur schwer, langsam oder gar nicht zu beeinflussen: Ihr eigenes Unternehmen mit seinen Abteilungen, Ihre Lieferanten, Mitbewerber und Händler, die Öffentlichkeit, das gesellschaftliche Umfeld usw.

Marketing-Mix und Positionierung

Der Marketing-Mix ist das Instrument, mit dem Sie Ihre Positionierung »auf den Boden bringen«. Bedenken Sie ferner, dass der Marketing-Mix für Ihr Produkt in jedem Fall besteht. Ob Sie ihn nun aktiv gestalten oder nicht – die »4P« existieren immer. Sie spielen immer zusammen und bewirken immer (manchmal leider einen widersprüchlichen) Eindruck bei Ihrer Käuferschaft. Besser ist es, die »4P« bewusst aufeinander abzustimmen. Denn die »4P« sind jene Stellen, an denen Sie mit Ihrem Produkt ins Blickfeld Ihrer Kunden geraten. Da Sie dort eine klare Identität schaffen wollen, ist es so wichtig, dass sich die »4P« aus Ihrer Positionierung ableiten.

Wenn Sie sich die »4P« Ihres Produkts vorknöpfen und in Einklang bringen, erringen Sie zwei entscheidende Vorteile: Sie bringen Produkte auf den Markt, die aus einem Guss sind; und Sie orientieren sich an einem Modell, das Sie alle Ihre Möglichkeiten nutzen lässt.

Das Bindeglied

Die große Klammer, welche die vier Elemente Ihres Marketing-Mix zum *Mix* macht, ist die Positionierung Ihres Produkts. Das, wofür Ihr Produkt steht, muss von allen Parametern *gemeinsam und zugleich* ausgedrückt werden.

Das Produkt muss Ihre Positionierung verkörpern. Preis und Vertriebswege müssen Ihrer Positionierung entsprechen und sie glaubhaft machen. Ihre Promotion muss Ihre Positionierung ununterbrochen wiederholen. Auf die Bedeitung der Positionierung wird in Abbildung 39 hingewiesen.

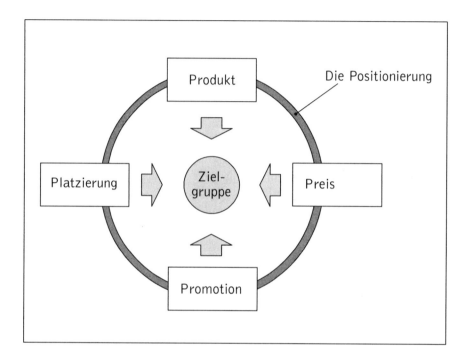

Abbildung 39: Positionierung als Bindeglied im Marketing-Mix

Der Mix entscheidet

Das Modell des Marketing-Mix ist ein Instrument, mit dem Sie Ihr Produkt optimal an einem gegebenen Umfeld ausrichten. Die folgenden Zeilen sollen Ihnen einen Einblick in die tiefe Bedeutung des Marketing-Mix für den Erfolg Ihres Produkts geben.

- *Das Modell ist vollständig.* Der Marketing-Mix ist ein umfassendes

Modell der Variablen, die Sie beeinflussen können. Alle anderen Faktoren, die den Erfolg Ihres Produkts mitbestimmen, können Sie im Produktmarketing nur berücksichtigen, nicht aber steuern. Sie haben zum Beispiel kaum Einfluss auf die öffentliche Meinung gegenüber einer speziellen Technologie, die Ihr Produkt verwendet. Darauf Energie zu verwenden wäre im Produktmarketing reine Zeitverschwendung.

- *Der Marketing-Mix ist eine Einheit.* Die »4P« Ihres Marketing-Mix sollten Sie immer im Zusammenhang sehen. Eine Änderung bei einem der vier Faktoren hat fast immer Auswirkungen auf die anderen drei Parameter. Wenn Sie zum Beispiel den Preis Ihres Produkts verringern, wird das auch Auswirkungen auf Ihr Produkt (zum Beispiel Version mit reduzierter Funktionalität), Ihre Vertriebswege (zum Beispiel breitere Streuung) und Ihre Absatzförderung (zum Beispiel Preisargument wird wichtiger) haben.
- *Der Mix entscheidet.* Wie Sie das Zusammenspiel seiner Faktoren gestalten, entscheidet über Erfolg oder Misserfolg Ihres Produkts. Das verbindende Element Ihrer »4P« ist die Positionierung – die Sie definieren sollten, bevor Sie sich konkreten Überlegungen zu Ihrem Marketing-Mix hingeben. Entscheidend ist, dass die »4P« Ihre Positionierung erfüllen, dass sie zusammenspielen und einander gut ergänzen. Weicht auch nur eines der »4P« ab, so wirkt sich das fatal auf den Erfolg Ihres Produkts aus. Angenommen, Sie haben ein hochqualitatives Produkt mit hohem Nutzen (Product), das über ein ausgezeichnetes Preis-Leistungs-Verhältnis (Price) verfügt und für das Sie geeignete Vertriebspartner gewinnen konnten (Place). Einzig Ihre Marktkommunikation (Promotion) bedient sich Medien, die Ihre Positionierung unterwandern – dann vergeben Sie eine Menge Gewinnchancen.
- *Der Mix ist veränderlich.* Der Marketing-Mix Ihres Produkts ist eine dynamische Größe. Passen Sie Ihren Mix laufend den Veränderungen Ihres Marktes an. Mitbewerb und technologische Änderungen setzen voraus, dass Sie ihn ständig überprüfen und adaptieren. Speziell in jungen, schnelllebigen Branchen sind immer wieder Unternehmen zu beobachten, die von der raschen Veränderung des Marktes überrollt werden. Sie modifizieren einen Marketing-Mix nicht rechtzeitig – und scheitern mit dem Produkt.
- *Der Marketing-Mix ist zielgerichtet.* Ihr Marketing-Mix muss immer auf eine ganz bestimmte Personengruppe ausgerichtet sein: Ihre

Zielgruppe. Je klarer Sie anfangs Ihre Zielgruppe definieren, umso besser wird Ihr Marketing-Mix Ihre zukünftigen Kunden ansprechen. Gerade diesbezüglich sieht die Situation oft ziemlich trist aus. Zu vielen Produkten werden überhaupt keine Überlegungen zum Marketing-Mix angestellt, eben *weil* Unklarheit über Zielgruppe und Positionierung besteht. In solchen Produkten schlummert oft ein großes Absatz- und Gewinnpotenzial.

Zufalls-Mix vermeiden!

In der Praxis kommt es häufig vor, dass der Marketing-Mix dem Zufall überlassen wird. Die Ursache dafür ist zumeist, dass Unklarheit über die genaue Zielgruppe und die entsprechende Positionierung besteht. Ist einmal geklärt, an wen man sich wendet und welche Position man dort einnehmen möchte, ist die Ausarbeitung des Marketing-Mix eine leichte Aufgabe. Mangelt es dagegen an einer klaren Zielgruppendefinition und einer ebenso klaren Positionierung, so macht sich das Fehlen dieser Basisentscheidungen überall bemerkbar. Man weiß nicht so recht, was man tun soll, und macht einfach irgendetwas – ein Zufalls-Mix entsteht.

Die vier Elemente des Marketing-Mix

Positionierung und Marketing-Mix sind *die* Instrumente im modernen Produktmarketing. Die folgenden Kapitel sind daher der eingehenden Auseinandersetzung mit den »4P« gewidmet, also den vier Elementen des Marketing-Mix.

- Das Kapitel »Das Produkt« beschäftigt sich mit Ihren produktbezogenen Gestaltungsmöglichkeiten.
- Das Kapitel »Der Preis« setzt sich mit der Preisfestlegung und deren verschiedenen Bestimmungsfaktoren auseinander.
- Das Kapitel »Die Platzierung« ist dem Vertrieb gewidmet – wie Sie Ihr Produkt Ihrer Zielgruppe verfügbar machen.
- Das Kapitel »Die Promotion« beschäftigt sich mit den Möglichkeiten, die Ihnen zur Absatzförderung Ihres Produkts zur Verfügung stehen.

Bevor wir uns den »4P« im Detail zuwenden, folgt noch ein Exkurs in das Feld der Marketing-Dokumentation.

Marketing-Dokumentation

Das Modell des Marketing-Mix gibt Ihnen eine gute Gliederung für die Dokumentation Ihres Produkts in die Hand. Stellen Sie sich vor, ein Kollege im Produktmanagement fällt aus. Er ist krank, auf Urlaub, hat gekündigt oder einfach einen anderen Job in der Firma übernommen. Sie stehen plötzlich vor der Aufgabe, das Geschäftsfeld zu übernehmen. Sofort tauchen Fragen zu Produktdetails und Einkaufspreisen auf. Ein Vertriebspartner strebt eine Änderung der aktuellen Vereinbarung an. Ein Großkunde drängt auf eine Lieferung, beruft sich auf einen Rahmenvertrag. In einer Woche ist eine Besprechung mit den Agenturleuten. Und wo zum Teufel sind die Unterlagen?

Dieser Albtraum wiederholt sich mit hartnäckiger Regelmäßigkeit. Und trotzdem setzt sich saubere Marketing-Dokumentation nur langsam durch. Im Anhang dieses Kapitels finden Sie einen Gliederungsvorschlag für Ihre Marketing-Dokumentation in Form eines Product-Fact-Books. In Ihrem Fact-Book legen Sie alle produktbezogenen Daten Ihres Produkts oder Ihrer Produktgruppe ab. Der Nutzen aus der Arbeit mit Fact-Books ist sofort ersichtlich:

- *Informationen sind sofort zur Hand:* Die Auffindbarkeit von produktbezogenen Informationen ist auch für den Vertretungsfall gewährleistet. Bei personellen Veränderungen bietet Ihnen eine fundierte Dokumentation die beste Voraussetzung für das rasche Einarbeiten in ein neues Produkt und seine Besonderheiten.
- *Standards sparen Zeit:* Wenn Sie mit Ihren Kollegen eine einheitliche Gliederung für das ganze Unternehmen erarbeiten, so spart das Zeit. Einerseits dadurch, dass Ihr Standard nur einmal geschaffen werden muss und dann von allen Produktmanagern immer wieder genutzt wird. Andererseits vergeht viel weniger Zeit mit Suchen: Es ist schließlich allen klar, wo was zu finden ist.
- *Mehrfachnutzung bringt Profit:* Wenn Sie auch *Ergebnisse* Ihres Marketings dokumentieren, so wächst Ihr Fact-Book zu einem Erfahrungspool heran, der für Ihre weitere Arbeit von großem Wert

ist. Welche Kommunikationsmaßnahme erzeugt welchen Rücklauf? Wie hoch sind die Kosten, um einen bestimmten Produkttyp auf dem Markt einzuführen? Welche Produktunterlagen sind am meisten gefragt? Die Antworten auf solche und ähnliche Fragen finden Sie beim Anlegen und Durchforsten Ihres Fact-Books. Es stellt im Lauf der Zeit einen unermesslichen Erfahrungsschatz dar, den Sie für neue Produkte nutzen. Bekannten Sackgassen weichen Sie aus, besonders zugkräftige Maßnahmen wenden Sie öfters an.

Mangel an Standards?

Hinter einer unzureichenden Marketing-Dokumentation verbergen sich mörderische Kosten. Stellen Sie sich nur die Frage, was Sie als Produktmanager pro Monat Einarbeitungszeit für Ihr Unternehmen an Aufwendungen bedeuten. Ganz abgesehen davon, dass es Ihnen sicher mehr Spaß macht, ein gut dokumentiertes Geschäftsfeld zu übernehmen (oder zu übergeben).

Die Etablierung eines Systems zur Marketing-Dokumentation bedeutet einen einmaligen Aufwand für Ihr Unternehmen, der sich innerhalb kürzester Zeit amortisiert. Und außerdem: Erst wenn eine einheitliche Linie zur Dokumentation steht, wird in der Praxis auch wirklich dokumentiert.

Checkliste: Gliederung Fact-Book

Anwendung: Während sich in den Entwicklungsabteilungen der Nutzen von sauberer Dokumentation längst herumgesprochen hat, ist man im Produktmarketing meist noch weit davon entfernt, in dieser Richtung Standards zu setzen. Ein erster Schritt zur Dokumentation der Produktvermarktung ist das Führen von Product-Fact-Books. In jenen Fact-Books werden alle produktbezogenen Daten eines Produkts oder einer Produktgruppe abgelegt.

Anleitung: Die Gliederung eines Fact-Books wird von Unternehmen zu Unternehmen anders aussehen. Sinnvoll ist aber, innerhalb einer Organisation auf einer einheitlichen Basis zu arbeiten. Nachfolgend finden Sie einen Vorschlag für den Aufbau eines Fact-Books. Das Grobgerüst ist an den »4P« des Marketing-Mix orientiert. Das Feingerüst soll Ihnen als Orientierungshilfe für die Entwicklung Ihres eigenen Standards dienen. *Variieren Sie das Gerüst, bis es optimal für Ihre Gegebenheiten passt.*

Checkliste »Fact-Book«

Ihr Fact-Book kann die in der Checkliste genannten Punkte aufweisen.

PRODUKT

    Produktbeschreibung
    Spezifikationen
    Anforderungsprofile
    Datenblätter
    Lieferumfang
    Technische Daten

PRODUKTLINIE

    Zusammensetzung der Produktlinie
    Zubehör, Optionen

NORMEN & STANDARDS

Normen
(Markt-)Standards
Zulassungen
Prüfberichte

SCHNITTSTELLEN

zu eigenen Produkten
zu Fremdprodukten

APPLIKATIONEN

Anwendungen des Produkts

SERVICELEISTUNGEN

Gebotene Serviceleistungen
Nutzung durch Kunden/Partner

SCHUTZRECHTE

Patente
Copyrights

Vereinbarungen mit Lieferant/Hersteller

PREIS/KOSTEN

Preislisten
Einkauf
Verkauf
Sondervereinbarungen

KALKULATIONEN

Produktpreis

Grenzkosten

ERGEBNISRECHNUNGEN

VERTRIEB

Salesforce (Vertrieb intern)
Zuständiges Vertriebspersonal
Vereinbarte Provisionierungen

VERTRIEBSPARTNER (VERTRIEB EXTERN)

Händlerlisten
Händlerverträge
Sonstige Vereinbarungen

VERKAUFSAKTIVITÄTEN

Aktionspläne
Dokumentation einzelner Verkaufsaktionen

VERKAUFSAUSWERTUNGEN

ABC-Analysen
Stückzahlen
Umsätze
Deckungsbeiträge

Kommunikation

KOMMUNIKATIONSKONZEPT

Zielgruppen
Positionierung
Kommunikationsplan (Soll/Ist)

WERBEMITTLER

    Briefings
    Kontakte

MUSTER (PRINT- UND ELEKTRONISCHE MEDIEN)

    Belegexemplare
    Pressemitteilungen
    Fachartikel
    Datenblätter
    Prospekte
    Demodisketten
    Demo-CDs

MAILINGS

    Dokumentation
    Auswertungen

EVENTS (MESSEN, VERANSTALTUNGEN)

    Dokumentation
    Auswertungen

PERSÖNLICHER VERKAUF

    Präsentationsunterlagen
    Demonstrationsmaterial
    Argumentationshilfen

Markt

MARKT

    Definition
    Segmentierung
    Daten zu den Segmenten

ZIELGRUPPEN

Ausgewählte Zielgruppen
Daten zu den Zielgruppen

Mitbewerber

MITBEWERBSPRODUKTE

Prospekte
Kundenberichte
Preise
Anwendungen
Positionierung

VERGLEICHE

Preis/Leistung
Differenzierungen
Marktauftritt

Intern

ZUSTÄNDIGKEITEN

PRODUKTTEAM

PRODUKTENTWICKLUNG

GESPRÄCHSPROTOKOLLE

BUDGETS, RESSOURCEN

Test: Der Product-Check

Anwendung: Für die erfolgreiche Durchsetzung eines Produkts spielen viele Einflussgrößen eine Rolle: Das Produkt selbst, Preis- und Absatzpolitik, Kommunikation und interne Wertigkeiten. Mit anderen Worten der gesamte Marketing-Mix.

Ein gutes Mittel, sich einen Überblick zu verschaffen, ist Visualisierung. Setzen Sie den Productcheck ein, um sich die aktuelle Situation vor Augen zu führen. Wenn Sie die einzelnen Zeilen bewerten und die »Seele« Ihres Produkts einzeichnen, werden Sie deutlich erkennen, wo Ihre größten Chancen für die Zukunft liegen.

Anleitung: Wichtigster Grundsatz für den Test: Nehmen Sie sich Zeit. Suchen Sie sich ein ruhiges Plätzchen und schalten Sie alle Ablenkungen aus. Dann beginnen Sie, die einzelnen Zeilen zu bewerten. Zur Bewertung vergeben Sie in jeder Zeile eine Note von –3 (= verbesserungsbedürftig) über 0 (= durchschnittlich) bis +3 (= hervorragend). Sollte sich die Frage stellen, was genau die einzelnen Punkte bedeuten, so übersetzen Sie sie einfach wie folgt:

Kundennutzen:	Wie schätzen Sie den Nutzen ein, den Ihr Produkt Kunden bietet?
Kundenakzeptanz:	Wie wird Ihr Produkt (zum Beispiel bei Präsentationen) von Interessenten aufgenommen?
Innovativität:	Bietet Ihr Produkt wirklich neuartige Lösungen?
Technische Qualität:	Wie zuverlässig arbeitet Ihr Produkt?
Zubehör, Optionen:	Bieten Sie benötigtes Zubehör und sinnvolle Optionen?
Dokumentation:	Wie ausgereift ist die Dokumentation?

Serviceleistungen:	Bieten Sie rund um Ihr Produkt alle Serviceleistungen, die aus Kundensicht erwünscht sind?
Marktpreis:	Können Sie mit dem Preis Ihres Produkts am Markt bestehen?
Händlerrabatte:	Wie attraktiv sind die von Ihnen gewährten Handelsspannen?
Preis/Leistung:	Wie gut ist das Preis-Leistungs-Verhältnis?
Flächendeckung:	Ist Ihr Vertriebsnetz flächendeckend, das heißt, ist Ihr Produkt für alle potenziellen Kunden leicht erhältlich?
Qualität Vertrieb:	Wie gut ist Ihr Vertrieb (sind Ihre Vertriebspartner) mit dem Produkt vertraut?
Motivation Vertrieb:	Wie stark ist die Motivation Ihres Vertriebs (Ihrer Vertriebspartner), das Produkt zu verkaufen?
Abnehmerbindungen:	Bestehen bereits laufende Geschäftsbeziehungen zu Ihren (potenziellen) Abnehmern?
Lieferzeit:	Wie rasch können Sie Ihr Produkt ab Bestelleingang liefern?
Liefertreue:	Wie verlässlich halten Sie Ihre Lieferzeiten ein?
Bekanntheitsgrad:	Wie bekannt ist Ihr Produkt bei der Zielgruppe?

Produktimage:	Wie positiv ist die Einstellung der Zielgruppe gegenüber Ihrem Produkt?
Werbemaßnahmen:	Von welcher Dichte und Konstanz sind Ihre produktbezogenen Werbemaßnahmen?
Verkaufsförderung:	Bieten Sie Ihren Interessenten ausreichend »Zuckerln«, um leichter Verkäufe zu erzielen?
Pressearbeit:	Wie häufig ist die redaktionelle Berichterstattung in Zielgruppenmedien über Ihr Produkt?
Erzielte Umsätze:	Erzielen Sie mit dem Produkt befriedigende Umsätze?
Erzielte Gewinne (DBs):	Wie gut rechtfertigen die erzielten Deckungsbeiträge (DBs) die Existenz des Produkts in Ihrem Angebot?
Interner Stellenwert:	Wie »wichtig« wird Ihr Produkt intern genommen?
Beschaffungssituation:	Wie schnell und günstig können Sie das Produkt (beziehungsweise zu seiner Herstellung benötigte Teile) beschaffen?
F&E-Kompetenz:	Wie kompetent sind Ihre Mitarbeiter in Forschung und Entwicklung?
Produktteam:	Wie gut arbeitet das Team rund um Ihr Produkt zusammen?

Der eigentliche Test »Produktcheck« wird Ihnen in Abbildung 40 dargestellt. Diese ist auch auf der beiliegenden CD-ROM gespeichert.

Beurteilung: Sie werden in Ihrem Ergebnis zwei Effekte feststellen. Erstens treten Stärken und Schwächen Ihres Produkts sehr klar hervor. Zweitens werden Sie – bei genauerer Betrachtung – möglicherweise Zusammenhänge erkennen, die Ihnen bisher nicht so deutlich bewusst waren. Beides sind positive Auswirkungen der Visualisierung.

Sie können Ihr Produktprofil auch mit der Linie eines Mitbewerbers ergänzen. Im Vergleich werden Sie Ihre Wettbewerbsvorteile und -nachteile deutlich erkennen. Wahrscheinlich werden Sie als Folge Ihre Vorteile bewusster ausspielen. Oder Sie arbeiten verstärkt daran, Ihre Nachteile zu verringern.

Sie können sich auch ein »bildhaftes Ziel« stecken und ein Soll-Profil einzeichnen, das Sie – innerhalb der nächsten Monate oder Geschäftsperiode – erreichen wollen. Ob Sie nun eine solche Vorgabe eintragen oder nicht – heben Sie Ihr Profil in jedem Fall auf. Werfen Sie nach einigen Wochen oder Monaten erneut einen Blick darauf. Studieren Sie die Veränderungen, die sich in der Zwischenzeit ergeben haben. Sie werden überrascht sein.

Der Marketing-Mix

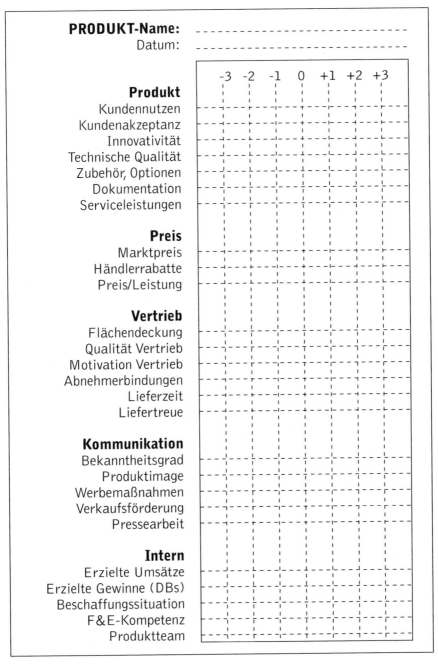

Abbildung 40: Produktcheck (Test)

Kapitel 11
Das Produkt

P wie Produkt

Das Produkt ist der erste Parameter des Marketing-Mix, den wir einer genaueren Betrachtung unterziehen. Dem Produkt kommt in der täglichen Praxis des Produktmanagements eine ganz besondere Bedeutung zu. Wir sind ununterbrochen mit ihm beschäftigt: mit seinen Features und Funktionalitäten, seiner Leistungsfähigkeit und der Eleganz der technischen Lösung. Wir setzen uns, bewusst oder unbewusst, den ganzen Tag mit unserem Produkt auseinander. Der Nutzen, den es bietet, ist uns sehr geläufig, und die Vielzahl seiner möglichen Anwendungen liegt klar vor uns. Über diesem tiefen Einblick, den wir haben, vergessen wir oft, dass unser Produkt für unsere Kunden eine ganz andere Bedeutung hat. Für sie ist es, selbst wenn sie es erwerben, nur ein Detail in ihrem täglichen Leben. Sie widmen ihm vergleichsweise sehr viel weniger Zeit als wir – ein paar Minuten, ein paar Stunden, vielleicht ein paar Tage. Um mit unserem Produkt bei unseren Kunden gut anzukommen, ist es daher sehr wichtig, sich einen Zugang zu ihrer Sicht zu öffnen.

Verlorene Unschuld?

In gewisser Weise wissen wir *zu viel* über unsere Produkte. Die ununterbrochene Beschäftigung mit ihnen entfernt uns von der Realität des Kunden. Verschärft wird dieser Umstand durch die Tatsache, dass es sich um Produkte handelt, die unsere ständige Auseinandersetzung brauchen.

Wenn Sie ein Produkt bereits längere Zeit in Ihrer Obhut haben, können Sie davon ausgehen, dass Sie Ihren »unschuldigen« Blick verloren haben. Sie können es wahrscheinlich nicht mehr neutral betrachten. Suchen Sie daher immer wieder nach Wegen, die Ihre Betrachtungsweise relativieren können. Eines der besten Mittel dafür ist das direkte persönliche Gespräch mit Kunden.

Wir werden in diesem Abschnitt das Produkt primär aus der Sicht des Kunden auffassen. Dabei wird uns ein dreistufiges Modell helfen, das ein Produkt in mehreren Schichten beschreibt.

Die Definition eines Produkts

Ein Produkt ist alles, was dem Markt angeboten werden kann und geeignet ist, Bedürfnisse zu befriedigen. Das Spektrum ist sehr breit und reicht von konkreten Objekten über Dienstleistungen bis zu Personen, Ideen und Organisationen.

Konkrete Produkte lassen sich in einem Schichtenmodell beschreiben, das aus drei Lagen besteht. Jede Schicht baut auf der darunter liegenden auf und unterstützt sie. Dies wird durch die Darstellung in Abbildung 41 verdeutlicht.

Wenn Sie ein neues Produkt nach diesem Modell entwerfen, wird sich alles wie von selbst aus seinem Kern ableiten. Sie erhalten ein Produkt, das »aus einem Guss« ist. Wenn Sie ein bestehendes Produkt verbessern möchten, arbeiten Sie sich ebenfalls vom Kern nach außen vor. Auf diesem Weg fallen Ihnen am leichtesten die möglichen Verbesserungspunkte auf.

Das Kernprodukt

Das Kernprodukt ist die innerste Schicht Ihres Produkts. Es steht dafür, was Ihr Produkt für Ihre Kunden leistet.

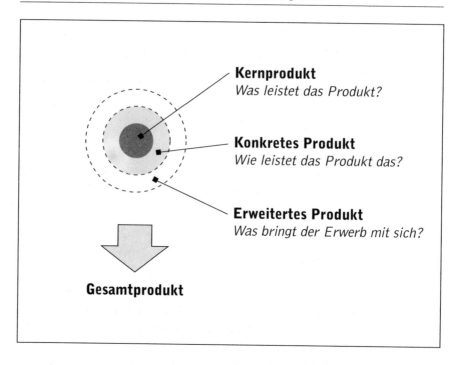

Abbildung 41: Schichtenmodell eines Produkts

Was leisten Produkte?

Um zu klären, was ein Produkt für Kunden tatsächlich leisten kann, sind hier einige Anmerkungen zum Begriff »Kunde« angebracht: Unter »Kunden« sind in jedem Fall Personen und niemals Unternehmen zu verstehen. Selbst wenn Sie im Business-to-Business-Geschäft arbeiten, sind Ihre Kunden Menschen und keine gesichtslosen Organisationen. Alle Firmen, Behörden, Institutionen sind im Grunde eine rein virtuelle Angelegenheit. Sie bestehen nur aus einem Bündel von Übereinkünften, wie ihre Mitglieder zusammenarbeiten und nach außen auftreten. In Wahrheit haben Sie es auch »von außen« immer mit den Personen zu tun, aus denen diese Organisationen bestehen. Und Kaufentscheidungen werden stets von den Interessen dieser Personen bestimmt – was natürlich nicht heißen muss, dass diese nicht mit dem Interesse des Unternehmens konform gehen. Entscheidend ist, dass Käufe immer auf Basis des *persönlichen Nutzens* getätigt werden – und Produkte von Kunden dementsprechend betrachtet werden.

Ihr Produkt kann zum Beispiel Ihren Käufern helfen, mehr zu verdienen, sie in ihrem beruflichen oder privaten Umfeld absichern, ihr Ego betonen oder ihnen einfach nur das Leben erleichtern. Darin besteht der wahre Kern Ihres Produkts.

Der Kern eines Produkts

Um den Kern Ihres Produkts zu finden, stellen Sie sich die Frage: »*Was leistet mein Produkt?*« Die Antwort wird Ihnen den persönlichen Nutzen liefern, den Ihr Produkt Ihren Kunden bietet. Die wichtigsten Kategorien sind:

- *Gewinn:* Das Produkt hilft dem Käufer Kosten zu sparen oder seine Erträge zu vergrößern.
- *Sicherheit:* Das Produkt sichert den Käufer in seinem Umfeld ab.
- *Selbstwert:* Das Produkt steigert seinen Selbstwert.
- *Bequemlichkeit:* Das Produkt erleichtert dem Käufer das Leben.
- *Kontakt:* Das Produkt hilft dem Käufer, soziale Kontakte zu pflegen.
- *Gesundheit:* Das Produkt unterstützt die Gesundheit des Käufers.

So wird zum Beispiel der Kern eines Streamer-Laufwerks sein, dass es Sicherheit gegen die Unannehmlichkeiten eines Datenverlusts bietet. Bei einem Mobiltelefon wird das Kernprodukt ein gesteigertes Selbstwertgefühl seines Besitzers sein. Und der Kern einer Textverarbeitung liegt wahrscheinlich in der Arbeitserleichterung, die sie ihrem Anwender verschafft. Wie Ihnen anhand dieser Beispiele sicher auffällt, steht der Kern eines Produkts in engem Zusammenhang mit seiner Positionierung. Nehmen Sie diesen Umstand als weiteren Hinweis auf die hohe Bedeutung der Positionierung.

Eine weitere Tatsache ist, dass dem Kernprodukt oft so gut wie keine Aufmerksamkeit gewidmet wird. Für Sie ist das aber gleichzeitig eine große Chance. Denn es bedeutet, dass Ihre Mitbewerber in vielen Fällen nicht wissen, welche Kundenbedürfnisse sie mit ihren Produkten ansprechen. In ihren Köpfen dreht sich alles um Funktionalitäten, Serviceleistungen, Qualitäts- und Leistungsparameter. Lauter Bereiche, die den nächsten beiden Schichten zuzuordnen sind. So wichtig diese sind – solange das Kernprodukt nicht bestimmt ist, wird kein Produkt entstehen, das »aus einem Guss« ist.

Konkretes Produkt

In der Schicht des Konkreten Produkts finden Sie das, was Sie Ihren Kunden für ihr Geld tatsächlich in die Hand geben. Das Konkrete Produkt steht für die praktische Umsetzung – oder anders ausgedrückt: die Ebene, auf der Sie Ihr Produkt mit all dem ausstatten, was es braucht, um das Kernprodukt optimal zu erfüllen.

Die Konkretisierung eines Produkts

Um Ihr Kernprodukt gegenständlich zu machen, stellen Sie sich die Frage: »*Wie leistet mein Produkt das?*« Die Antwort liefert Ihnen seine Funktionalitäten, seine Merkmale und Eigenschaften, sein Design, die mitgelieferten Beigaben und seine Verpackung:

- *Funktionalitäten* sind die konkreten Aufgaben, die Ihr Produkt übernimmt. Beispiele dafür sind das Beschreiben eines Sicherungsbandes (Streamer) oder das Herstellen einer Sprachverbindung (Mobiltelefon).
- *Merkmale* sind alle quantifizierbaren Größen Ihres Produkts. Das sind Daten wie Abmessungen, Form, Masse, Leistungsparameter usw.
- *Eigenschaften* sind die Besonderheiten Ihres Produkts, die über exakt quantifizierbare Größen hinausgehen. Dazu gehören Qualität, Kompatibilität, Benutzerfreundlichkeit usw.
- *Design* steht für das Aussehen Ihres Produkts. Im Idealfall bringt es Form und Funktion in eine harmonische Beziehung.

- *Beigaben* sind alle mitgelieferten Teile, die für den Betrieb Ihres Produkts notwendig oder nützlich sind. Das Spektrum reicht vom Netzkabel über die Dokumentation bis zu Zubehörteilen.
- *Verpackung* sind die für Lagerung und Transport Ihres Produkts benötigten Umhüllungen und Behälter.

Ihre Aufgabe besteht darin, darauf zu achten, dass alle diese Punkte mit dem Kernprodukt in Einklang stehen beziehungsweise sich aus ihm ableiten. Besonders effizient können Sie diese Aufgabe dann lösen, wenn sie bereits während der Produktentwicklung Einfluss auf ebendiese nehmen. Zu jenem Zeitpunkt sind die Gestaltungsmöglichkeiten bezüglich des konkreten Produkts noch am größten.

Erweitertes Produkt

Das Erweiterte Produkt bildet die äußerste Schicht Ihres Gesamtprodukts. Zu ihm gehören alle zusätzlichen Leistungen, in deren Genuss Ihr Kunde durch den Erwerb kommt – ohne dass Sie Ihrem eigentlichen, konkreten Produkt zuzuordnen ist.

Die erweiterte Schicht eines Produkts

Das Erweiterte Produkt finden Sie mit der Frage: »*Was bringt der Erwerb des Produkts mit sich?*« Die Antwort liefern Ihnen zum Beispiel:

- *Serviceleistungen,* welche die problemlose Nutzung des Produkts sicherstellen und speziell bei komplexeren Produkten ein wesentlicher Produktbaustein sind. Beispiele sind Schulungen, Hilfestellungen bei der Übernahme, Wartung des Produkts, die Mitgliedschaft in einem Anwenderclub usw.
- *Garantien,* welche die Kaufentscheidung absichern. Hinausgehend über die gesetzliche Gewährleistungsfrist werden oft erwei-

terte Garantiezeiten, Ersatzgeräte während Reparaturen oder Rücknahmeverpflichtungen geboten.

Serviceleistungen und Garantien sind zwei Beispiele dafür, was der Erwerb Ihres Produkts mit sich bringen kann. Der wesentlichste Faktor ist, dass der Erwerb *eine Beziehung mit Ihrem Unternehmen* mit sich bringt – und alles, was sich daraus ergibt. Nicht nur Ihre Servicepalette, auch das Image Ihres Unternehmens wird zum Beispiel mitgekauft.

Das Erweiterte Produkt ist also sozusagen das »Drumherum«. Ihm kommt in allen Phasen des Produktlebenszyklus spezielle Bedeutung zu. Bei Innovationen wird es eingesetzt, um Anfangswiderstände zu überwinden. Bei Imitationen muss es oft herhalten, um eine Differenzierung vom bereits etablierten Mitbewerb zu erreichen. Zu allen Zeiten ist es ein hervorragendes Instrument, um Abnehmerbindungen zu schaffen.

Erweiterte Produkte vergleichen!

Innovationen lassen sich leicht auf dem Markt positionieren. Sie bieten einmalige Funktionalitäten und ermöglichen damit ganz spezielle, unverwechselbare Lösungen. Bei Imitationen liegt der Fall anders: Eine Vielzahl von Mitbewerbern tummelt sich mit nahezu gleichartigen Produkten auf demselben Markt. Zu dieser Zeit erlangt das Erweiterte Produkt eine spezielle Bedeutung – bietet es doch die einzige Möglichkeit, sich deutlich vom Mitbewerb zu differenzieren.

Unterziehen Sie daher nicht nur die Konkreten Produkte, sondern speziell die Erweiterten Produkte Ihrer Mitbewerber einer genauen Betrachtung. Vergleichen Sie das Gebotene und versuchen Sie neue Wege zu finden, sich bewusst abzugrenzen.

Produktkategorien

Natürlich lassen sich auch Produkte klassifizieren, also in spezielle Kategorien einteilen. Genauso wie bei Märkten wird hier auf oberster Ebene erst einmal zwischen Konsum- und Investitionsgütern unterschieden.

Konsumgüter

Konsumgüter sind Waren und Dienstleistungen, die vom Endverbraucher gekauft werden, um einen persönlichen Bedarf abzudecken: ein Familienauto, ein Rasierwasser, eine Musik-CD oder ein Haarschnitt.
Sie werden nach P. Kotler weiter in folgende Kategorien unterteilt:

- *Convenience Goods* (Gewohnheitsartikel); das sind Waren, die häufig und ohne viel Vergleichsaufwand eingekauft werden. – Beispiele: Waschpulver, Disketten.
- *Shopping Goods* (ausgewählte Waren); das sind Waren, die in einem Kaufentscheidungsprozess hinsichtlich verschiedener Merkmale verglichen werden. – Beispiele: Fernseher, Auto, Personal Computer.
- *Speciality Goods* (Spezialerzeugnisse); das sind Waren, für die eine Käuferschicht bereit ist, spezielle Einkaufsanstrengungen zu unternehmen. – Beispiele: ein spezielles Notebook, ein neues Automodell.
- *Unsought Goods* (nicht gefragte Produkte); das sind Waren, bei denen der Konsument normalerweise (ohne speziell darauf hingewiesen zu werden) nicht daran denkt, sie zu kaufen. – Beispiel: Garantieverlängerung für eine Waschmaschine.

Auffallend ist, dass bei vielen Produkten, die moderne Technologie nutzen, die Grenze zwischen Konsum- und Investitionsgütern fließend ist. Viele dieser Produkte können sowohl Konsum- als auch Investitionsgut sein. Klassische Beispiele sind alle SOHO-Produkte wie Personal Computer, Faxgeräte, Handys und dergleichen. Die Entscheidung, welchem Bereich sie im jeweiligen Fall zuzuordnen sind, fällt oft erst im Vertriebskanal beziehungsweise überhaupt erst beim Einsatz.

Investitionsgüter

Investitionsgüter sind Produkte, die für kommerzielle Zwecke erworben werden. Einzelpersonen oder Organisationen kaufen sie, um sie weiterzuverarbeiten oder sie in ihrem eigenen Geschäft einzusetzen.
Sie werden nach P. Kotler weiter in folgende Kategorien unterteilt:

- *Materials and Parts* (Materialien und Einzelteile); das sind Güter, die vollständig in das vom Käufer erzeugte Produkt eingehen. – Beispiele: Aluminiumprofile, Schrauben, Speicherchips.
- *Capital-Items* (Kapitalgüter); das sind Güter, die der Käufer selbst in seinem Betrieb einsetzt. – Beispiele: Drehbank, Telekommunikationsanlage.
- *Supplies and Services* (Betriebsstoffe und Serviceleistungen); das sind Produkte und Leistungen, die der Käufer benötigt, um den Betrieb seiner Anlagen aufrechtzuerhalten. – Beispiele: Dieselöl, Servicevereinbarungen.

Die hier vorgestellten Klassifizierungen haben einen Nachteil: Obwohl sich viele moderne Produkte in diese Kategorien einteilen lassen, wird sich über kurz oder lang die Frage stellen, ob diese Systematik noch zweckmäßig ist. Der Grund dafür liegt darin, dass die Informationstechnologie mehr auf uns einwirkt als neue Gruppen von Waren und Dienstleistungen. Besagte Technologie hat eine gesellschaftsverändernde Revolution eingeleitet, deren Ende noch nicht abzusehen ist. Mobilität und Kommunikationsmöglichkeiten nehmen ständig zu, die Grenzen zwischen Privatleben und Arbeitsplatz verschwimmen mehr und mehr. In gleichem Maß werden natürlich auch die Grenzen zwischen Konsum- und Investitionsgütern verschwimmen. Das letzte Wort werden hier der Markt und seine höchst dynamische Entwicklung sprechen.

Produktkategorien sind Kundenkategorien

Produktklassifizierungen stehen nicht für sich selbst, sondern haben auch einen bestimmten Zweck. Dieser Zweck liegt (wie so vieles im

Marketing) darin, dass man versucht, das Käuferverhalten besser verstehen zu können.

Versuchen Sie für Ihre Produkte Ihre eigene, spezielle Klassifizierung aufzustellen. Die wichtigsten Dimensionen sind dabei die Käuferschichten, der Verwendungszweck sowie die Art des Kaufentscheidungsprozesses (zum Beispiel spontan oder überlegt).

Produktlinien

Als Produktmanager werden Sie selten in der glücklichen Lage sein, Ihre Zeit ausschließlich einem einzigen Produkt widmen zu können. In vielen Fällen haben Sie es mit einer Gruppe von verwandten Produkten zu tun. Man spricht bei einer solchen »Gruppe« von zusammengehörigen Produkten einer Produktlinie.

Zusammengehörige Produkte

Eine *Produktlinie* ist eine Gruppe von Produkten, die in einer bestimmten Form miteinander verwandt sind. Die Verwandtschaft kann darin bestehen, dass die Produkte Ähnliches leisten, einander ergänzen oder einfach für dieselbe Zielgruppe bestimmt sind. Eine klassische Produktlinie ist zum Beispiel eine Serie von Mobiltelefonen und deren Zubehör. Die Summe aller Produktlinien eines Unternehmens nennt man schließlich den *Produkt-Mix*.

In den meisten Produktlinien ist ein hohes Potenzial zur Optimierung vergraben. Einerseits zur Gewinnoptimierung, genauso aber zur Optimierung Ihrer Zeit. Denn schließlich wollen Sie ja Ihre Energie möglichst erfolgreichen Produkten widmen. Mit etwas Kostenrechnung, sehr guten Marktkenntnissen und ein bisschen Fingerspitzengefühl lassen sich viele Produktlinien in ihrer Zusammensetzung optimieren. Folgende Varianten bieten sich an:

- Die *Erweiterung* Ihrer Produktlinie kommt immer dann infrage, wenn sie, bezogen auf die aktuelle Situation, einen zu geringen Umfang hat – mit anderen Worten: wenn die Hinzunahme weiterer Produkte Ihre Gewinne steigert. Das wird oft bei solchen Produktlinien der Fall sein, die sich gerade in einer starken Wachstumsphase befinden: Immer weitere Kundenkreise interessieren sich für Ihr Angebot. Damit ist es nur logisch, dass laufend mehr Varianten notwendig sind, um die Bedürfnisse des Marktes zu befriedigen.

- Die *Schrumpfung* Ihrer Produktlinie wird dann interessant, wenn sie zu großen Umfang hat und ihre Verkürzung Ihre Gewinne steigern würde. Zu umfangreiche Produktlinien sind typisch für Bereiche, die ihren großen Aufstieg schon hinter sich haben. In der Produktlinie befinden sich einzelne Produkte, die nur mehr wenig gefragt sind und Verluste produzieren. Diese Produkte sind ohne genaue Daten aus der Kostenrechnung nie auf den ersten Blick zu erkennen. Abschätzungen nach dem Umsatz täuschen oft. Nur Gewinn- und Deckungsbeitragswerte sind für die klare Identifikation solcher »faulen Äpfel« geeignet. Auf alle Fälle ist bei Schrumpfungen von Produktlinien immer Vorsicht angebracht. Die Entscheidung, ein Produkt aus dem Programm zu nehmen, darf sich nie nur auf Controlling-Aspekte beziehen. Denn ein fragliches Produkt kann zum Beispiel mit seiner Funktionalität ein anderes, sehr gewinnbringendes Produkt stützen.
- Die *Ausdehnung nach unten* ist dann möglich, wenn die Produktlinie bis dato nur das oberste Preis-Leistungs-Segment abdeckt. Unter Ausnutzung des vorhandenen Qualitätsimages ist es verhältnismäßig einfach, ein Segment mit niedrigerem Preis-Leistungs-Niveau zu erobern. Das Musterstück einer Ausdehnung »nach unten« hat uns in den letzten Jahren *Compaq* mit seinen PCs vorexerziert. *Compaq* war zu Beginn der 90er bereits sehr gut im High-end-Bereich vertreten. In den darauffolgenden Jahren ist es dem Unternehmen bravourös gelungen, in das SOHO-Segment (Small Office–Home Office) einzudringen. Der Schlüssel war natürlich das *Compaq*-Qualitätsimage.
- Aus dem selben Grund, aus dem die Ausdehnung einer Produktlinie »nach unten« leicht ist, ist eine *Ausdehnung nach oben* ein steiniger Weg. Es ist durch die bereits geschriebene Geschichte der Produktlinie sehr schwierig, das benötigte höhere Qualitätsimage aufzubauen. Die besten Chancen hat eine Ausdehnung »nach oben« dann, wenn das obere Preis-Leistungs-Segment nur schwach besetzt ist. In jedem Fall verlangt ein solcher Versuch einiges an Durchhaltevermögen.

Indikatoren für Veränderungen beachten!

Mit großer Wahrscheinlichkeit enthält auch Ihre Produktlinie Möglichkeiten zur Optimierung. Folgende Indikatoren weisen auf die vier beschriebenen Fälle hin:

- *Wachstum:* Ihre Produktlinie verzeichnet gerade starkes Wachstum im Absatz. Ziehen Sie eine Erweiterung um ergänzende Produkte in Erwägung.
- *Stagnation:* Ihre Produktlinie hat die Zeit des großen Wachstums schon hinter sich. Identifizieren Sie die Produkte, die Sie heute (nur mehr als »Überhang«) noch mitschleppen.
- *High-end-Produktlinie:* Ihre Produktlinie deckt nur das obere Preis-Leistungs-Segment ab. Untersuchen Sie den Bereich, der sich darunter befindet, auf Gewinnchancen.
- *Low-end-Produktlinie:* Ihre Produktlinie deckt nur das untere Preis-Leistungs-Segment ab. Das Gebiet, das sich darüber befindet, ist nur von schwachen Mitbewerbern besetzt. Denken Sie über High-end-Varianten Ihrer Produkte nach.

Produkt-Portfolios

In welche Produkte soll investiert werden? Welche Bereiche können ohne Rücksicht auf Verluste abgeerntet werden? Welche Geschäftseinheiten sollen unverändert weiterbetrieben werden? Solche und ähnliche Fragen bilden die Aufgabe der strategischen Planung, der sich Unternehmensführungen immer wieder stellen müssen.

Von Ihnen als Produktmanager wird man nicht nur die benötigten Eckdaten verlangen, in vielen Fällen werden Sie auch Empfehlungen abgeben müssen. Sie sollten sich also – speziell wenn Sie in einem größeren Unternehmen arbeiten – mit den Grundzügen der Portfolio-Analyse vertraut machen.

Die Portfolio-Analyse

Das Portfolio eines Unternehmens setzt sich aus seinen strategischen Geschäftsfeldern (SGF) zusammen. Das sind je nach Fall Einzelprodukte, Produktlinien oder ganze Divisions. Das Prinzip der Portfolio-Analyse besteht darin, die SGFs in einer Matrix gegenüberzustellen. Die Matrix baut sich aus einem gegebenen Parameter (zum Beispiel Marktattraktivität) und einem steuerbaren Parameter (zum Beispiel Wettbewerbsvorteile) auf.

Der Klassiker der Portfolio-Analyse ist die in Abbildung 42 gezeigte Growth-Share-Matrix. In ihr bilden Marktwachstum und eigener Marktanteil die Achsen. Produkte (beziehungsweise ganze SGFs) werden, nach ihrer Lage in der Matrix, in vier Typen unterteilt.

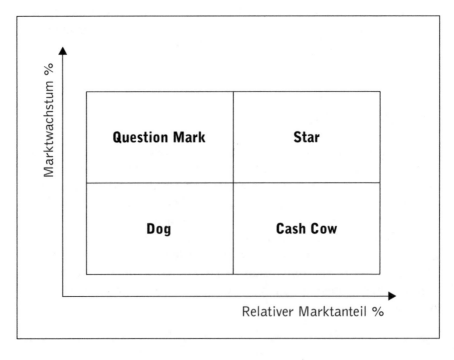

Abbildung 42: Die Portfolio-Analyse

Je nachdem, wo ein Produkt in der Growth-Share-Matrix zu liegen kommt, wird es als Question-Mark, Star, Cash-Cow oder Dog bezeichnet:

- *Das Question-Mark* ist ein Produkt mit geringem Marktanteil in einem rasch wachsenden Markt. Es wird entweder erst kurze Zeit verkauft oder noch nicht voll akzeptiert. Die meisten Produkte starten hier ihren Weg durch die Matrix. Ob sie weiterwandern, hängt unter anderem von der Entscheidung ab, ob ausreichend investiert wird.
- *Der Star* ist ebenfalls ein Produkt in einem interessanten Markt, nun schon mit höherem eigenen Marktanteil. Stars sind die Gewinnträger der Zukunft. In ihrer momentanen Position benötigen sie allerdings ein hohes Maß an Investition, um sich zu behaupten. Aus diesem Grund sind die Gewinne aus Stars gering.
- *Die Cash-Cow* ist, wie der Name schon sagt, ein Produkt, das eine Menge Gewinne abwirft. Da der Markt langsam wächst, muss nur wenig investiert werden, um die hohen Anteile zu halten. Es kann in Ruhe gemolken werden.
- *Der Dog* ist ein Produkt, das einen geringen Anteil an einem stabilen Markt hält. Es finanziert sich womöglich selbst, wirft aber nicht viel ab. Da Investitionen für Veränderungen des Marktanteils meist in keinem Verhältnis zu den Chancen stehen, ist es in seiner Position festgenagelt. Der Dog ist in der Regel die Endstation für ein Produkt.

Die Verteilung der Produkte in der Matrix spiegelt die Risikoverteilung wider: Nur eine Anhäufung von Question-Marks zu haben ist auf längere Sicht gefährlich. Die Verteilung zeigt auch die Gesamtoptionen. Mit anderen Worten: Ein Unternehmen braucht Produkte, die genug Gewinne abwerfen (Cash-Cows), um anderere zukunftsträchtige (Question-Marks und Stars) aufzubauen.

Der Weg durchs Portfolio

Der typische Weg eines erfolgreichen Produkts durch die Matrix führt vom *Question-Mark* über den *Star* zur *Cash-Cow* und endet beim *Dog*. Die Portfolio-Analyse eignet sich gut als Entscheidungshilfe, welche Produkte auf ihrem Weg vorangetrieben werden sollen. Das Instrument dafür heißt: Investition. Der Weg durch ein Portfolio wird Ihnen in Abbildung 43 verbildlicht.

In dem Beispiel sind neun Produkte als Kreise eingezeichnet. Die Durchmesser der Kreise geben die erzielten Umsätze an. Der typische Lebensweg eines erfolgreichen Produkts ist als gestrichelte Linie angedeutet.

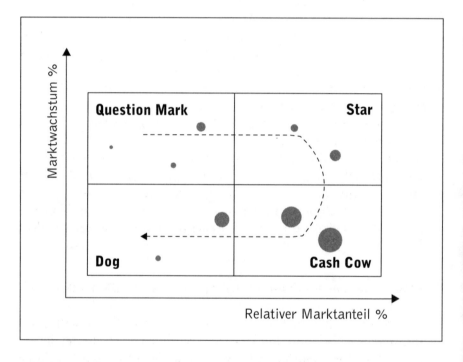

Abbildung 43: Der Weg durch ein Portfolio

Fallbeispiel: Lösungen als Produkte

Stellen Sie sich vor, Sie haben ein kleines Marketingteam, das mit einem Sortiment von mehreren tausend Produkten fertig werden soll – einem Sortiment, das noch dazu durch die kurzen Innovationszyklen einem raschen Wandel unterworfen ist. Und sie möchten verhindern, dass Sie mit einem Bauchladen herumlaufen, in dem sich keiner mehr auskennt. Die Antwort kann nur darin bestehen, Schwerpunkte zu setzen – zum Beispiel durch eine radikale Straffung des Sortiments. Eine andere, spannende Variante zeigt uns das Produktmarketingteam von *Bacher Systems*.

Bacher Systems ist ein österreichischer Systemintegrator, der hauptsächlich auf Basis von *Sun*-Produkten arbeitet. Die 45 Mitarbeiter des Unternehmens arbeiten im Wesentlichen in den Linienfunktionen Vertrieb, Kundendienst und Logistik. Diese funktionalen Bereiche, speziell der Vertrieb, werden von einer Produktmarketingabteilung unterstützt, die sich um die Aufbereitung von »verkaufbaren« Produkten kümmert. Das ist in dem Bereich komplexer Themen, in dem *Bacher Systems* tätig ist, eine echte Herausforderung.

So wie in vielen anderen Systemhäusern musste sich auch bei *Bacher Systems* das Produktmarketing mit der Fragestellung konfrontieren: »Was sind eigentlich unsere Produkte?« Denn bei einem Sortiment von über 12 000 Einzelprodukten ist die klassische Auffassung vom Produkt für Marketingaktivitäten wohl kaum sinnvoll.

Der in der Folge gewählte Weg ist gleichermaßen interessant wie wirkungsvoll: Bei *Bacher Systems* wurde die Lösung zum Produkt erklärt. Man kann sich eine *Bacher*-Lösung als eine Art »Metaprodukt« vorstellen. Diese Metaprodukte erfüllen eine bestimmte Grundfunktion, sind aber in hohem Maß variierbar. Beispiele solcher Metaprodukte bei *Bacher Systems* sind »Datenbank-Server«, »Internet-Server«, »Sicherung des Netzzugangs« oder »File-Server«. Die vereinfachte Darstellung zeigt, wie aus klassischen Produkten (X, Y, Z) und Dienstleistungen (A, B) die »Metaprodukte« (wie zum Beispiel Internet-Server) entstehen:

Alles in allem bedeutete diese neue Auffassung vom Produkt eine konsequente Orientierung an Markt, möglichen Anwendungen und eigenen Stärken. Wie ein Mitarbeiter aus dem *Bacher*-Produktmarketing sehr treffend bemerkte: »In gewisser Weise wurden wir selbst zum Hersteller. Wir setzten aus einer Fülle von Detailkomponenten und Dienstleistungen jene Produkte zusammen, die vom Markt gebraucht werden.«

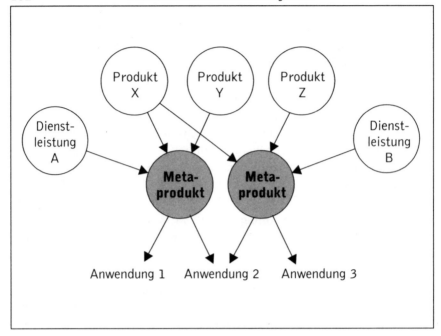

Abbildung 44: Metaprodukte beim Systemintegrator *Bacher Systems*

Bacher Systems wandelt sich zum Systemintegrator

Bacher Systems ist mit seiner neuen individuellen Auffassung vom Produkt einen mutigen Weg gegangen, der auch intern einiges an Überzeugungsarbeit notwendig machte – war doch die gewohnte Position des Unternehmens die eines Master-Resellers. Der Wandel zum Systemintegrator und der gleichzeitige Übergang zu den »Metaprodukten« brachte für *Bacher Systems* aber folgende positive Konsequenzen mit sich:

- Die wenigen Metaprodukte schafften Klarheit und Transparenz im eigenen Produktspektrum. Nicht nur für Kunden, sondern auch in der internen Zusammenarbeit und bei der Akquisition von Partnern.
- Das überschaubare Portfolio der Metaprodukte lässt sich leichter zum Kunden kommunizieren als eine Fülle von Einzelprodukten.

- Rund um die Metaprodukte bildeten sich »Competence Center«, aus denen wichtiges Know-how konzentriert verfügbar ist – für Vertrieb, Kunden und Service.
- Im Unternehmen selbst entwickelte sich ein verstärktes Bewusstsein, dass der Mehrwert im Metaprodukt entsteht. Die eigene Identität als Systemintegrator wurde gestärkt.
- Ein besonders günstiger Effekt ist, dass sich die Metaprodukte aus Marketingsicht wie klassische Produkte auffassen lassen. Sie erhielten Positionierungen, und so wurde die Ausarbeitung eines detaillierten Marketing-Mix möglich. Diese wertvollen Instrumente des Produktmarketings wären auf Tausende Einzelprodukte nicht anwendbar gewesen.

Checkliste: Produktgestaltung

Anwendung: Wenn Sie ein neues Produkt »gestalten«, also zur Marktreife bringen, dann arbeiten Sie sich am besten von innen nach außen vor. Ausgehend von dem Kaufmotiv, das Ihr Produkt primär anspricht (Gewinn, Sicherheit, Selbstwert oder Bequemlichkeit), definieren Sie die wichtigsten Elemente des Konkreten und Erweiterten Produkts, mit denen das Kernprodukt realisiert wird. Sie erzeugen auf diesem Weg Produkte, die wie »aus einem Guss« wirken.

Checkliste »Produktgestaltung«

Arbeiten Sie sich bei jedem neuen Produkt vom Kernprodukt über das Konkrete Produkt zum Erweiterten Produkt durch.

❏ *Kernprodukt definieren:* Was leistet Ihr Produkt für den Kunden auf der Motivebene? Hilft es Ihrem Käufer, Kosten zu sparen, sichert es ihn in seinem Umfeld ab, steigert es seinen Selbstwert oder erleichtert es ihm das Leben?

Das wichtigste durch Ihr Produkt angesprochene Bedürfnis ist:
_____

❏ *Konkretes Produkt festlegen:* Wie erfolgt die praktische Umsetzung Ihres Kernprodukts?

Wichtigste Funktionalität:
_____

Wichtigste Merkmale:
_____

Wichtigste Eigenschaften:
_____

Besonderheiten im Design:
_____

Wichtigste Beigaben:
_____

Besonderheiten der Verpackung:
_____

❏ *Erweitertes Produkt aufbauen:* Was bringt der Erwerb Ihres Produkts sonst noch alles für Ihre Kunden mit sich?
Serviceleistungen:

Garantien:

Sonstiges:

Test: SWOT-Analyse

Anwendung: Die SWOT-Analyse ist eine Technik, die Ihnen hilft, Ihr eigenes Produkt und sein Umfeld besser zu verstehen. Sie besteht aus einem Analyseraster mit vier Quadranten, deren Anfangsbuchstaben das Kürzel S-W-O-T ergeben.

Die SWOT-Analyse kann auf das ganze Produkt(umfeld) angewendet werden, ist aber auch für die Untersuchung von Teilbereichen (zum Beispiel die Marktkommunikation, die Produktqualität oder der Vertrieb) geeignet. Sie bietet sich darüber hinaus in hohem Maß für die Beurteilung neuer Produktideen an.

Anleitung: Die beiden oberen Quadranten von SWOT (Strenght/Weakness) beziehen sich in erster Linie auf die Gegenwart: Welche Stärken und welche Schwächen weist Ihr Produkt zurzeit auf? Die beiden unteren Quadranten (Opportunities/Threats) beziehen sich auf die Zukunft: Welche Chancen und Bedrohungen bestehen? Der Text des Testes wird Ihnen in der CD-ROM wiedergegeben.

Test »SWOT-Analyse«

Tragen Sie nach den folgenden vier Stichwörtern alle Punkte ein, von denen Sie glauben, dass sie eine Bedeutung für den weiteren Erfolg Ihres Produkts haben.

STRENGTH

_____
_____
_____
_____
_____

WEAKNESS

OPPORTUNITIES

THREATS

Beurteilung: Wie bei den meisten Tests in diesem Buch liegt die Beurteilung bei Ihnen selbst. Was fällt Ihnen also auf, wenn Sie Ihr Ergebnis betrachten? Gibt es Themen, die sich durch mehrere Quadranten ziehen? Wie könnten Sie ihnen mehr Beachtung schenken?

Kapitel 12

Der Preis

P wie Preis

Das zweite der »4P« Ihres Marketing-Mix ist der Preis Ihres Produkts. Auf den ersten Blick ist der Preis der Gegenwert, der vom Käufer zu entrichten ist. Bei genauerer Betrachtung zeigt sich, dass er eine Vielzahl weiterer Aspekte hat. Als Beispiel sei hier eingangs nur seine Kommunikationswirkung genannt. Ist ein Produkt teuer, so bringt der Käufer automatisch Qualität mit dem Produkt in Verbindung. Wird ein Produktpreis niedrig angesetzt, wird es eher als Massenware eingestuft.

Das Thema Preisfestlegung ist oft eine unangenehme Aufgabe und wird dementsprechend stiefmütterlich behandelt. Preise werden über den Daumen bestimmt oder einfach in der Nähe von verwandten Produkten angesiedelt. Hauptsache, das Thema ist schnell vom Tisch. Was die Preisfestlegung so unangenehm macht, ist meistens ein Informationsdefizit. Wenn man eine Entscheidung auf Basis mangelnder Informationen treffen muss, wird sie zu einem Glücksspiel. Im Gegensatz dazu ist der mögliche Preisbereich umso eindeutiger, je mehr Informationen vorliegen. Das ist in zunehmendem Maß dann der Fall, wenn es sich bei der Festlegung eines Produktpreises um eine mehrdimensionale Aufgabe handelt. Die Nachfrage, die eigene Kostensituation, Mitbewerbspreise, der Wert aus Kundensicht und die Produktpositionierung sind alles wesentliche Einflussfaktoren.

Preisfestlegung

Die Festlegung eines Produktpreises ist eine mehrdimensionale Aufgabe. Neben der Nachfrage, dem Mitbewerb und der eigenen Kostensituation spielen auch die Positionierung und der Wert aus Kundensicht eine große Rolle.

Abbildung 45: Mehrdimensionalität bei der Festlegung des Preises

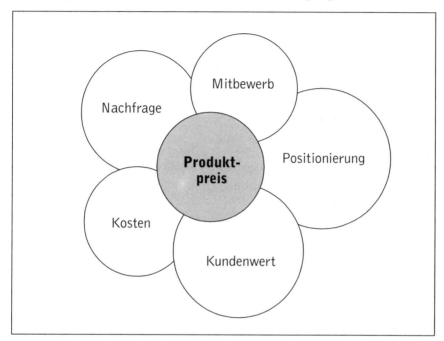

Eine Preisfestlegung nur auf Basis eines dieser Faktoren zu treffen wäre eine grobe Vernachlässigung. So ist eine Preisentscheidung nur aus der Kostenrechnung heraus eine Verleugnung der Realität des Marktes. Andererseits wäre es geradezu fahrlässig, die eigene Kostensituation überhaupt nicht einzubeziehen. Stellen Sie daher sicher, dass Sie alle Umstände in Ihre Preisfestlegung aufnehmen. Die folgenden Abschnitte sind den fünf wichtigsten Bestimmungsfaktoren gewidmet.

Preis-Nachfrage-Beziehung

Die Basisüberlegung für die Festlegung Ihres Produktpreises ist die Teilfrage, *zu welchem Preis Sie wie viel Stück absetzen können.* Dieser Zusammenhang – Preis-Nachfrage-Beziehung genannt – ist ohne empirische Forschungen auf Testmärkten kaum exakt herzustellen. Fest steht: Für die meisten Produkte wird die Nachfrage elastisch sein – das heißt, geringere Preise werden eine größere Nachfrage bewirken.

Preis und Nachfrage

Zwischen Ihrem Produktpreis und der absetzbaren Menge besteht ein Zusammenhang. In den meisten Fällen werden Sie es mit einer »elastischen« Preis-Nachfrage-Beziehung zu tun haben: Bei geringerem Preis (P2) verkaufen Sie mehr (M2).

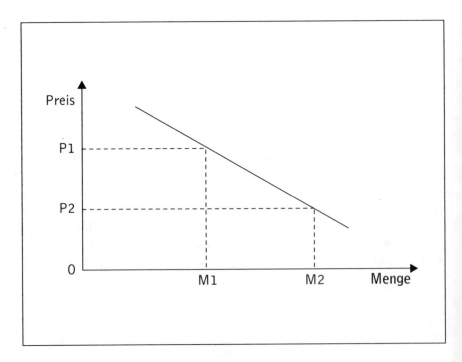

Abbildung 46: Zusammenhang zwischen Preis und Nachfrage (Beispiel 1)

Bei vielen Produkten weist die Preis-Nachfrage-Beziehung allerdings einen Umkehrpunkt auf. Das ist so zu verstehen, dass die absetzbare Menge unterhalb eines bestimmten Preises wieder abnimmt. Der Grund dafür: Bei solch einer Preiskonstellation wird vermehrt angenommen, dass Ihr Produkt von geringer Qualität ist.

Zu billig?

Ob man von einem Produkt zu wenig absetzt, weil es zu teuer ist, wird oft hinterfragt. Stellen Sie sich zur Abwechslung einmal die Frage, ob Ihr Produkt womöglich zu billig ist. Es könnte sich unter Umständen gerade deshalb nicht gut verkaufen, weil die Kunden auf Grund des zu niedrigen Preises glauben, dass es nichts wert ist. Die Preis-Nachfrage-Beziehung könnte etwa folgendes Aussehen haben (Sie erzielen bei einem höheren Preis P1 statt P2 dieselbe Absatzmenge M1 = M2):

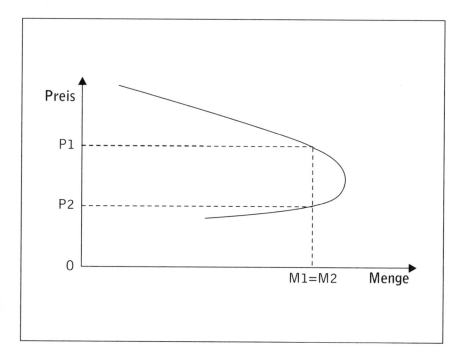

Abbildung 47: Zusammenhang zwischen Preis und Nachfrage (Beispiel 2)

Break-even-Analyse

Eine weitere wichtige Überlegung zur Preisfestlegung ist, *ab wie viel Stück Sie zu welchem Preis Kostendeckung erzielen*. Diese Frage lässt sich mit Hilfe einer Break-even-Rechnung beantworten.

Sie stellen zwei Geraden gegenüber: Kosten und Erlöse. Der Punkt, an dem sich die beiden Geraden schneiden, ist Ihr Break-even-Point (BEP). Ab dieser Stückzahl wirft das Produkt Gewinne ab. In dem Diagramm startet die Kostenlinie bei der Höhe der Fixkosten. Das sind alle jene Kosten, die unabhängig von der verkauften Stückzahl in jedem Fall auftreten (zum Beispiel: Entwicklung des Produkts). Die Steigung der Kostenlinie ergibt sich aus den zusätzlichen Kosten, die pro verkauftem Stück auftreten (zum Beispiel: Produktion, Versand etc.). Diese zusätzlichen Kosten werden auch »variable Kosten« genannt, weil Sie mit der Stückzahl variieren. Die Linie der Erlöse startet bei 0; ihre Steigung ergibt sich aus dem Stückpreis. Mit Variationen des Preises ergeben sich unterschiedliche Ertragslinien und somit unterschiedliche Break-even-Points.

Preis und Kosten

Mit der Break-even-Rechnung ermitteln Sie, wie Sie Ihren Produktpreis ansetzen müssen, um ab einer bestimmten Stückzahl Gewinne zu erzielen. Die Stellung des Break-even wird Ihnen in Abbildung 48 gezeigt.

Wenn in dem Beispiel Ihre Fixkosten 1 000 000 Euro ausmachen, die variablen Kosten 5 300 Euro pro Stück betragen und der Break-even mit 170 Stück erreicht sein soll, dann müssen Sie das Stück für mindestens 11 182 Euro verkaufen.

In der Praxis bewährt es sich sehr, wenn Sie für Ihr Produkt verschiedene Varianten durchrechnen. Setzen Sie verschiedene BEPs fest und ermitteln Sie die zu ihrer Erreichung notwendigen Produktpreise. Stellen Sie die Ergebnisse auch grafisch dar. Sie bekommen dadurch einen guten Überblick über Ihre Kosten- und Gewinnsituation.

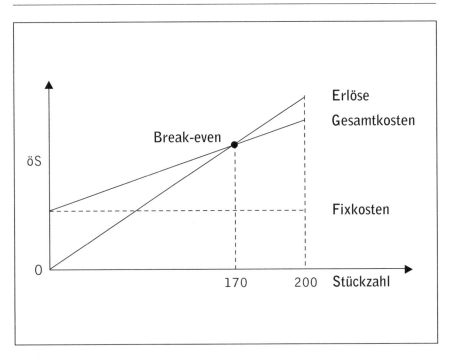

Abbildung 48: Zusammenhang zwischen Stückzahl, Preis und Kosten

Partner im Controlling finden!

An dieser Stelle ist eine Bemerkung angebracht zu allem, was mit Kostenrechnung zu tun hat: Wenn Ihr Unternehmen über eine Controlling-Abteilung verfügt, dann fassen Sie sie nicht als kontrollierende Instanz, sondern als Serviceabteilung auf. Sprechen Sie mit Ihren Kollegen im Controlling. Legen Sie gemeinsam ein »Set« von Kennzahlen zu Ihrer Produktgruppe fest, das ihnen regelmäßig zur Verfügung gestellt wird und Sie bei Ihrer Arbeit unterstützt – wie zum Beispiel die variablen Kosten Ihres Produkts sowie die Fixkosten, die Ihrem Produktbereich angelastet werden.

Mitbewerber

Die dritte wichtige Überlegung ist: »*Zu welchem Preis kann mein Produkt neben dem Mitbewerb bestehen?*« Ob Sie Ihren Preis niedriger, gleich oder höher ansetzen, wird von Qualitäts- und Leistungsunterschieden sowie der von Ihnen gewählten Produktstrategie abhängen.

Preis und Mitbewerb

Neben der Positionierung, wie wir sie hier verstehen, gibt es auch den Begriff der Positionierung in Preis/Leistung. Er steht für die Position, an der Sie sich im Feld Ihrer Mitbewerber in puncto Preis-Leistungs-Verhältnis einordnen. Ein Beispiel für eine solche Einordnung wird Ihnen in Abbildung 49 gezeigt.

Sie haben zwei grundsätzliche Möglichkeiten: Entweder Sie greifen einen Mitbewerber an (Position A) oder Sie nehmen einen bislang unberührten Platz ein (Position B) und versuchen ihn zu verteidigen.

Voraussetzung für diese Überlegungen ist es, den Mitbewerb, seine Produkte und deren Preise gut zu kennen. Die größte Herausforderung bei einem Vergleich mit dem Mitbewerb ist die, eine objektive Skala für den Begriff »Leistung« zu finden. Eine Herausforderung deshalb, weil Leistung immer aus der Sicht des Kunden zu sehen ist. Bevor man zu einem Vergleich schreiten kann, muss erst einmal bestimmt werden, was Leistung für den Kunden ist.

Nicht mit sich selbst konkurrieren!

Speziell für Produktmanager in großen Unternehmen ist es angebracht, auch Produkte des eigenen Unternehmens in die Matrix aufzunehmen und in die Überlegungen einzubeziehen. Denn es würde schließlich keinen Sinn machen, den Absatz eigener Produkte durch ein zu nahe positioniertes ähnliches Produkt zu kannibalisieren.

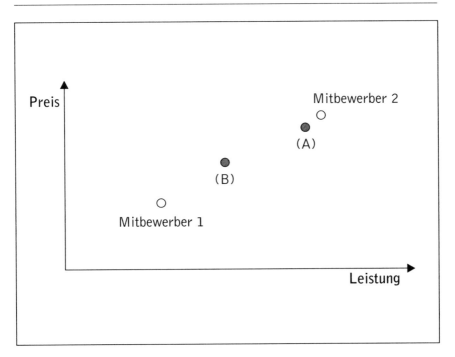

Abbildung 49: Preis und Mitbewerber

Der Wert aus Kundensicht

Der vierten Frage »*Was ist das Produkt dem Kunden wert?*« wird in der Praxis viel zu wenig Aufmerksamkeit geschenkt. Käufern ist es nämlich ziemlich egal, wie hoch die Herstellkosten eines Produkts sind. Ihre Kaufentscheidung wird davon nicht beeinflusst. Eine große Rolle dagegen spielen ihre eigenen Motive, sprich der Grund, aus dem sie den Kauf in Erwägung ziehen.

Preis und Kaufmotive

Was ein Produkt potenziellen Kunden »wert« ist, hängt davon ab, aus welchem Motiv sie das Produkt erwerben. Je nach Kaufgrund ergeben sich unterschiedliche Fragestellungen. Die Antworten auf die folgenden Fragen liefern Ihnen Anhaltspunkte darüber, was die Zielgruppe bereit ist, für Ihr Produkt auszugeben:

- *Gewinn:* Wie hoch ist das Einsparungspotenzial, das sich durch den Einsatz des Produkts ergibt? Wie viel kann ein Käufer durch den Einsatz des Produkts mehr verdienen?
- *Sicherheit:* Wie hoch ist das Risiko, das der Käufer durch das Produkt abwendet?
- *Selbstwert:* Was ist es Käufern wert, das Produkt zu »besitzen«?
- *Bequemlichkeit:* Was ist die Arbeitserleichterung wert, die mit dem Einsatz des Produkts erzielt wird?
- *Kontakt:* Was sind die neuen Kontaktmöglichkeiten den Käufern wert?
- *Gesundheit:* Welchen Preis sind Käufer bereit, für den speziellen Gesundheitsaspekt zu entrichten?

Umfragen, die gezielt auf den vom Kunden wahrgenommenen Wert abzielen, bewahren Sie vor einem zu niedrigen oder zu hohen Preis. Setzen Sie sich gemeinsam mit (potenziellen) Kunden damit auseinander, was Ihr Produkt »wert« ist, und Sie werden einige Überraschungen erleben. Wenn Sie das Gespräch mit Kunden suchen, stellen Sie auch Fragen, die auf der Basis: »Was wäre es Ihnen wert, wenn ...« aufgebaut sind. Damit bekommen Sie Anhaltspunkte für den Wert, den einzelne Produkteigenschaften und Serviceleistungen haben.

Wie man sieht, kommen auch bei der Preisfestlegung die Kaufmotive wieder stark ins Spiel – was den Kreis zur Positionierung Ihres Produkts schließt.

Preis und Positionierung

Die fünfte Frage *»Was soll mit dem Preis kommuniziert werden?«* hängt unmittelbar mit der Positionierung Ihres Produkts zusammen. Form und Höhe des Preises müssen mit dem übereinstimmen, wofür Ihr Produkt steht – so wie Ihr Produkt selbst, die Art Ihres Vertriebs und Ihre Marktkommunikation.

Bereits die Höhe Ihres Preises sagt eine Menge über Ihr Produkt aus. Bieten Sie Ihr Produkt besonders günstig an, so suggeriert das eine Gelegenheit, die nicht versäumt werden darf. Wenn Sie das Kaufmotiv »Gewinn« ansprechen, glaubt der Käufer, etwas zu verdienen, wenn er gerade Ihr Produkt erwirbt. Hohe Preise dagegen vermitteln Ihren Käufern die Sicherheit, ein Produkt guter Qualität zu erwerben. Und je weiter oben Sie den Preis ansiedeln, umso mehr wecken Sie die Begehrlichkeit. Schließlich möchte jeder dem exklusiven Kreis jener angehören, die sich das leisten können.

Auch die Form Ihres Preises ist geeignet, verschiedenste Eigenschaften Ihres Produkts und Unternehmens zu kommunizieren. Kostet etwas beispielsweise 99,90 Euro, so wird es einerseits eine einmalige Gelegenheit sein. Anderseits gehört 99,90 noch der Preisklasse unter 100 an und ist subjektiv leichter leistbar. Legen Sie dagegen den Preis auf eine runde Summe fest, so ist damit zu rechnen, dass Sie sich der hohen Qualität Ihres Produkts bewusst sind.

Drei Preisformen

Angenommen, Ihre kalkulatorischen Preisüberlegungen und der Vergleich mit Mitbewerbsprodukten ergibt, dass Ihr Produktpreis in der Nähe von 12 000 Euro liegen muss. Dann ist noch die Frage zu klären, was mit dem Preis vermittelt werden soll. Hier drei gängige Beispiele, wie Sie allein über die Form des Preises mit Ihren Kunden kommunizieren:

- *Der Qualitätspreis:* Sie bieten das Produkt mit genau 12 000 Euro an. Runde Preise symbolisieren, dass Sie sich absolut sicher sind, dass das Produkt seinen Preis wert ist. Wenn Sie so eine Linie wählen, müssen Sie sie in der gesamten Preispolitik durchziehen. Einen Rabatt auf einen Qualitätspreis zu geben würde Sie unglaubwürdig machen.
- *Der seriöse Preis:* Sie bieten das Produkt zu einem Preis von 11 830 Euro an. Dieser Wert drückt aus, dass er kalkuliert wurde. Kalkulierte Preise verleihen Ihrem Produkt und Ihrem Unternehmen die Aura der Seriosität. Sie nehmen dadurch die Position eines »Dienstleisters« ein, der im Auftrag seiner Kunden »handelt«: durch Einkauf, Verkauf und wertsteigernde Aktivitäten.

- *Der Gelegenheitspreis:* Sie bieten das Produkt mit 11 990 Euro an. Preise dieser Form suggerieren eine Gelegenheit. Sie vermitteln Ihren Kunden den Eindruck, dass es sich um ein besonders günstiges Angebot handelt, das es womöglich nicht mehr lange gibt.

Preisänderungen

Änderungen von Preisen haben eine starke Kommunikationswirkung. Eine Preiserhöhung vermittelt, dass es sich um ein gut gehendes Produkt handelt, für das jedermann bereit ist, mehr zu zahlen. Leider kann eine Erhöhung auch negativ interpretiert werden: Kunden können glauben, dass es Ihrem Unternehmen finanziell schlecht geht. Preissenkungen werden ebenfalls auf verschiedenste Weise gedeutet. Wieder kann der Verdacht aufkommen, dass sich Ihr Unternehmen in Schwierigkeiten befindet. Oder es könnte angenommen werden, dass der Preis noch weiter sinkt und es sich lohnt, weiter zu warten. In jedem Fall ist es sinnvoll, vor einer Preisänderung die möglichen Interpretationen durch Ihren Kundenkreis zu untersuchen. Ihre Ankündigung versehen Sie dann mit einer klaren Argumentation, die alle Missverständnisse ausschließt.

Auf Preisänderungen Ihres Mitbewerbs sollten Sie sich rechtzeitig vorbereiten. Es könnte zum Beispiel sein, dass ein Mitbewerber sich plötzlich zu einem aggressiveren Marktauftritt entschließt und seinen Preis drastisch reduziert.

Im günstigsten Fall finden Sie eine Möglichkeit, Ihre Marktanteile zu halten, ohne selbst Ihren Preis zu reduzieren. Dafür bieten sich zum Beispiel besondere Produkteigenschaften oder exklusive Vertriebswege an. Wenn sich die Situation gar nicht anders lösen lässt und Ihre Kostensituation es erlaubt, werden Sie wahrscheinlich ebenfalls eine Preisreduktion durchführen und mit geringeren Deckungsbeiträgen weiterleben.

Der ungünstigste Fall tritt ein, wenn ein »Preiskrieg« ausbricht: Sie und Ihr Mitbewerber unterbieten sich abwechselnd – jeder mit dem Ziel, den anderen in eine Situation zu treiben, die er finanziell nicht durchhalten kann. Nachdem sich eine der Parteien zurückgezogen hat, gehören dem »Sieger« die Marktanteile. Um so einen Preiskrieg durchhalten zu können, ist es wichtig, dass Sie einen genauen Überblick über Ihre Kostensituation haben. Rechnen Sie mit dem Schlimmsten – manche Eindringlinge gehen so weit, dass Sie in einem Markt, den sie erobern möchten, über lange Zeiträume Verluste in Kauf nehmen. Sollten Sie mit so einem Gegner konfrontiert werden, verschaffen Sie sich Informationen darüber, wie er in anderen Märkten agiert. Daraus können Sie ableiten, wie sein Verhalten Ihnen gegenüber ausfallen wird. Meistens haben solche Angreifer große Schwächen in anderen Bereichen (zum Beispiel Service), die Sie nutzen können. Damit können Sie Ihre Verteidigung von der reinen Preisebene verlagern.

Preisreduktionen: Dreimal überlegen!

Nichts lässt sich so leicht ändern wie ein Preis. Mit einem Federstrich ist eine wesentliche Komponente des Marketing-Mix umgestaltet. Jede andere Veränderung im Marketing-Mix, egal, ob das Produkt selbst, seine Vertriebsform oder die Marktkommunikation verändert werden, ist mit erheblichem Aufwand verbunden. Gerade deshalb ist man in kritischen Situationen oft zu schnell mit einer Preisreduktion zur Hand.

Verschärft wird die Situation durch den Umstand, dass ein einmal reduzierter Preis nur sehr schwer wieder auf die ursprüngliche Höhe zu bringen ist. Überlegen Sie daher genau, ob eine Preisreduktion wirklich Ihr Problem löst. Machen Sie es sich nicht zu leicht – in den meisten Fällen gibt es Alternativen.

Checkliste: Die fünf Preisfragen

Anwendung: Die Festlegung eines Produktpreises ist eine heikle Sache. Denn ein einmal kommunizierter Preis lässt sich nur sehr schwer revidieren, speziell nach oben. Nehmen Sie sich daher die Zeit, zumindest die wichtigsten Eckdaten für die Preisfestlegung zu erheben.

Checkliste »Die fünf Preisfragen«

Gehen Sie die folgende Checkliste für jeden neuen Produktpreis durch. Lassen Sie sich nicht dazu hinreißen, einen Preis festzulegen, ohne auf alle fünf Fragen eine klare Antwort parat zu haben.

Wählen Sie Ihren Produktpreis: _____

1. Wie viel Stück könnten Sie zu diesem Preis auf dem vorgesehenen Markt voraussichtlich *pro Periode* (Monat, Jahr) *absetzen*?
   _____ Stück

2. Wie viel Stück müssten Sie zu diesem Preis verkaufen, um *Kostendeckung* zu erzielen?
   _____ Stück

3. Ist mit dem gewählten Preis Ihr *Preis-Leistungs-Verhältnis* schlechter, gleich oder besser als das Ihrer Mitbewerber?
   ❏ schlechter   ❏ gleich   ❏ besser

4. Stimmt der gewählte Preis mit dem *Wert* überein, den das Produkt für Ihre *Kunden* (auf Basis ihres Kaufmotivs) hat?
   ❏ zu hoch   ❏ entspricht   ❏ zu niedrig

5. Geht der gewählte Preis *konform* mit der *Positionierung* Ihres Produkts?
   ❏ widerspricht   ❏ gleich   ❏ entspricht

Kapitel 13
Die Platzierung

P wie Platzierung

Die Platzierung ist das dritte der »4P« Ihres Marketing-Mix. Zur Platzierung gehören alle Aktivitäten, mit denen Sie Ihr Produkt für Ihre Zielgruppe verfügbar machen, sprich: wie und über welche Wege Sie Ihr Produkt vertreiben.

Wie Sie wissen, ist die Klammer, die Ihre »4P« zusammenhält und erst wirklich zum Marketing-*Mix* macht, die Positionierung. Die Positionierung Ihres Produkts hat also auch entscheidenden Einfluss auf Ihre Vertriebsstruktur.

Dazu ein Beispiel: Wenn Ihre Produktpositionierung enthält, dass es sich um ein High-end-Produkt handelt, dann darf es auch nur über einen hoch qualifizierten Eigenvertrieb oder einen kleinen Kreis exklusiver Händler erhältlich sein. Jede andere Vertriebsform würde Ihrer Positionierung widersprechen und sie unterwandern. Ein konträres Beispiel bildet ein Produkt, dessen Positionierung vorsieht, dass es einem großen Kreis von Anwendern dienen soll. Für ein derart positioniertes Produkt müssen Sie die leichte Verfügbarkeit sicherstellen – über ein breit gestreutes, flächendeckendes Vertriebsnetz.

Der Minimalanspruch an Ihre Vertriebsstruktur ist also, dass sie mit der von Ihnen gewählten Positionierung konform geht. Im Idealfall erfüllt Ihre Vertriebsstruktur nicht nur die Positionierung, nein, sie kommuniziert sie sogar.

Struktur des Vertriebs

Bevor Sie sich mit Ihrem Produkt an Vertrieb und Handel wenden, müssen Sie sich über die Struktur Ihres Vertriebs klar sein: Sie müssen schließlich wissen, wen Sie ansprechen werden. Als Produktmanager werden Sie kaum in die Verlegenheit kommen, strukturelle Neuerungen im Vertrieb Ihres Unternehmens veranlassen zu müssen – wie etwa die Etablierung neuer Verkaufsaußenstellen. Ihre große Chance liegt vielmehr darin, bestehende Strukturen für den Vertrieb Ihres Produkts zu nutzen. Sie werden entweder die Verkaufsorganisation Ihres eigenen Unternehmens oder externe Händlerpartner nutzen.

Ein erster Parameter, der Ihren Vertrieb bestimmt, ist die Anzahl seiner Stufen.

Vertriebsstufen

Sie können Ihr Produkt selbst, über Händler, aber auch über die Zwischenstufe von Distributoren vertreiben. Man spricht hier je nachdem von ein-, zwei- oder dreistufigem Vertrieb. Mit der Zahl der Vertriebsstufen verlieren Sie an Einfluss darauf, wie das Produkt dem Verbraucher angeboten wird. Die Varianten werden Ihnen in Abbildung 50 gezeigt.

- *Einstufiger Vertrieb* bedeutet, dass Sie Ihr Produkt ausschließlich über den Vertrieb Ihres eigenen Unternehmens direkt an den Verbraucher absetzen. Bei dieser Variante haben die Sie größtmögliche Einflussnahme auf die Art und Weise, in der Ihr Produkt verkauft wird: Sie haben es »nur« mit dem Vertrieb Ihres eigenen Unternehmens zu tun.
- *Zweistufiger Vertrieb* setzt Ihr Produkt über eine Anzahl von Wiederverkäufern ab. Je nach Produkt werden Sie eine kleine Zahl spezialisierter Händler (für Nischenprodukte) oder eine große Zahl von Händlern (für hohe Flächendeckung) anstreben. Die Einbeziehung dieser Wiederverkäufer bedeutet, dass Sie grundsätzlich an Einfluss darauf verlieren, in welcher Form Ihr Produkt dem Verbraucher angeboten und verkauft wird.
- *Dreistufiger Vertrieb* steht Ihnen offen, wenn Sie selbst Hersteller oder Generalvertreter eines Produkts sind, das einen großen potenziellen Markt hat. Der dreistufige Weg reduziert die Anzahl der Wie-

derverkäufer (mit denen Sie direkt arbeiten) auf eine kleine Menge von Distributoren. Nachteil ist, dass Sie den direkten Kontakt zum Händler und damit noch mehr an Einfluss auf den Verkaufsstil verlieren. Vorteil ist, dass die »Zwischenstufe« Distributor für Sie Akquisition und Betreuung der Händler übernimmt. Wenn Sie als Produktmanager bei einem Distributor tätig sind, finden Sie sich selbst mit genau dieser Aufgabe betreut – in der Mitte einer dreistufigen Vertriebsstruktur.

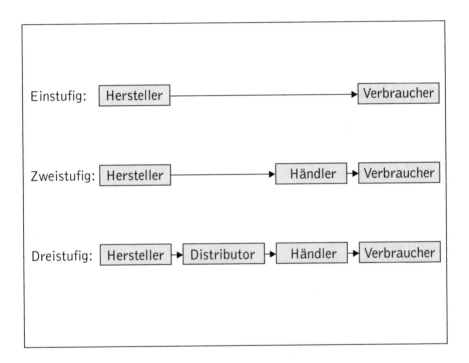

Abbildung 50: Stufen in Vertriebsmodellen

Spannungsfeld Vertrieb

Wie viele Vertriebsstufen Sie für Ihr Produkt ideal finden werden, hängt eben stark von Ihrem Produkt, Ihrer Zielgruppe und den Möglichkeiten Ihres eigenen Unternehmens ab. Sollten Sie daran denken, die drei Varianten zu mischen, so lassen Sie Vorsicht walten. Ein Produkt über Händler zu vertreiben (zweistufiger Vertrieb) und gleichzeitig selbst an Verbraucher zu verkaufen (einstufiger Vertrieb) sorgt für ein ständiges Spannungsfeld zwischen Ihnen und Ihren Wiederverkäufern. Dasselbe gilt, wenn Sie über Distributoren arbeiten (dreistufiger Vertrieb) und gleichzeitig einzelne Händler direkt beliefern (zweistufiger Vertrieb).

Form des Vertriebs

Der zweite Parameter, der Ihren Vertrieb bestimmt, ist seine Form – mit anderen Worten: wie dicht Ihr Netz sein soll, wer seine Mitglieder sind und wie die Vereinbarungen mit diesen Vertriebsstellen aussehen.

- *Intensiver Vertrieb* bedeutet, dass Sie Ihr Produkt über möglichst viele Stellen absetzen: Genau das Richtige, wenn Sie ein Produkt haben, für das es eine große Zielgruppe gibt. Wahrscheinlich werden Sie in so einem Fall nicht den eigenen Vertrieb, sondern externe Wiederverkäufer einsetzen. Voraussetzung ist, dass Sie entweder über entsprechende Ressourcen verfügen, um die hohe Anzahl von Händlern zu betreuen (zweistufiger Vertrieb), oder Distributoren einsetzen können (dreistufiger Vertrieb). Ihr Produkt selbst muss relativ einfach sein und darf kaum Ansprüche an die Verkäufer stellen.
- *Selektiver Vertrieb* setzt Ihr Produkt über einen eingeschränkten Kreis von Partnern ab, die optimale Voraussetzungen für den erfolgreichen Vertrieb Ihres Produkts mitbringen. Die selektive Form empfiehlt sich am ehesten, wenn Sie ein komplexes Produkt betreuen, für das es eine eingeschränkte Zielgruppe gibt. Sie werden von diesen Vertriebsstellen spezifisches Know-how und eingehendere Beschäftigung mit Ihrem Produkt erwarten. Partner im selektiven Vertrieb können zum Beispiel ausgewählte Verkaufsstellen Ihres eigenen Unternehmens sein. Eine andere Möglichkeit sind spezialisierte externe Händler, oft VAR's (Value added Reseller) genannt, die für ihre Kunden Gesamtlösungen zusammenstellen.
- *Exklusiver Vertrieb* ist die engste Form, die Ihnen zur Wahl steht. Die erste Möglichkeit ist, dass Sie Ihr Produkt exklusiv über Ihren eigenen Vertrieb verkaufen (einstufiger Vertrieb). Die zweite Mög-

lichkeit besteht darin, mit einem kleinen Kreis von externen Händlern auf Ausschließlichkeitsbasis zusammenzuarbeiten. Diese Händler müssen nicht nur gute Voraussetzungen mitbringen, es werden auch beiderseitige Verpflichtungen zur Exklusivität übernommen. Zum Beispiel gewähren Sie Ihren Händlern Gebietsschutz, während diese sich im Gegenzug verpflichten, kein vergleichbares Konkurrenzprodukt zu vertreiben. Mit externen Händlern ist exklusiver Vertrieb meist nur bei bereits gut am Markt eingeführter, aber sehr spezieller Hochtechnologie erfolgreich.

Positionierung und Vertriebsform

Die Form Ihres Vertriebs sagt viel über Ihr Produkt aus. Wenn Ihr Produkt nur bei einem selektierten Kreis von Vertriebsstellen erhältlich ist, so verleiht ihm das eine Aura von Qualität und Sicherheit. Wenn Sie Ihr Produkt dagegen intensiv über eine hohe Anzahl von Händlern vertreiben, so wird es in der Vorstellung Ihrer Zielgruppe automatisch zu einem Produkt, das eine hohe Verbreitung hat (auch wenn das noch gar nicht der Fall ist).

Ähnliches gilt für die Art von Vertriebsstellen, die Sie einsetzen. Vertreiben Sie ein Produkt zum Beispiel über Elektronikgroßmärkte, so impliziert das nicht nur einen semiprofessionellen Anwenderkreis, sondern auch, dass die verwendete Technologie bereits Standard und preislich günstig ist.

Wie Sie sehen, muss Ihre Vertriebsform unbedingt mit der Positionierung Ihres Produkts konform gehen. Denn Ihr Verbraucher kauft nicht nur Ihr Produkt, sondern auch das dazugehörige Umfeld.

Motivation des Vertriebs

Der Vertrieb Ihres eigenen Unternehmens und externe Wiederverkäufer haben eine wichtige Eigenschaft gemeinsam: Sie möchten mit dem Handel von Produkten Geld verdienen. Das wichtigste Motiv von Vertrieb und Handel ist daher Gewinn. Nebenbei spielen auch die anderen Kaufmotive wie Sicherheit, Bequemlichkeit und Prestige eine – wenn auch untergeordnete – Rolle.

Partner im Vertrieb

Wie der Begriff Vertriebs»partner« ausdrückt, ist es in jedem Fall angezeigt, dass Sie Vertrieb und Handel als Partner und nicht als bloße Verkaufsaußenstellen sehen. Wir setzen uns im Folgenden hauptsächlich damit auseinander, wie Sie den Kreis von Personen motivieren, der mit dem Verkauf Ihrer Produkte beschäftigt sein soll. In diesem Zusammenhang macht es keinen großen Unterschied, ob Sie es mit Distributoren, Händlern oder Ihren Kollegen im eigenen Vertrieb zu tun haben. Gleich bleibt immer eines: In erster Instanz sind diese Leute Ihre Interessenten und Kunden. Sie müssen daher in Ihrer Arbeit nicht nur die Motive und Ziele Ihrer Verbraucher berücksichtigen, sondern auch die Ihrer Partner im Vertrieb.

Der Gewinn Ihrer Partner im Vertrieb scheint auf den ersten Blick hauptsächlich von den gewährten Handelsspannen beziehungsweise Verkaufsprovisionen abzuhängen. Bei genauerer Betrachtung wird die Rentabilität aber stark von einer Reihe weiterer Faktoren beeinflusst:

- *Gute Produktakzeptanz:* Wiederverkäufer behalten nur Produkte in ihrem Sortiment, die sich auch verkaufen lassen – genauso wie sich Ihre Kollegen im Vertrieb nur mit solchen Produkten beschäftigen werden. Voraussetzung für den »leichten« Verkauf ist, dass ein Produkt beim Verbraucher auf hohe Akzeptanz stößt. Dazu muss es einen klaren Nutzen aufweisen und gut vom Mitbewerb differenziert sein. Ihre Aufgabe als Produktmanager besteht darin, Ihre Produkte entsprechend attraktiv zu gestalten.
- *Starke Absatzförderung:* Vertrieb und Handel wünschen sich eine möglichst starke Absatzförderung, die ihre Verkaufsanstrengungen unterstützt. Aus dem Konkurrenzverhältnis zu anderen Händlern oder Kollegen setzen Vertriebsleute in diesem Bereich nur Eigenaktivitäten, die unmittelbar ihnen selbst zugute kommen. An Sie als Produktmanager bestehen daher zwei Erwartungen: einerseits der Wunsch nach massiver Produktwerbung, mit der Sie das Produkt am Markt einführen und eine Präferenzierung durch den Endkunden erreichen; andererseits wird Ihre Unterstützung bei Eigenaktivitäten wie Hausmessen, Messeauftritten und Präsentationen gefragt sein.

- *Abgerundete Servicepalette:* Sie werden gut beraten sein, wenn Sie sich als Servicestelle von Vertrieb und Handel verstehen. Welche Leistungen im einzelnen Fall für welches Produkt gefragt sind, hängt stark von seiner Position im Lebenszyklus ab. Bei Innovationen wird man sich von Ihnen vor allem technische Unterstützung, Schulungen, Hilfe bei der Implementierung von Applikationen und verschiedene Qualitätsgarantien wünschen. Wird Ihr Produkt zu reifer Technologie, rücken Leistungen wie kurze Lieferzeiten, rascher Response bei Anfragen und einfache Bestellsysteme mehr und mehr in den Vordergrund.

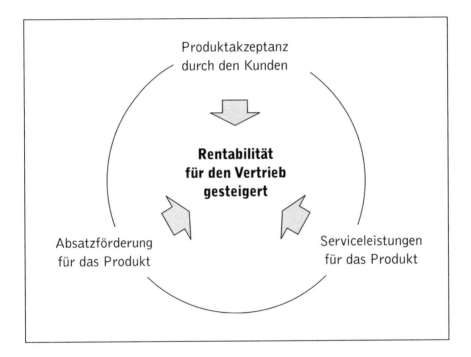

Abbildung 51: Grundinteressen des Vertriebs

Der Schlüssel im Vertrieb: Rentabilität

Das zentrale Motiv von Vertrieb und Handel ist Gewinn: Der Absatz Ihrer Produkte muss daher für den Händler oder Vertriebsmitarbeiter gewinnversprechend sein. Die Aussicht auf Rentabilität wird für ihn von drei Faktoren stark beeinflusst: Produktakzeptanz, Absatzförderung und Serviceleistungen. Wenn Sie diesen drei Punkten ausreichend Aufmerksamkeit widmen, werden die Handelsspannen beziehungsweise Provisionen zu einem Faktor zweiten Ranges. Dieses zeigt Ihnen Abbildung 51

Absatzstrategie

Vergessen Sie es niemals: Das zentrale Interesse von Vertrieb und Handel muss es sein, aus dem Verkauf von Produkten Gewinne zu erzielen. Ihre Partner im Vertrieb wünschen sich daher möglichst starke Unterstützung bei ihren Bemühungen. Je massiver Sie sie für Ihr Produkt ausfallen lassen und je mehr sie dem einzelnen Händler oder Vertriebsmann nutzt, umso interessanter wird Ihr Produkt für ihn. Grundsätzlich stehen Ihnen zwei Möglichkeiten offen, Ihre Partner zu aktivieren:

- *Die Push-Strategie:* Das Prinzip der Push-Strategie besteht darin, Vertrieb und Handel durch Maßnahmen zu aktivieren, die sich direkt an ihn selbst richten. Sie wenden sich gezielt an Händler und Vertriebsmitarbeiter und »pushen« Ihr Produkt durch den Absatzkanal. Steigen Vertrieb und Handel auf die Push-Aktivitäten ein, so tragen sie in der Folge Ihr Produkt selbstständig in den Markt hinaus.
- *Die Pull-Strategie:* Das Prinzip der Pull-Strategie ist, Vertrieb und Handel über eine starke Verbrauchernachfrage zu motivieren. Um diese Nachfrage für Ihr Produkt zu erzeugen, müssen Sie vergleichsweise breit gestreute Kommunikationsmaßnahmen (Werbung, PR) setzen. Die Pull-Strategie kommt Sie daher in der Anwendung wesentlich teurer als die Push-Strategie. Ist sie erfolgreich, bietet sie Ihnen eine starke Machtposition gegenüber dem Vertrieb.
- *Die Kombination:* In vielen Fällen wird eine Kombination von Push- und Pull-Aktivitäten ideal sein. Sie bewerben Ihr Produkt auf der Verbraucherebene und setzen parallel dazu Maßnahmen ein, die sich direkt an Vertrieb und Handel wenden.

Push und Pull

Es stehen Ihnen zwei grundsätzliche Wege offen, Ihre Vertriebsleute und -partner zu motivieren: Push- und Pull-Aktivitäten. Push-Aktivitäten richten Sie auf Vertrieb und Handel selbst. Mit Pull-Aktivitäten wenden Sie sich an den Verbraucher und versuchen, den Vertrieb über den Umweg einer starken Nachfrage zu motivieren. Oft führt eine Kombination beider Wege am schnellsten zum Erfolg. Die Wege der Push- und Pull-Aktivitäten werden in Abbildung 52 dargestellt.

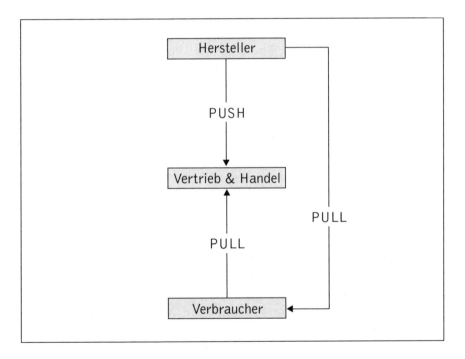

Abbildung 52: Wege der Push- und Pull-Aktivitäten

Push-Aktivitäten

An dieser Stelle sind die wichtigsten Möglichkeiten zusammengefasst, die Ihnen für die Förderung Ihres Produkts gegenüber Vertrieb und Handel selbst zur Verfügung stehen:

- *Salesforce- und Trade Promotions:* Das vordergründigste Instrument zur Vertriebs- und Händlermotivation sind Salesforce- beziehungsweise Trade Promotions. Beides sind Varianten von Verkaufsaktionen, die den Verkauf Ihres Produkts mit einem »Zuckerl« versehen. Verkaufswettbewerbe und -prämien lenken die Aufmerksamkeit Ihrer Vertriebsleute auf das geförderte Produkt. Zugaben bei größeren Bestellmengen sowie Display- oder Werbenachlässe sind entsprechende Aktionen, mit denen Sie sich an Händler wenden können. Es sei an dieser Stelle davor gewarnt, die Bedeutung derartiger Aktionen zu überschätzen. Vor allem die Einführung neuer Produkte wird durch solche Aktionen nur dann begünstigt, wenn das Produkt ohnehin auf gute Akzeptanz stößt.
- *Training und Support:* Viel wichtiger für die rasche Annahme Ihres Produkts ist, dass es von Vertrieb und Handel verstanden wird, dass sie damit umgehen und sie warten können. Je nach Komplexität Ihres Produkts werden dazu verschiedene Angebote von Produktschulungen notwendig sein. Den Support, den ein Händler seinen Kunden gewährt, lassen Sie idealerweise von der Supportmannschaft Ihres eigenen Unternehmens unterstützen.
- *Informationsfluss zum Vertrieb:* Ein wichtiges Standbein Ihrer Push-Aktivitäten ist, dass Sie einen stetigen Informationsfluss zu Vertrieb und Handel sicherstellen. Geben Sie den Leuten im Vertrieb alle Informationen, die ihnen bei der Bearbeitung ihrer speziellen (fachlich oder geografisch eingegrenzten) Gebiete nutzen. Im Wesentlichen sind das gut aufbereitete Produkt- und Marktinformationen. Ein praktisches Beispiel dafür ist das Launch- beziehungsweise Dealer-Package, eine Art »Betriebsanleitung für den Verkauf«. Weitere Möglichkeiten sind regelmäßige persönliche Besuche, Vertriebsveranstaltungen, Mail-Systeme und Info-Lines.
- *Informationsfluss vom Vertrieb:* Spezielle Bedeutung kommt dem Informationsstrom vom Vertrieb *zu* Ihnen zu. Nur Vertrieb und Handel haben den täglichen direkten Kundenkontakt und damit die wichtigsten Informationen für den erfolgreichen Absatz Ihres Pro-

dukts. Erst das Feedback Ihrer Vertriebspartner versetzt Sie überhaupt in die Lage, sie effizient zu unterstützen. Deshalb lohnt es sich, über Möglichkeiten nachzudenken, wie Sie diese Informationen aufnehmen, verarbeiten und nutzen können.

- *Starker Marketing-Support:* Die Informationen aus Vertrieb und Handel liefern Ihnen konkrete Hinweise darauf, was sie zur effizienten Marktbearbeitung brauchen. Neben Wünschen zur Produktgestaltung werden oft Rufe nach Unterstützung im Endkunden-Marketing laut werden. Dazu gehört zum Beispiel, dass Sie Unterstützung bei Hausmessen geben oder dass Sie selbst einen Messeauftritt organisieren und die Leads dem Handel weitergeben.
- *Funktionierende Logistik:* Eine weitere wichtige Möglichkeit zur Unterstützung von Vertrieb und Handel ist, effizienten Nachschub sicherzustellen. Praktisch bedeutet das, ein einfaches und transparentes Bestellsystem einzurichten. Lieferzeiten werden so kurz wie möglich gewünscht sein. Noch wichtiger als kurze Lieferzeiten ist allerdings die Liefertreue. Für einen Vertriebsmann oder Händler mit »hautnahem« Kundenkontakt sind nicht eingehaltene Liefertermine eine sehr anstrengende Angelegenheit. Händler werden sich darüber hinaus möglichst geringe Abnahmemengen wünschen. Sie sind – aus Kostengründen – natürlich daran interessiert, ihren Lagerbestand so niedrig wie möglich zu halten.

Dem Vertrieb zuhören!

Verlieren Sie um Himmels willen nicht den Kontakt zu Vertrieb und Handel. Sie sind Ihr wichtigster Draht in den Markt. Schenken Sie den Wünschen Ihrer Vertriebsleute und Händler die gebotene Aufmerksamkeit. Gehen Sie noch darüber hinaus und fragen Sie nach, was ihnen die Arbeit erleichtern würde. Scheuen Sie sich nicht, sich offener Kritik auszusetzen. Nur die Personen mit ständigem direkten Kundenkontakt haben genügend Nähe zum Markt, um Ihre Produkte zum Erfolg zu führen.

Verwerten Sie die Informationen, die Ihnen geboten werden. Ziehen Sie aus den Anforderungen Ihrer Vertriebsleute und Händler die notwendigen Konsequenzen. Finden Sie Lösungen und geben Sie ein Optimum an Unterstützung.

Fallbeispiel: Partner im Absatz

Mitten auf einer Wiese in Groß-Enzersdorf steht das brandneue ACTEBIS-Gebäude, in dem rund 100 Mitarbeiter die Österreich-Distribution ihrer Produkte (PC und Peripherie) abwickeln. Die Assemblierung der PCs erfolgt im Haus, für hohe Produktverfügbarkeit steht ein 3500-Quadratmeter-Lager zur Verfügung, An- und Auslieferung erfolgen über zehn LKW-Laderampen, und in der logistischen Abwicklung schreckt man selbst vor Satelliteneinsatz nicht zurück. Alles steht unter einem Zeichen: rasche Verfügbarkeit für den Handel.

In diesem Umfeld ist das fünf Mann starke Produktmanagementteam von ACTEBIS angesiedelt. Neben den klassischen strategischen Aufgaben (Produktpositionierung, Festlegung des Marketing-Mix) nehmen die Produktmanager eine Reihe von operativen Agenden wahr. Dazu gehört die aktive Unterstützung des Vertriebs: die marktgerechte Aufbereitung der Produkte, die Schaffung der logistischen Voraussetzungen für den Absatz, Produktschulungen des Vertriebspersonals und die stark verkaufsorientierte Marktkommunikation. Gerade in der Kommunikation ist die Zusammenarbeit mit dem Verkauf am stärksten ausgeprägt. Das Produktmanagement führt laufend, oft sogar täglich Fax-Mailings mit speziellen Angeboten an die Händlerschaft durch.

An dieser Stelle setzt die Vertriebsmannschaft an. Die Fax-Aussendungen geben den 18 Verkäufern viele Gelegenheiten, ihre Händler zu kontaktieren. Auf dieser Grundlage arbeitet der Vertrieb, der fast ausschließlich per Telefon abgewickelt wird. Für technische Probleme stehen dem Verkaufsteam eine spezielle Hotline und entsprechende Technik zur Verfügung. Um Fragen der Auftragsabwicklung kümmert sich die Produktlogistik. Derart gut unterstützt (vom Produktmanager in der Verkaufsförderung, von Technik, Hotline und Logistik in der Abwicklung), kann sich der Vertrieb auf seine Kernkompetenz konzentrieren: die Pflege von Kundenbeziehungen und das Verkaufen.

Das Ergebnis kann sich sehen lassen: Rund 25000 PCs und 50000 Monitore machten ACTEBIS 1996 zum größten PC-Distributor Österreichs. Bernhard Vlajo, Verkaufsleiter von ACTEBIS, führt dieses Ergebnis auf die Firmenphilosophie zurück: »Immer der Schnellste sein und trotz Größe flexibel bleiben.« Dieser Grundsatz ist sicher auch die Wurzel der guten Zusammenarbeit der ACTEBIS-Bereiche. Denn Geschwindigkeit lässt sich nur realisieren, wenn Zuständigkeiten und

Schnittstellen klar definiert sind. Und wenn der Wille zur Zusammenarbeit Bestandteil der Unternehmenskultur ist.

Schnittstellenprobleme

Produktmanagement ist eine Organisationsform, in der alles auf den Produkterfolg ausgerichtet ist. Über die betriebliche Querschnittsfunktion des Produktmanagers werden alle Bereiche so koordiniert, dass sie möglichst optimal am Produkterfolg mitwirken. So weit die Theorie. In der Praxis reibt sich das Produktmanagement oft an hausgemachten Schnittstellenproblemen auf. Sie entstehen aus unklaren Kompetenzen und ungünstigen Rahmenbedingungen. Am deutlichsten wird dieses Spannungsfeld in der Zusammenarbeit von Produktmanagement und Vertrieb sichtbar. In dieser Beziehung gibt es eine Reihe von möglichen Konflikten, welche die Zusammenarbeit der beiden Bereiche erschweren können:

- *Unterschiedliche Zielsetzungen:* Für den Verkäufer steht sein persönlicher Umsatzerfolg im Mittelpunkt, für den Produktmanager der Erfolg bestimmter Produkte. – Abhilfe: weitreichende Unterstützung aus dem Produktmanagement vor allem bei der Einführung neuer Produkte.
- *Divergierende Auffassungen des Produktmanagers:* Sie können selbst dann entstehen, wenn genaue Stellenbeschreibungen existieren. Speziell was die Verkaufsplanung betrifft, können Vorgaben aus dem Produktmanagement vom Vertrieb als Kompetenzeingriffe gewertet werden. – Abhilfe: Der Produktmanager plant in Abstimmung mit dem Verkauf.
- *Kampf um die Verkaufskapazität:* Die endliche Kapazität der Verkaufsabteilung muss unter (oft zu vielen) Produkten aufgeteilt werden. Im schlimmsten Fall entsteht ein »Kampf« unter den Produktmanagern. – Abhilfe: die Produktmanager in die gesamte Marketingplanung des Unternehmens einbeziehen.

Checkliste: Vertriebsunterstützung

Anwendung: Die Unterstützung des Vertriebs ist selbstverständlich eine Aufgabe, die jeden Produktmanager rund um das ganze Jahr beschäftigt. Darüber hinaus gibt es spezielle Zeitpunkte, zu denen es sich lohnt, über dieses Thema gezielt nachzudenken. Einer dieser Zeitpunkte ist zum Beispiel die Einführung eines neuen Produkts. Denn den Vertrieb wird bei einer ersten Präsentation vor allem interessieren, wie er unterstützt werden soll. Ein anderes Beispiel ist der Beginn einer neuen Verkaufsperiode. Sie wird oft von einem Kick-off-Meeting eingeleitet, in welchem dem Vertrieb neue Ziele und Wege vorgegeben werden. Auch bei diesen Gelegenheiten sollten Sie etwas zu bieten haben, das Sie dem Vertrieb mitgeben können.

Checkliste »Vertriebsunterstützung«

Für die Unterstützung des Vertriebs stehen Ihnen zum Beispiel folgende Möglichkeiten zur Verfügung.

- *Zielgruppe(n)* – Information darüber, welche Personengruppe(n) mit dem Produkt aktiv angesprochen werden sollen.
- *Positionierung* – Klarstellung, welchen Platz das Produkt in der Vorstellungswelt der Zielgruppe(n) einnehmen soll.
- *Information* über begleitende *Werbung* und *Public Relations* – Wann wird was in welchen Medien erscheinen, das dem Vertrieb nutzt?
- *Adresslisten* – Adressmaterial der Zielgruppen.
- *Fragenkatalog* – in Form eines Gesprächsleitfadens. Was sollte ein Verkäufer über einen möglichen Kunden des Produkts in Erfahrung bringen?
- *Argumentationshilfen* – Was sind die Highlights des Produkts?
- *Mitbewerbsvergleich* – Vergleich mit den wichtigsten Mitbewerbsprodukten.
- *Referenzliste* – Wer setzt das Produkt bereits ein (Pilotkunden)?
- *Prospekte* und alle anderen *Werbematerialen* für den persönlichen Verkauf, von der Demo-CD bis zum Schreibblock.

- *Muster* – alle Teile oder Erzeugnisse Ihres Produkts, die ein Verkäufer einem Interessenten gratis überlassen kann.
- *Preispolitik* – Klarstellung, warum das Produkt den vorgegebenen Preis hat.
- *Preislisten* – auch für Add ons und Serviceleistungen.
- *Finanzierungsmodelle* – zur Erleichterung der Investition.
- *Demogeräte* – damit der Vertrieb sich selbst mit dem Produkt vertraut machen kann und in die Lage kommt, das Produkt vorzuführen.
- *Konfigurationsbeispiele* – vor allem bei komplexeren Produktlinien.
- *Anwendungsbeispiele* – Für welche Zwecke kann das Produkt eingesetzt werden?
- *Offertbausteine* – Textbausteine, aus denen Angebote einfach zusammengesetzt werden können.

Checkliste: Product-Launch-Package

Anwendung: Wenn Sie dem Vertrieb ein neues Produkt übergeben, empfiehlt es sich als Unterstützungsmaßnahme, ein Launch-Package mitzureichen. Das Launch-Package ist eine Art »Betriebsanleitung für den Verkauf«. Mit dem Launch-Package bieten Sie alle produktbezogenen Informationen, die für den Verkauf Ihres Produkts von Interesse sind. Sie geben damit den Leuten im Vertrieb eine signifikante Arbeitserleichterung und unterstützen die schnelle Annahme Ihres Produkts. Wird das Launch-Package nicht für den eigenen Vertrieb, sondern für den Handel erstellt, findet man es auch unter dem Namen Dealer-Package.

Checkliste »Product-Launch-Package«

Ein Product-Launch-Package sollte folgende Abschnitte enthalten:

- ❏ *Produktübersicht:* detaillierte Beschreibungen der (Einzel-) Produkte, ihrer Funktionen und möglichen Anwendungen.
- ❏ *Preisinformationen:* Preise, Preispolitik, Händlerrabatte etc.
- ❏ *Werbemittel:* Prospektmuster, Präsentationsmittel, Mediaplan etc.
- ❏ *Marktdaten:* Informationen über die potenziellen Kunden.
- ❏ *Mitbewerb:* Produktvergleiche, Differenzierung etc.
- ❏ *Verkaufsunterstützung:* Argumentationshilfen etc.
- ❏ *Logistik:* Lieferzeiten, Bestellsystem etc.
- ❏ *Organisatorisches:* Zuständigkeiten, Telefonnummern etc.

Test: Beziehungen zum Vertrieb

Anwendung: Der Erfolg Ihres Produkts kann zu einem großen Teil davon abhängen, dass Sie Vertrieb beziehungsweise Handelspartner ausreichend motivieren. Der nachfolgende Testbogen dient Ihnen dazu, die Beziehungen zu diesem Personenkreis zu untersuchen. Er zeigt Ihnen, wie attraktiv Sie und Ihre Produkte für Ihre Partner im Vertrieb sind. Darüber hinaus erkennen Sie auf einen Blick Entwicklungs- und Verbesserungsmöglichkeiten.

Anleitung: Sie können auf zwei Arten vorgehen. Entweder Sie führen den Test selbst durch. Dazu versetzen Sie sich in die Lage des Vertriebs und bewerten die einzelnen Punkte *aus Sicht Ihrer Vertriebsmitarbeiter beziehungsweise Händler*. Oder Sie befragen Ihre Partner im Vertrieb, bilden Mittelwerte und tragen das Ergebnis im Testbogen ein. Sollte sich bei der Durchführung die Frage stellen, was genau die einzelnen Punkte bedeuten, so übersetzen Sie sie einfach wie folgt:

- *Endkundenakzeptanz:* Wie gut wird Ihr Produkt vom Endkunden aufgenommen?
- *Schulungen:* Wie attraktiv ist Ihr Schulungsangebot für Vertrieb und Handel? Bieten Sie neben Produktschulungen zum Beispiel auch Trainings zum Verkauf Ihrer Produkte?
- *Technische Unterstützung:* Sind Vertrieb und Handel mit Ihrer technischen Unterstützung zufrieden? Bieten Sie zum Beispiel Hilfestellung bei der Erstellung von Anwendungen, die auf Ihren Produkten basieren?
- *Endkundenpreis:* Wie zufrieden sind Vertrieb und Handel mit dem empfohlenen Endkundenpreis?
- *Handelsspannen/Provisionen:* Wie attraktiv sind die Margen, die über den Wiederverkauf Ihrer Produkte erzielt werden? Wie attraktiv sind die Provisionen, die Ihre Vertriebsleute für den Verkauf Ihrer Produkte erhalten?
- *Bestellsystem:* Ist Ihr Bestellsystem gut durchschaubar und einfach zu handhaben?
- *Lieferzeiten/Liefertreue:* Liefern Sie bei Bestelleingang rasch genug und halten Sie versprochene Lieferzeiten ein?
- *Geringe Mindestmengen:* Ist die Mindestbestellmenge aus Sicht Ihrer Händler niedrig genug?

- *Absatzförderung (Push):* Wie gut unterstützen Sie Vertrieb und Handel selbst bei ihren Absatzbemühungen?
- *Absatzförderung (Pull):* Wie gut unterstützen Sie Vertrieb und Handel durch Absatzförderung bei den Endkunden?
- *Informationsfluss zum Vertrieb:* Wie stetig und vollständig fließen Informationen von Ihnen zu Vertrieb und Handel?
- *Informationsfluss vom Vertrieb:* Wie leicht machen Sie es Vertrieb und Handel, »sich zu äußern«?

Test »Beziehungen zum Vertrieb«

In Abbildung 53 wird Ihnen ein Sheet für die Auswertung der Stärken und des Entwicklungspotenzials bei den Beziehungen zum Vertrieb an die Hand gegeben. Diese Abbildung ist auch auf der CD-ROM enthalten, die diesem Buch beiliegt.

Abbildung 53: Qualität der Handelsbeziehungen (Test)

	sehr gut	gut	aus- reichend	weniger gut	nicht gut
PRODUKT-Name:					
Datum:					
Produkt					
Endkundenakzeptanz	☐	☐	☐	☐	☐
Schulungen Vertrieb	☐	☐	☐	☐	☐
Technische Unterstützung	☐	☐	☐	☐	☐
Preis					
Endkundenpreis	☐	☐	☐	☐	☐
Handelsspannen/Provisionen	☐	☐	☐	☐	☐
Logistik					
Bestellsystem	☐	☐	☐	☐	☐
Lieferzeiten/treue	☐	☐	☐	☐	☐
Geringe Mindestmengen	☐	☐	☐	☐	☐
Absatzförderung					
Push (Vertrieb)	☐	☐	☐	☐	☐
Pull (Verbraucher)	☐	☐	☐	☐	☐
Informationsfluss					
zum Vertrieb	☐	☐	☐	☐	☐
vom Vertrieb	☐	☐	☐	☐	☐

Beurteilung: Alles, was mit »sehr gut« oder »gut« bewertet ist, gehört zu Ihren Stärken. Vertrauen Sie auf sie und bauen Sie sie weiter aus. Die Zeilen, in denen »weniger gut« und »nicht gut« aufscheint, sind Ihr Entwicklungspotenzial. Hier bieten sich zusätzliche Chancen, Vertrieb und Handel weiter zu motivieren und an Sie und Ihr Produkt zu binden.

Test: ABC-Analyse

Anwendung: Die ABC-Analyse ist ein Verfahren zum Erkennen wichtiger Klassen von Kunden, Händlern, Lieferanten oder auch Produkten. Sie hilft Ihnen zum Beispiel dabei, die Frage zu beantworten, von welchen Händlern Ihre Produktlinie getragen wird. Die Frage kann sich auf einen konkreten Händlerkreis (»Wer sind die Topkunden?«) oder einen bestimmten Händlertypus (»Welche Art von Vertriebspartnern kauft hauptsächlich?«) beziehen.

Test »ABC-Analyse Vertriebspartner«

Im ersten Schritt reihen Sie Ihre Vertriebspartner nach dem Jahresumsatz. Dann ermitteln Sie für jeden Partner den prozentualen Anteil am Gesamtumsatz. Die Prozentsätze summieren Sie zu einem kumulierten Wert auf. Schließlich ordnen Sie, je nach den festgelegten Grenzen, Ihre Händler den Klassen A, B oder C zu.

Die Klassengrenzen werden in der Praxis meist als 80 Prozent (A), 15 Prozent (B) und 5 Prozent (C) festgelegt.

Im Folgenden wird Ihnen ein Beispiel für eine ABC-Analyse von sechs Handelspartnern eines Unternehmens gegeben:

Händler	Umsatz TS	Prozent	Prozent (kumuliert)	Klasse
6	5 000	50	50	A
1	2 000	20	70	A
4	1 200	12	82	A
2	1 000	10	92	B
3	500	5	97	B
5	300	3	100	C

Das Unternehmen verfügt über drei A-Händler, denen es besondere Aufmerksamkeit widmen sollte. Sie bringen in der Summe 82 Prozent des Umsatzes. Die zwei B-Händler generieren 15 Prozent des Gesamtumsatz, der eine C-Händler lediglich 3 Prozent.

Beurteilung: Die Ergebnisse einer ABC-Analyse fügen sich meist dem Pareto-Prinzip. Es sagt aus, dass ein Unternehmen beziehungsweise eine Produktgruppe mit 20 Prozent seiner Kunden 80 Prozent seines Umsatzes macht. Wichtig ist, diese A-Kunden zu kennen und einer entsprechend entgegenkommenden Behandlung zu unterziehen. Das heißt aber nicht, dass Sie die Vertreter der Klassen B und C vernachlässigen sollten. Aus ihnen rekrutieren sich vielleicht die A-Kunden der Zukunft.

Anmerkung: Die ABC-Analyse können Sie vielseitig verwenden, zum Beispiel auch für die Analyse Ihrer Produktlinie. Die Fragestellung lautet dann, mit welchen Produkten erzielen Sie 80 Prozent, 15 Prozent beziehungsweise 5 Prozent Ihrer Deckungsbeiträge?

Kapitel 14
Die Promotion

P wie Promotion

Das vierte P in Ihrem Marketing-Mix steht für Promotion – die Absatzförderung Ihres Produkts. Promotion umfasst alle Aktivitäten, mit denen Sie Ihr Produkt bei Ihrer Zielgruppe bekannt machen: Werbung, Öffentlichkeitsarbeit, Verkaufsförderung und persönlicher Verkauf. Wenn Sie die Instrumente dieser vier Kategorien aufeinander abstimmen und im Verbund einsetzen, können Sie von einem weiteren Mix, Ihrem Promotion-Mix, sprechen.

Der Promotion-Mix

Die Zusammenstellung von Instrumenten, die Sie in Ihrer Absatzförderung nutzen, nennt man den Promotion-Mix. Erst der zielgerichtete und abgestimmte Einsatz der einzelnen Instrumente bewirkt optimale Ergebnisse. Den Promotion-Mix zeigt Abbildung 54.
   Verbindendes Element ist, analog zum Marketing-Mix, die Positionierung Ihres Produkts: Ihre Zielgruppe erhält aus allen Kanälen und bei allen Kontakten dieselbe Botschaft.

Im Folgenden finden Sie einen Überblick über die vier Bereiche, aus denen sich ein Promotion-Mix zusammensetzt:
- *Werbung* (engl. *advertising*) ist bezahlte Präsentation über Medien. Beispiele sind die klassischen Anzeigen, Radio-, TV- und Kinospots, Plakate, Broschüren, aber auch neuere und »exotischere« Medien wie CD-ROMs oder Internet-Seiten. Werbung ist eben sehr varian-

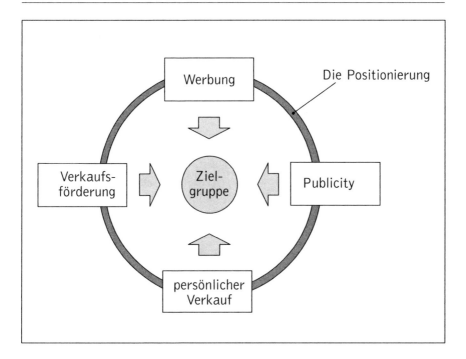

Abbildung 54: Promotion-Mix

tenreich. Allen Ausprägungen gemeinsam ist, dass sie öffentlichen Charakter haben. Sie vermitteln mit Werbung, dass das angebotene Produkt standardisiert und rechtmäßig ist. Ihr Kunde erhält die subjektive Sicherheit, keinen Schrott zu kaufen.

Ein weiterer Vorteil von Werbung ist, dass sie (zum Beispiel im Vergleich zu Verkaufsgesprächen) beliebig oft wiederholbar ist. Jede gewünschte Anzahl von Kontakten mit der Zielgruppe lässt sich einfach »einkaufen«. Nachteile des Instruments Werbung sind, dass sie durch den Medieneinsatz hohe Kosten verursacht und immer unpersönlich bleibt.

- *Publicity* ist nicht bezahlte Berichterstattung durch Dritte. Ihre Öffentlichkeitsarbeit (engl. *public relations*) dient dazu, sie hervorzurufen. Klassische Beispiele für solche – nicht bezahlten – Erfolge sind Pressemeldungen, Test- oder Erfahrungsberichte auf Veranstaltungen, so etwa von Branchenverbänden. Die Berichterstattung durch Dritte hat einen großen Vorteil: Sie ist sehr glaubhaft. Der Inhalt redaktioneller Beiträge wird von potenziellen Kunden viel leichter angenommen als der von bezahlten Anzeigen. Darüber hinaus fallen nur geringe Kosten an, da die Berichterstattung eben nicht bezahlt werden muss. Wesentlich für erfolgreiche Öffentlichkeitsarbeit ist, dass sie Storys bietet, die tatsächlich von öffentlichem Interesse sind und somit beispielsweise von Redaktionen aufgegriffen werden.

- Unter dem Begriff *Verkaufsförderung* (engl. *sales promotion*) fasst man alle kurzfristig wirkenden Kaufanreize zusammen: Gewinnspiele, Abverkäufe, Wettbewerbe, Sonderprämien usw. Verkaufsförderung hat eine ganz spezielle Botschaft. Während Werbung und Öffentlichkeitsarbeit vermitteln: »Das sollten Sie kaufen«, sagt die Verkaufsförderung: »Kaufen Sie jetzt!« Aktionen dieser Art haben daher nur einen Sinn, wenn Ihre Zielgruppe bereits einen hohen Informationsstand über Ihr Produkt hat. Was man nicht kennt, kauft man auch dann nicht, wenn es nur die Hälfte kostet.

    Verkaufsförderung kann auf verschiedenen Ebenen betrieben werden: auf Kundenebene, auf Ebene der Händler und beim eigenen Verkaufsaußendienst.

    Der große Vorteil aller Verkaufsförderungsaktionen ist, dass sie in sofortigen Absatz münden. Sie können sie daher auch als Steuerinstrument (zum Beispiel für Lagerbereinigung oder zur Erreichung kurzfristiger Umsatzziele) einsetzen. Der Nachteil der Verkaufsförderung ist, dass sie nur kurzfristig wirkt. Produktpräferenzen lassen sich damit keine aufbauen.

- Unter dem *persönlichem Verkauf* (engl. *personal selling*) schließlich fasst man alle persönlichen Präsentationen von Produkten zusammen: beim Kunden, auf Messen, am Telefon, in Schulungen, auf Tagungen usw. Der persönliche Verkauf ist das stärkste und wirkungsvollste Instrument der Absatzförderung. Er ist die einzige Form von Kontakt, bei der sich Ihr Kunde zu einer Reaktion verpflichtet fühlt – und wenn es nur ein schlichtes »Nein« ist. Der alleinige Nachteil sind die hohen Kosten des direkten Verkaufsgesprächs. Darin ist auch der Grund zu suchen, warum dem persönlichen Verkauf nur auf dem Investitionsgütermarkt eine hohe Bedeutung zukommt. Konsumgüter dagegen haben, mit der Ausnahme von Luxusartikeln, viel zu geringe Spannen, um ausgedehnte Verkaufsgespräche zu finanzieren.

Promotion als Mix

Für Ihre Promotion ist entscheidend, dass Sie alle eingesetzten Instrumente im Verbund arbeiten lassen – nicht umsonst heißt es Promotion-*Mix*. Der Verkauf muss dieselben Aussagen treffen wie die Anzeigen, und die Mailings müssen auf denselben Kerngedanken anspielen wie die Pressemeldungen. Denn auch in der Promotion gilt: Gemeinsam wird mehr erreicht.

Promotion: Abstimmung gefragt

Stellen Sie sich vor, Sie interessieren sich für einen neuen Laserdrucker. In einem Produktbericht einer Fachzeitschrift fällt Ihnen ein bestimmtes Gerät auf, das wegen seiner hohen Robustheit gelobt wird. Sie besorgen sich Informationen vom Hersteller. Der Text auf dem Datenblatt stellt ein anderes Produktmerkmal in den Mittelpunkt: der große, serienmäßig eingebaute Speicher. Als Sie schließlich mit einem Verkäufer über das Produkt sprechen, hören Sie von ihm fast nur Argumente, die sich auf das gute Markenimage des Herstellers beziehen.

Das ist ein Beispiel dafür, wie Absatzförderung wirkt, wenn kein Promotion-Mix ausgearbeitet wurde: Sie werden als Interessent mit verschiedenen Instrumenten (Öffentlichkeitsarbeit, Werbung, persönlicher Verkauf) konfrontiert, die alle unterschiedliche Merkmale und Eigenschaften in den Mittelpunkt stellen. Abgesehen von der Verwirrung, die bei Ihnen ausgelöst wird, braucht es unnötig lange, bis das Gerät in Ihrem Bewusstsein eine eindeutige Stellung einnehmen kann.

Machen Sie mit Ihren eigenen Produkten nicht denselben Fehler. Stellen Sie sicher, dass alle Instrumente Ihrer Absatzförderung dasselbe behaupten. Ihr Produkt erreicht auf diesem Weg viel schneller eine klare Position im Bewusstsein Ihrer Kunden.

Wie Sie an diesem Beispiel sicherlich erkannt haben, spielt die Positionierung Ihres Produkts auch in der Promotion eine zentrale Rolle. Sie ist der Kern dessen, was Sie über die Absatzförderung an Ihre Zielgruppe kommunizieren. Neben der Positionierung spielen für die Zusammenstellung Ihres Promotion-Mix einige weitere Faktoren eine Rolle:

- In der vordersten Reihe der Einflussfaktoren steht natürlich Ihr *Produkt* selbst (beziehungsweise die Art seines Marktes). Handelt es sich um ein Konsumgut, so überlassen Sie Werbung und Verkaufsförderung den größten Part. Öffentlichkeitsarbeit ist von geringerer Bedeutung. Intensivere Bemühungen im persönlichen Verkauf werden bei den geringen Gewinnspannen meist überhaupt nicht möglich sein. Für Investitionsgüter liegt der Fall völlig anders, wenn nicht gar konträr. Hier übertragen Sie dem persönlichen Verkauf die größte Bedeutung. Verkaufsförderung, Werbung und Öffentlichkeitsarbeit lassen Sie als eine Art »Luftunterstützung« der Bemühungen im direkten Kundenkontakt wirken.
- Auch das *Alter Ihres Produkts* ist für die Zusammensetzung Ihres Promotion-Mix wichtig. Ist Ihr Produkt jung (Einführungs- und Wachstumsphase), so ist es Ihre Hauptaufgabe, es am Markt bekannt zu machen. Werbung und Öffentlichkeitsarbeit kommt eine dementsprechend hohe Bedeutung zu. Gelingt es Ihrem Produkt in der Folge, »erwachsen« zu werden (Reifephase), so haben Sie sich zwar Ihre Marktanteile erkämpft, müssen aber nun gegen eine zunehmende Anzahl von Mitbewerbern ankämpfen. Das ist der Grund für die große Bedeutung der Verkaufsförderung in der Reifephase. Es geht darum, Ihre eigenen Marktanteile mit allen Mitteln zu verteidigen. Mit dem Ende Ihres Produkts (Rückgangsphase) wird erneut eine Änderung des Promotion-Mix notwendig. Erinnernde Werbung und gelegentliche Verkaufsaktionen sind dazu geeignet, Ihr Produkt noch einige Zeit am Markt zu halten.
- Eng verbunden mit dem Alter Ihres Produkts wird meist der *Informationsstand Ihrer Zielgruppe* sein. Ist Ihr Produkt für Ihre Zielgruppe noch neu, so geht es im ersten Schritt darum, Bekanntheit Ihres Produkt(namens) und allgemeine Kenntnis der Produkteigenschaften zu erreichen. Die besten Mittel dafür sind informierende Werbung und Öffentlichkeitsarbeit. Ist dagegen Ihr Produkt Ihrer Zielgruppe bereits bekannt, so liegt Ihre Hauptaufgabe darin, eine Präferenzierung gegenüber Mitbewerbsprodukten und schließlich den Kauf zu erreichen. Dafür können Sie überzeugende Werbung, Verkaufsförderung und den persönlichen Verkauf einsetzen.

> **Dynamik beachten!**
>
> Ein Promotion-Mix ist eine veränderliche Größe. Was bei der Einführung die Formel für den Erfolg war, kann in einer späteren Phase das Rezept für eine Niederlage sein. Überprüfen Sie laufend, ob die gewählte Zusammenstellung von Kommunikationsmitteln Ihrem Produkt und der aktuellen Marktsituation gerecht wird.

Ihre praktische Aufgabe als Produktmanager wird vor allem darin bestehen, die Zusammensetzung Ihres Promotion-Mix festzulegen und die operative Umsetzung zu steuern und zu überwachen.

Die folgenden vier Abschnitte geben Ihnen daher speziell dafür Hinweise, wie Sie als Produktmanager mit den vier Instrumenten des Promotion-Mix am besten verfahren und sie effizient für Ihr Produkt nutzen.

Werbung: Arbeiten mit Fremdleistern

Die kreative Gestaltung von Werbemitteln wird wahrscheinlich nicht zu Ihren Aufgaben als Produktmanager gehören. Für diesen Aspekt der Werbung sei auf das große Angebot spezieller Literatur verwiesen. Was uns aber in unserem Zusammenhang an Werbung sehr wohl interessieren muss, ist ihre Funktion und die Frage, wie Sie zu effizienten Werbemitteln kommen.

> **Werbung: Bezahlte Fürsprecher**
>
> Unter dem Begriff Werbung fasst man alle bezahlten Präsentationen über Medien zusammen. Beispiele sind die klassischen Anzeigen, Radio-, TV- und Kinospots, Plakate, Broschüren, aber auch, wie gesagt, die neueren und »exotischeren« Medien wie CD-ROMs oder Internet-Seiten. Allen Ausprägungen gemeinsam ist, dass sie öffentlichen Charakter haben. Werbung vermittelt, dass das angebotene Produkt standardisiert und rechtmäßig ist. Der Kunde erhält die subjektive Sicherheit, keinen Schrott zu kaufen.

> Ein weiterer Vorteil von Werbung ist, dass sie beliebig oft wiederholbar ist. Jede gewünschte Anzahl von Kontakten mit der Zielgruppe lässt sich einfach »einkaufen«. Nachteile des Instruments Werbung sind, dass sie durch den Medieneinsatz hohe Kosten verursacht und immer unpersönlich bleibt.

Bei der Erstellung Ihrer Werbemittel werden Sie es oft mit unternehmensfremden »Mitarbeitern« zu tun haben. Ob es sich bei diesen Fremdleistern um Freiberufler oder Leute aus einer Agentur handelt, wird von den Gepflogenheiten in Ihrem Unternehmen und Ihren eigenen Anforderungen abhängen. Wenn Sie in diesem Punkt eine Wahl haben, orientieren Sie sich an folgenden Grundsätzen: Die Zusammenarbeit mit einer Agentur mündet für Sie in einer Komplettlösung und hält dabei Ihren persönlichen zeitlichen Aufwand gering. Das Ganze ist aber relativ teuer. Ein Team von Freiberuflern (zum Beispiel Konzeptionist, Texter und Grafiker) schont Ihr Budget, bedeutet aber erhöhten Einsatz von Ihnen selbst.

Wie auch immer Sie sich entscheiden – Ihr Ziel bei der Auswahl von Fremdleistern sollte sein, Partner zu finden, mit denen eine längerfristige Zusammenarbeit auf der Basis gegenseitigen Vertrauens möglich ist. Eine dauerhafte Kooperation bringt nicht nur höhere Qualität, sondern ist auch kostengünstiger als ständiger Wechsel.

Auswahl von Fremdleistern

Wenn Sie sich auf die Suche nach einem Fremdleister (speziell Ihrem Werbepartner) machen, behalten Sie folgende Punkte im Auge:

- *Vertrauensbasis:* Bedenken Sie, die Beziehung zu Ihrem künftigen Werbepartner wird ein »Näheverhältnis« sein. Es wird notwendig werden, ihm vertrauliche Informationen über Ihre Produkte, Ihren Markt, Ihre Mitbewerber und die Situation Ihres Unternehmens zugänglich zu machen. Achten Sie von vornherein darauf, ob Sie Ihrem neuen Geschäftspartner vertrauen können. Überprüfen Sie seine Referenzen.
- *Arbeitsklima:* Sie werden einige Zeit mit Ihren Fremdleistern verbringen. Überprüfen Sie vorab, ob Sie zu den Personen, mit denen

Sie dann tatsächlich arbeiten werden, eine angenehme Arbeitsbeziehung aufbauen können.
- *Alter des Unternehmens:* Mögliche Werbepartner, die gerade im Aufbau begriffen sind und sich erst einen Namen machen müssen, werden sich besonders anstrengen. Als Auftraggeber kommen Sie wahrscheinlich zu mehr Leistung für weniger Geld.
- *Wirtschaftliche Situation:* Suchen Sie sich Fremdleister, von denen man annehmen darf, dass sie auch in ein oder zwei Jahren noch bestehen – die Werbebranche ist sehr schnelllebig. Meiden Sie Werbepartner, die Ihren Etat unbedingt benötigen. Das Gleiche gilt für Fremdleister, deren Existenz an einem einzigen großen Auftraggeber hängt.

Grundlegende Abmachungen mit Ihren Werbpartnern wie Honorarsätze für Konzepterstellungen, Abschlagshonorare, Provisionen, Copyrights usw. sollten Sie möglichst früh klären. Ihre Fachkenntnisse und ihr kreatives Potenzial können Sie am besten nutzen, wenn Sie sie gut informieren. Stellen Sie ihnen relevante Informationen freiwillig, selbstständig und vollständig zur Verfügung. Je umfassender sie informiert und einbezogen werden, umso effizienter arbeiten sie am Produkterfolg mit.

Auch Werbeleute sind Menschen!

Zwischen Produktentwicklung und Werbeleuten herrscht nicht immer gerade das beste Einvernehmen. Der Hauptgrund dafür ist, dass hier zwei völlig unterschiedliche Welten aufeinander treffen. Das Reich der Technik und die Hochburgen der Kreativität tun sich nicht immer leicht, fruchtbringende Symbiosen einzugehen.

Viele der Barrieren zwischen den beiden Bereichen ergeben sich aus unterschiedlichen Denk- und Verhaltensmustern. Der sachlich-analytische Techniker sieht die Dinge nun einmal anders als der kreative Konzeptionist. Ganz beseitigen werden sich diese Gegensätze wohl kaum lassen.

Ein geschickter Produktmanager kann aber viele der Gegensätze überbrücken, wenn er weiß, wie er den richtigen Werbepartner aussucht, sich seiner Arbeitsweise anpasst und ihn effizient informiert.

Indem Sie als Produktmanager Ihre Schnittstellenfunktion zwischen Technik und Werbung wahrnehmen, verhindern Sie die Entwicklung der beschriebenen Fronten. Wichtigstes Instrument bei dieser Arbeit ist die umfassende und vollständige Information Ihres Werbepartners durch das so genannte Briefing. Egal, ob es sich um Ihre eigene Werbeabteilung, eine externe Werbeagentur oder ein Team von Freiberuflern handelt – das Briefing ist für Ihre Werbeleute der Ansatzpunkt ihrer Arbeit. Eine Gliederung für den Aufbau eines Briefings finden Sie im Anhang dieses Kapitels.

> **Briefing ist eine Bringschuld!**
>
> Fassen Sie die umfassende und vollständige Information Ihres Werbepartners als Bringschuld auf. Niemand hat etwas davon, wenn die Werbeleute den Informationen zu Ihrem Produkt nachlaufen müssen. Ihr Werbepartner nicht, weil er seine Arbeit nicht zufrieden stellend erfüllen kann. Und Sie nicht, weil sie auf diesem Weg wahrscheinlich keine wirkungsvollen Kommunikationsmittel in die Hand bekommen.

Publicity: Gute Nachrede

Publicity ist, speziell für Investitionsgüter, einer der wirkungsvollsten Wege zu überzeugten Kunden. Der Grund dafür liegt in der hohen Glaubwürdigkeit der Aussagen Dritter. Der Meinung einer unbeteiligten Person vertraut man intuitiv viel eher als einer Werbeanzeige oder den Aussagen eines Verkäufers.

> **Publicity und PR**
>
> Unter *Publicity* versteht man jede Form von nicht bezahlter Berichterstattung durch Dritte. Das werden in erster Linie redaktionelle Beiträge in Medien sein. Sie kann auch in anderen Formen auftreten, wie zum Beispiel als Erfahrungsbericht eines Branchenverbands.

Public Relations, kurz PR, sind alle Aktivitäten, die Sie oder Ihr Unternehmen setzen, um Publicity zu erhalten. Auch Öffentlichkeitsarbeit genannt, haben diese Aktivitäten den Vorteil eines hervorragenden Preis-Leistungs-Verhältnisses. Es fallen eben nur Kosten für die eigenen PR-Aktivitäten an – die Berichterstattung selbst ist gratis.

Mit den Agenden der Öffentlichkeitsarbeit ist in Ihrem Unternehmen möglicherweise ein eigener Mitarbeiter oder eine Abteilung betraut. In manchen Fällen werden sie von einer externen PR-Agentur wahrgenommen. Ob Sie nun die PR für Ihr Produkt selbst durchführen oder sich solcher Hilfe bedienen können, ändert nicht viel. Sie müssen in jedem Fall wissen, wie Sie zu einem starken Medienauftritt für Ihr Produkt kommen können. Denn auch Ihre eigenen PR-Leute brauchen Stoff, den sie erfolgreich verwerten können. Hier daher die wichtigsten Grundsätze, die Ihnen zu einem starken Medienauftritt für Ihr Produkt verhelfen:

- *Leicht machen:* Journalisten leben zum Teil von Zeilenhonoraren. Auf alle Fälle stehen die meisten von ihnen unter hohem Zeitdruck. Ziehen Sie daraus Ihre Konsequenzen und liefern Sie Geschichten über Ihr Produkt, die praktisch »vorgefertigt« und leicht umzusetzen sind. Auch beigefügtes Bildmaterial hilft.
- *Nachschieben:* Mitarbeiter in Redaktionen bekommen jeden Tag einen Meter Post und werden Ihre Zusendung wahrscheinlich genauso ignorieren wie vieles andere. Nachtelefonieren einer Presseaussendung erhöht Ihre Erfolgsrate enorm. Eine ergänzende Möglichkeit ist es, eine ungewöhnliche Verpackung für die Aussendung zu verwenden. Diese kann Ihnen dann im Telefonat als Anhaltspunkt dienen.
- *Der Leser zählt:* Auch Medien haben eine Zielgruppe – ihre Leser. Mögliche Beiträge werden daher in Redaktionen nur nach diesem Maßstab beurteilt. Daraus folgt, dass Sie Ihre Story so aufbereiten müssen, dass sie etwas »Neues« bietet, etwas, was von öffentlichem Interesse ist.
- *Beziehungen aufbauen:* Wie überall im Geschäftsleben, so ist auch in der Pressearbeit die persönliche Beziehung der Schlüssel zum langfristigen Erfolg. Sobald Journalisten von Ihnen ein oder zwei

Storys bekommen haben, die für sie brauchbar und einfach zu handhaben waren, werden sie weiteren Zusendungen von Ihnen erhöhte Aufmerksamkeit schenken. Bauen Sie Kontakte in Redaktionen auf, fragen Sie nach, was helfen würde und was für die Leser des Mediums interessant wäre.

- *Leser aktivieren:* Eine Chance, die fast immer vergeben wird, besteht darin, dass dem Leser eine Möglichkeit zur Rückmeldung geboten werden kann. Oft platzieren Unternehmen Beiträge über Ihre Produkte, ohne dass der Leser aktiviert wird. Dementsprechend gering sind dann meistens die Rückläufe. Bieten Sie daher in jedem Pressetext dem Leser ein Gratiszuckerl an, das er bei Ihnen anfordern kann. Sie kommen auf diese Weise zu interessanten Leads.

Stoff für PR

Öffentlichkeitsarbeit ist ein kostengünstiges und sehr wirksames Instrument zur Förderung Ihrer Produkte. Wesentlich für den Erfolg Ihrer PR-Arbeit ist, dass Sie Nachrichten bieten, die tatsächlich von öffentlichem Interesse sind. Durchforsten Sie Ihren Produktbereich nach folgenden Gesichtspunkten – wahrscheinlich schlummert auch bei Ihnen die eine oder andere tolle Story:

- Neuentwicklungen,
- Kooperationen,
- Projekte, die besonderes technisches Know-how erfordern,
- unternehmensinterne Anwendung spezieller Verfahren sowie
- Erfolgsberichte.

Verkaufsförderung: Kaufen Sie jetzt!

Aktionen der Verkaufsförderung sind kurzfristig wirkende Kaufanreize, mit denen Sie den Absatz Ihres Produkts fördern. Während Ihre Werbung und Öffentlichkeitsarbeit vermitteln »Das sollten Sie kaufen«, sagen Ihre Sales Promotions: »Kaufen Sie jetzt!«

Sales Promotions: Rascher Absatz

Aktionen, die kurzfristig den Verkauf eines Produkts fördern, werden unter der Bezeichnung Sales Promotions geführt. Die möglichen Anreize sind so vielfältig wie die Menschen selbst: Gutscheine, Wettbewerbe, Preisausschreiben, Gewinnspiele, Nachlässe, Prämien und vieles mehr sind geeignet, zum Kauf zu motivieren. Mit Sales Promotions bauen Sie eine Brücke zum Kunden, um ihm die endgültige Entscheidung zu erleichtern.

Sales Promotions haben ein weites Anwendungsfeld – Sie können sie auf drei verschiedenen Ebenen Ihres Vertriebs einsetzen: auf der Verbraucherebene, auf der Ebene Ihrer Handelspartner und auf der Ebene Ihres eigenen Vertriebs.

- *Consumer Promotions* wenden sich direkt an Ihre Verbraucher. Beispiele sind Gewinnspiele, Sonderangebote für bestimmte Zeiträume, Messeangebote oder Wettbewerbe.
- *Trade Promotions* sprechen Ihre Handelspartner an und fördern auf diese Weise den Absatz. Zugaben bei größeren Bestellmengen, Display- oder Werbenachlässe motivieren Vertriebspartner.
- *Salesforce Promotions* aktivieren Ihre eigene Vertriebsmannschaft. Verkaufswettbewerbe und -prämien lenken die Aufmerksamkeit Ihrer Verkäufer auf das geförderte Produkt.

Voraussetzung: Produkt bereits bekannt!

Sales Promotions wirken nur dann, wenn Ihre Zielgruppe Ihr Produkt schon gut kennt und den Erwerb bereits in Erwägung gezogen hat. Sie sind im Grunde nichts anderes als eine Aufforderung, nicht länger mit dem Kauf zu warten – der Wunsch nach einem Produkt dieser Art muss bereits bestehen. Sales Promotions eignen sich also hervorragend, um die Verkäufe eines bereits gut eingeführten Produkts anzukurbeln. Nicht geeignet sind sie dafür, eine Innovation auf dem Markt einzuführen oder längerfristige Präferenzen aufzubauen. Ein Produkt, von dem man noch nicht weiß, ob man es haben will, kauft man auch dann nicht, wenn man etwas zusätzlich geschenkt bekommt.

Sales Promotions sind zwar nicht geeignet, längerfristige Präferenzen für Ihr Produkt aufzubauen, sie können Sie aber sehr wohl als taktisches Instrument einsetzen. Manche Unternehmen haben fertige Sales Promotions längere Zeit in der Schublade liegen. Beim ersten Auftauchen von gleichen Produkten des Mitbewerbs bringen sie sie zum Einsatz und erschweren so den Konkurrenten, in den Markt einzudringen.

Sales Promotions sind also wesentlich mehr als bloße Verkaufsaktionen. Einer der Gründe, warum sie so selten durchgeführt werden, liegt darin, dass sie eine gute Koordination mehrerer funktionaler Bereiche voraussetzen. Um den gewünschten Effekt zu erzielen, müssen Marketing, Vertrieb und Logistik perfekt zusammenspielen. Eine weitere Chance also für engagierte Produktmanager. – Eine Checkliste für die Vorbereitung einer Sales Promotion finden Sie am Ende dieses Kapitels.

Verkauf: Direkter Kontakt

Sie werden sich vielleicht fragen: Was hat ein Produktmanager mit Verkauf zu tun? Nun, jede Menge. Denn erstens sollte ein Produktmanager in der Lage sein, seine Ideen, Konzepte und Vorstellungen selbst zu verkaufen; und zweitens ist es eine seiner wesentlichsten Aufgaben, die Arbeit des Verkaufs zu unterstützen. Beides bedingt, dass ein Produktmanager mit den wesentlichen Prinzipien von Vertrieb und Verkaufstechnik vertraut ist.

Verkauf: An vorderster Front

Der Verkäufer steht an der vordersten Front Ihres Unternehmens. Seine Bedeutung leitet sich daraus ab, dass viele Produkte (speziell im Investitionsgüterbereich) sich ohne erfahrene Vertriebsmitarbeiter überhaupt nicht absetzen lassen. Denn der persönliche Verkauf ist das einzige Instrument im Promotion-Mix, bei dem die Kommunikation in beiden Richtungen verläuft. Beim Lesen einer Anzeige oder PR-Story fühlt sich niemand zu einer Reaktion verpflichtet – in einem persönlichen Gespräch schon. Das bedeutet, dass die Auseinandersetzung des Kunden mit Ihrem Produkt in einem Verkaufsgespräch wesentlich dichter ist als bei allen anderen Gelegenheiten. Diese Interaktion führt schließlich – wenn durch einen geschickten Verkäufer gesteuert – zum Abschluss.

Verkaufstechnik selbst kann hier kein Thema sein. Über den Verkauf sind so viele Bücher geschrieben worden, dass man sein ganzes Leben mit ihrem Studium verbringen könnte. Es wurden die unterschiedlichsten Modelle und Techniken entworfen, die alle ein Ziel haben: Die Verhältnisse in dem Dreieck Verkäufer–Produkt–Käufer so zu gestalten, dass sie in einen Austauschprozess münden. An dieser Stelle sei nur angemerkt, dass alle Modelle eine Gemeinsamkeit aufzeigen: Das zentrale Element im Verkauf ist die Frage und ihr Einsatz. Erfolgreiche Verkäufer sind also nichts anderes als geschickte Psychologen, welche die Realität ihres Gegenübers gezielt erforschen und die daraus folgenden Erkenntnisse in einem bestimmten Sinn nutzen.

Wie kann also ein Produktmanager den Vertrieb konkret unterstützen? Die Antwort lautet: mit allem, was dem Verkäufer hilft, das Dreieck Verkäufer–Produkt–Kunde in einer Weise zu gestalten, dass es zu einem Abschluss kommt. Das sind im Grunde alle Tools, die Bedarfserhebung und Argumentation im persönlichen Gespräch unterstützen. Die Möglichkeiten reichen von professionellen Produktunterlagen über Argumentationshilfen bis zu Mitbewerbsvergleichen. Welche Mittel den Verkauf am besten unterstützen, hängt jeweils vom Produkt, vom Markt und vom Unternehmen ab. Auch in diesem Fall ist ein Produktmanager also gut beraten, den Dialog zu suchen und den Bedarf eines anderen Bereichs – in diesem Fall des Vertriebs – zu erheben.

Verkauf: Die ungeliebte Macht

Verkäufer stehen oft unter großem Druck. Denn sie sind diejenigen, die für den Kunden an erster Stelle Ihre Organisation repräsentieren. Auf emotionaler Ebene sind die Verkäufer diejenigen, die in den Augen des Kunden die Verantwortung tragen. Gleichzeitig sollen sie Umsatzziele erfüllen und unterliegen darüber hinaus auch noch oft dem unausgesprochen Vorwurf, ein unsauberes, manipulatives Gewerbe zu betreiben. Als Folge ist in vielen Unternehmen eine Art Abkapselung des Vertriebs zu beobachten.

Als Produktmanager können Sie keinen größeren Fehler machen, als eine solche Abkapselung persönlich zu nehmen. Wenn Sie eine Situation dieser Art vorfinden, gehen Sie trotzdem immer wieder offen auf die Vertriebsmitarbeiter zu und signalisieren Sie Ihre Bereitschaft zur Zusammenarbeit. Im Laufe der Zeit wird sich die Lage – zumindest was die Beziehung Produktmanagement und Vertrieb betrifft – deutlich entspannen.

Das Prinzip der Wiederholung

Da Sie jetzt Ihre Möglichkeiten in den vier Elementen des Promotion-Mix kennen, wenden wir uns noch einer weiteren wichtigen Dimension der Absatzförderung zu: der Zeit.

Absatzförderung betreiben heißt kommunizieren. Damit Ihre Kommunikation wirksam sein kann, müssen Sie die zu transportierende Information ausreichend oft wiederholen. Damit das, was Sie zu sagen haben, ins Unterbewusstsein Ihrer zukünftigen Kunden einsickert und schließlich zum Kaufwunsch führt, muss es viele Male empfangen werden. Eine der wichtigsten Regeln erfolgreicher Kommunikation ist daher schlichtweg ständige Wiederholung. So simpel dieser Leitsatz auch klingt – oft genug wird gegen ihn verstoßen: Kommunikationslinien und -wege werden abrupt geändert oder ganze Kampagnen zu früh gestoppt.

Der Time-Lag

Ihre Kommunikation wirkt stets mit einer Zeitverzögerung. Der Grund dafür liegt darin, dass eine ausreichend hohe Anzahl von Wiederholungen notwendig ist, um einen Besitzwunsch zu wecken. Außerdem entsteht Vertrauen bei Ihren Kunden erst dann, wenn Sie über einen längeren Zeitraum Beständigkeit beweisen. Den zeitlichen Abstand zwischen dem Aussenden einer Botschaft und deren Eintreffen beim Empfänger zeigt Abbildung 55.

Halten Sie durch, was Sie beginnen. Wenn Sie eine Kampagne starten, gönnen Sie sich mindestens drei bis sechs Monate, bis sich Ihre Maßnahmen in Verkäufen niederschlagen. Lassen Sie sich nicht zu groben Änderungen oder gar zur Aufgabe hinreißen, wenn Ihre Verkaufszahlen nach vier Wochen noch nicht steigen. Bleiben Sie standhaft und schützen Sie Ihre Investition.

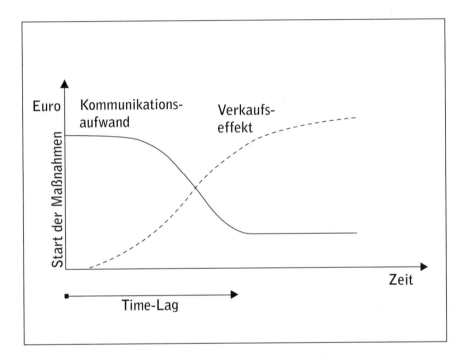

Abbildung 55: Zeitlicher Abstand zwischen dem Beginn der Werbung und deren Wirkung

Sie müssen also Ihre potenziellen Kunden oft genug erreichen, bis sich ein positiver Effekt im Absatz einstellt. Ein wesentlicher Aspekt ist daher, dass Sie genügend Ausdauer aufbringen, bis sich Ihre Kommunikationsmaßnahmen tatsächlich in Erträgen niederschlagen. Im Schnitt muss eine Information fünf- bis zehnmal aufgenommen werden, bis ein Kunde den Kauf in Erwägung zieht. Leider geht eine große Anzahl von Versuchen, den Kunden zu erreichen, »daneben« (ein Mailing wird weggeworfen, eine Anzeige übersehen etc.). Es lässt sich leicht ausrechnen, dass einige Dutzend Kontaktversuche notwendig sind, um die benötigte Zahl zu erreichen. Erschwerend kommt noch dazu, dass sich Kampagnen zeitlich nicht beliebig straffen lassen. Die Kontakte müssen über einen ausreichend langen Zeitraum erfolgen, damit sich bei Ihrer Zielgruppe Vertrauen in Ihr Angebot bildet. Daraus ergibt sich, dass es einiger Investitionen bedarf, um mit Kommunikation ein Ergebnis zu erzielen. Den notwendigen persönlichen Einsatz und die finanziellen Aufwendungen sollten Sie tatsächlich als Investitionen sehen – Investitionen, die erst nach einer gewissen Vorlaufzeit Erträge zeigen. Geben Sie zu früh auf oder lassen Sie sich zu einer groben Änderung hinreißen, bedeutet das die Aufgabe Ihrer Investition. Ihre Kerngedanke, Ihre Aussagen müssen über einen längeren Zeitraum gleich bleiben. Krasse Änderungen kommen stets einem Neubeginn gleich. Sollten Variationen notwendig sein, dann führen Sie sie langsam durch und bauen Sie immer auf dem bereits bestehenden Bild auf.

> **Weg vom Gießkannenprinzip!**
>
> Promotion wird speziell in jungen und schnelllebigen Branchen gerne nach dem Gießkannenprinzip betrieben. Das sieht in der Praxis so aus: Wir legen (wenn überhaupt) fest, was wir uns leisten können, nennen den Topf »Marketing-Budget« und streuen diese Finanzmittel dort aus, wo uns die Gelegenheiten am günstigsten erscheinen.
> Wenn nun wirklich Geld für die Einführung eines neuen Produkts gebraucht wird, ist keines mehr da. Die Wurzel dieses Übels ist, dass Gelder, die für Kommunikation bereitgestellt werden, *in den seltensten Fällen mit konkreten Zielvorgaben verbunden werden.*

Ihre Promotion kann nur dann effizient sein, wenn sie absolut zielgerichtet erfolgt. Um zielgerichtet arbeiten zu können, müssen Sie zwei Parameter festlegen. Erstens: Wie lautet die Zielgruppe, die zum Kauf eingeladen werden soll? Zweitens: Was ist die Kernaussage, mit der zum Kauf motiviert wird? Erst wenn diese beiden Punkte (genau!) geklärt sind, können Sie festlegen, welches Kommunikationsziel Sie erreichen wollen und wie Ihr Promotion-Mix aussehen muss. In der

Folge können Sie auch die benötigten Geldmittel feststellen und verifizieren, ob sich der Aufwand für Sie lohnt. So wird Ihre Absatzförderung zu etwas Greifbarem und damit zu einer einfachen unternehmerischen Rechnung: Wird sich die Investition lohnen? Oder wird sich die Investition nicht lohnen?

Objective and Task

Betreiben Sie die Absatzförderung für Ihre Produkte ausschließlich nach der Objective-and-Task-Methode. Das bedeutet, dass Sie erst genau definieren, was sie erreichen möchten. Auf dieser Basis legen Sie Ihren Promotion-Mix fest und ermitteln seine Kosten. Damit können Sie vorab abschätzen, ob sich die geplante Absatzförderung lohnen wird.

Diese Methode hat einen hohen Nebennutzen: Sie bekommen mit der Zeit ein sehr gutes Gefühl für die Kosten in Bezug auf die Absatzförderung und damit eine realistische Vorstellung des Nutzens, der sich aus ihr ziehen lässt. Sie lernen so die Instrumente in ihrer Wirksamkeit zu beurteilen.

Das AIDA-Modell

Ihre Promotion braucht schon deshalb einige Zeit, bis sie wirkt, da Ihre Kunden vom Zustand völliger Teilnahmslosigkeit bis zum Kauf mehrere Stadien durchlaufen. Orientiert sich Ihre Kommunikation an diesen Stadien, ist sie von gesteigerter Wirksamkeit.

Ein einfaches Modell zur Beschreibung des Kaufprozesses ist das AIDA-Modell. Ursprünglich als Beurteilungsinstrument von Werbewirksamkeit geschaffen, bietet es Ihnen eine praxisorientierte Hilfestellung, wann Sie in welcher Form kommunizieren sollten. Das Akronym AIDA ist aus den vier Stadien der Kaufbereitschaft abgeleitet: Attention, Interest, Demand und Action. Diese vier Stadien beschreiben grob, welche »Zustände« Ihr Abnehmer bis zum Kauf durchläuft:

- Am Anfang weiß Ihr potenzieller Kunde noch nichts von Ihrem Produkt. Der erste Schritt ist, ihn davon in Kenntnis zu setzen, dass es

Ihr Produkt überhaupt gibt. Seine Aufmerksamkeit *(Attention)* soll geweckt werden.
- Konnten Sie die Aufmerksamkeit Ihrer Verbraucher gewinnen, ist das nächste Ziel, mehr Informationen zu vermitteln. Durch rationale und emotionale Inhalte fördern Sie sein Interesse *(Interest)*.
- In der nächsten Phase müssen Sie das reine Interesse (»Das wäre interessant«) in einen persönlichen Besitzwunsch (»Das will ich haben«) überführen. Mit verstärktem Ansprechen der Kaufmotive fördern Sie seinen Besitzwunsch *(Demand)*.
- Um schließlich die Zieleinfahrt zu erreichen, ist eine Aktivierung Ihres Verbrauchers notwendig. Er muss sich zum Kauf entscheiden, eine Aktion *(Action)* setzen.

Kommunikation mit AIDA

Ihre Kunden werden nicht auf einen Schlag von desinteressierten Individuen zu überzeugten Käufern. Sie durchlaufen eine Reihe von Stadien mit dem Kauf als Höhepunkt. Das AIDA-Modell gliedert den Kaufprozess in vier Phasen mit jeweils unterschiedlichen »Zuständen«, in denen sich Ihr Abnehmer befindet. Orientieren Sie Ihren Promotion-Mix an der Phase, in der sich Ihr Zielpublikum gerade aufhält – und Sie erzielen optimale Wirksamkeit.

Stellen Sie sich dazu folgendes Beispiel aus dem Alltag vor: Ein Konsument durchstreift einen Supermarkt. Ein mannshoher Aufsteller weckt seine Aufmerksamkeit. Die Aufschrift »Einführungsangebot, fast geschenkt« spricht das Interesse des Käufers an. Er wittert die Chance, etwas besonders günstig zu bekommen, Gewinn zu machen. Er bleibt stehen und sieht sich das Angebot genauer an. Das Produkt wird in die Hand genommen, geprüft: Inhalt und Design stimmen; er möchte es haben. Es wird noch kurz nachgedacht, wie der Kauf vor der Familie begründet wird, dann wandert es in den Einkaufswagen. Das Produkt ist gekauft.

So ähnlich wie dieser banale Supermarkteinkauf laufen auch Anschaffungen im Bereich der Informationstechnologie ab, selbst dann, wenn es sich um sündteure Investitionsgüter handelt. Einziger Unterschied: Es sind mehr Kommunikationsmittel und Personen im Spiel, und der Kaufprozess dauert länger. Die wesentliche Gemeinsamkeit ist, dass es sich um einen Prozess handelt. Potenzielle Verbraucher wer-

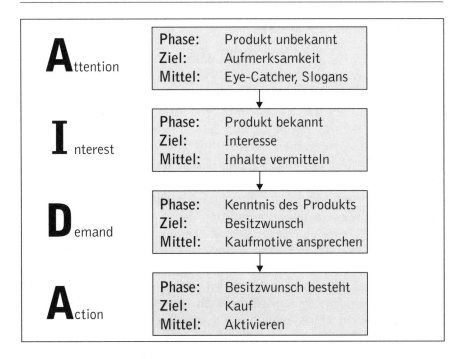

Abbildung 56: Phasen, Ziele und Mittel der einzelnen Stufen des AIDA-Modells

den nicht mit einem Schlag zu Kunden. Kommunikation muss sich daran orientieren, um erfolgreich zu sein.

Modelle nutzen!

Menschen sind keine Maschinen. Jedes Modell (und davon gibt es im Marketing sehr viele) kann Ihnen nur eine ungefähre Vorstellung davon geben, was in den Köpfen Ihres Publikums abläuft. Lassen Sie sich nicht dazu hinreißen, eine allzu mechanistische Sicht zu entwickeln. Nutzen Sie AIDA als das, was es ist: ein Modell. Dann wird es Ihnen verlässlich helfen, Ihre Interessenten wirksam zu erreichen.

Fallbeispiel: In Scenic gesetzt

Was haben ein Herren-Popeline-Pyjama aus Baumwolle, ein 6-Liter-Schnellkochtopf und ein Multimedia-PC gemeinsam? Nun, zumindest ein Datum, das in die Geschichte des österreichischen IT-Marketings eingehen wird: den 27. November 1996. An jenem Tag waren diese Produkte bei dem Lebensmitteldiscounter (!) *Hofer* als Sonderangebote erhältlich. Der *Siemens Nixdorf*-PC allerdings nur vier Stunden lang – dann waren die insgesamt 3 000 Stück ausverkauft. Grund genug, die Aktion näher zu untersuchen.

Gegenstand der Aktion war eine spezielle Edition des Multimedia-PCs Scenic PS123G6, der zum End-User-Preis von 14 998 ATS inklusive Mehrwertsteuer abgegeben wurde. Die Verbindung eines Markengeräts mit dem Billig-Image eines Discounters hat eine echte Gelegenheit suggeriert – die sie auch wirklich war. Das scheint der wesentliche Grund für den rasanten Absatz der 3 000 Stück gewesen zu sein. Interessanterweise registrierte man bei *Siemens Nixdorf (SNI)* durch die Aktion keine Einbußen im regulären Geschäft über Vertriebspartner. Was darauf schließen lässt, dass sich der Hersteller mit der Aktion einen neuen Abnehmerkreis erschließen konnte: private Anwender, die auf Qualität setzen, aber noch keine Markenpräferenz hatten.

Den Mut zum Risiko aufgebracht hatten Ingenieur Kemler, der PC-Chef von *SNI*, und Ingenieur Svagera, der die operative Umsetzung leitete. Beide betonten einhellig den hohen Anteil der Vorbereitungsarbeiten am Erfolg der Aktion. Vor allem potenzielle Nachahmer seien darauf hingewiesen, dass sich der Planungszeitraum über Monate erstreckt hat. Die beiden Köpfe der Aktion stellten klar, dass eine derartige Punktlandung nur möglich ist, wenn vorab alle Eventualitäten geklärt wurden. Und derer gibt es viele – Servicefragen, mögliche Rücknahmen, logistische Details usw. Während sich *SNI* in der Vorbereitung vor allem diesen Fragen widmete, hatte *Hofer* den Teil der Marktkommunikation übernommen. Die Aktion wurde eine Woche vor dem Start durch Flugblätter und Schaltungen in der Tagespresse beworben. Finanziell hat die Aktion laut *SNI* ein positives Ergebnis gebracht – und das trotz der verständlicherweise geringen Spannen für alle Beteiligten. Darüber hinaus registrierte *SNI* einen zusätzlichen Effekt: eine allgemein stark gestiegene Nachfrage nach Scenic-PCs. Offensichtlich gelang es mit der Aktion selbst sowie den starken Reaktionen, den Scenic in aller Munde zu bringen. Eine Sales Promotion, durchgeführt über einen unkonventionellen Vertriebsweg und gefolgt von starker Publicity, wurde zum Musterbeispiel für einen kreativen Promotion-Mix.

Abbildung 57: Hauptdarsteller der Aktion von 1996: der Scenic Multimedia PC. *Bild: Siemens Nixdorf*

Neue Kombinationen im Marketing- und Promotion-Mix

SNI bemühte sich zum Zeitpunkt der beschriebenen Aktion bereits seit etwa einem Jahr um den Consumer-Markt für PCs. Über die Wahl eines unkonventionellen Vertriebswegs gelang dem Hersteller ein Coup, der seine Position auf dem heimischen PC-Markt stark verbesserte. Vor allem die für IT ungewöhnliche Zusammenstellung von Placement und Promotion sollte uns aufhorchen lassen. Sie zeigt, dass sich durch neue Kombinationen im Marketing- und Promotion-Mix oft interessante Zugänge zu Märkten schaffen lassen.

Ein Hinweis bei der Suche nach solchen neuen Kombinationen kann folgende Frage sein: *»Bei wem kauft meine Zielgruppe bereits ein?«* Diese Frage hält Sie sensibel für neue Chancen im Absatz Ihrer Produkte. Denn Ihre Partner müssen sich nicht immer aus dem klassischen EDV-Handel rekrutieren, und Ihre Promotion muss nicht immer die gewohnten Wege beschreiten.

Fallbeispiel: Show und Information

Hand aufs Herz – Officedrucker sind nicht unbedingt die spannendste Sache der Welt. Wie es ein Unternehmen trotzdem schaffte, mehr als 1000 Leute zu einer Serie von Abendveranstaltungen mit diesem Thema zu bringen, sollte uns interessieren. Nicht zuletzt deshalb, weil sich daran die Wirksamkeit einer menschenfreundlichen Präsentationsform ablesen lässt – auch oder gerade für Hochtechnologieprodukte. Die Veranstaltungsserie wurde 1997 von *Lexmark* durchgeführt, das auf seiner »Druckfrisch«-Tour durch Österreich die neueste Produktlinie seiner Optra-Laserdrucker präsentierte.

Sympathischer Kern der neuen Familie war »Produktivität im Druck«. Eine Vielzahl von Standardfeatures und Optionen zielte auf einen zunehmend sensitiven Punkt beim Kunden: die Gesamtdruckkosten. Ausgehend von dem Umstand, dass die Anschaffungskosten eines Druckers nur 5 Prozent der Gesamtdruckkosten ausmachten, bekämpften die neuen *Lexmark*-Drucker die zu hohen 95 Prozent (Betriebs- und verdeckte Kosten). Man versuchte mit den neuen Geräten, das Verhältnis zugunsten des Kunden zu verbessern. Diese Reduktion der »Cost of Ownership« war eines der Hauptthemen der Veranstaltungen.

So interessant diese Produkte und Themen sind – ohne die Art der gewählten Präsentation hätten sie wohl nicht diesen Zulauf bewirkt. Viel wichtiger war, dass sich *Lexmark* schon seit längerer Zeit mit Veranstaltungen der besonderen Art profilierte – seit 1994 fand jährlich eine vergleichbare Tour statt. Offenbar sprach sich die Qualität der Events herum und sorgte für einen immer größeren Besucherzustrom. Zusammenfassend lässt sich sagen, dass die *Lexmark*-Veranstaltungen

ein Beispiel für eine gelungene Mischung der Adressierung von Sach- und Beziehungsebene waren. Trotz einer Vielzahl von Showelementen kam die Information nicht zu kurz.
So gesehen, war der Erfolg der *Lexmark*-Veranstaltungen kein Zufall. Sie liefen immer nach einem bestimmten Muster ab, das sie für Besucher ausgesprochen attraktiv machte. Die wesentlichen Elemente waren:

- *Show und Information:* Die Veranstaltungen waren weder nur Show noch reine Informationsveranstaltungen. Geboten wurde eine Kombination, in der beide Elemente harmonisch verschmolzen. Eine wichtige Funktion kam dabei einer professionellen Moderatorin zu, die durch das Programm führte: Interviews mit besonderen Gästen, Produktpräsentationen, Videozuspielungen und Kabaretteinlagen.
- *Abgestimmter Medieneinsatz:* Der Einsatz von Medien auf den Veranstaltungen konnte schlichtweg nur als professionell bezeichnet werden. Vor allem der oftmalige Wechsel der Medien und deren Abstimmung aufeinander stellten sicher, dass alle wichtigen Informationen auch wirklich transportiert wurden. Die Besucher wurden über die wichtigsten Wahrnehmungskanäle angesprochen: visuell, auditiv und kinästhetisch.
- *Ausgewählte Locations:* Die Veranstaltungen fanden immer an interessanten Orten statt – sei es das Festspielhaus in Bregenz, die Kristallwelten in Wattens, das Ars Electronica Center oder das Schloss Wilhelminenberg. Solche Locations haben von sich aus schon ihren Reiz und geben einem Event mehr den Charakter einer Abendveranstaltung als den einer Produktpräsentation. Die Erwartung steigt.
- *Kompaktheit:* Das Programm der Veranstaltungen lief äußerst kompakt ab. Sowohl das Hauptprogramm insgesamt (Dauer ca. 1,5 Stunden) als auch die einzelnen Elemente (es wurden nur Überblicke und Zusammenfassungen gebracht) wirkten straff und wurden nie langweilig.

Lexmark

Lexmark ist 1991 als eigenständiges Unternehmen aus einer *IBM*-Sparte entstanden. Der Hauptsitz befindet sich in den USA, während die 13 europäischen Niederlassungen von Paris aus geführt werden.

Abbildung 58: Werbung für Drucker muss nicht fade sein – der Officedrucker Optra 2450. *Bild: Lexmark*

Die österreichische Niederlassung von Lexmark lag 1997 im Aufwind – sicherlich nicht zuletzt aufgrund ihrer Fähigkeit, Menschen in einer attraktiven Form anzusprechen. Laut Dataquest hielt Lexmark im ersten Quartal 1997 einen Anteil von rund 10 Prozent am österreichischen Gesamtdruckermarkt. In einigen Teilsegmenten (High-end-Officedrucker) nahm Lexmark bereits den zweiten Platz ein oder war sogar schon Marktführer.

Fallbeispiel: Verkaufsfront-Performance '95

Mitte der 90er Jahre hat der Autor eine Feldstudie durchgeführt, die eine zentrale Frage zum Gegenstand hatte: Wie geschickt verhalten sich IT-Unternehmen, wenn ihre Marktkommunikation erfolgreich war? Die Motivation dieser Untersuchung war, das Zusammenspiel von medialer Kommunikation (Werbung und PR) mit dem Verkauf zu testen. Denn IT-Unternehmen investieren jährlich Abermillionen in die Vermarktung neuer Produkte. Die Marketinganstrengungen sind beachtlich: Es werden Märkte definiert und segmentiert, Zielgruppen ausgewählt, Strategien festgelegt, Vertriebskanäle aktiviert, und es wird massiver PR- und Werbeaufwand getrieben. Alle diese Bemühungen haben das Ziel vor Augen, potenzielle Kunden durch die verschiedenen Kaufbereitschaftsstadien zu führen. Die letzte Stufe ist das Stadium, in dem ein potenzieller Kunde von sich aus Interesse anmeldet. In der Regel kauft er entweder dann oder nie.

Der Wert eines solchen Interessenten kann gar nicht hoch genug eingeschätzt werden – speziell in der Einführungsphase eines neuen Produkts. Um einen einzigen Menschen so weit zu aktivieren, müssen Dutzende, ja manchmal Hunderte oder Tausende Personen mehrmals mit Mitteln der Marktkommunikation erreicht werden. Die Studie versuchte eine Antwort auf die Frage zu finden, wie die heimische IT-Branche mit solchen »Goldstücken« umgeht: Was passiert, wenn ein Interessent ausdrücklich um Informationen zu einem beworbenen Produkt ersucht? Mit anderen Worten: Wie geschickt verhalten sich IT-Unternehmen, wenn ihre Marktkommunikation erfolgreich war ...?

Zur Beantwortung der Frage wurden 50 österreichische IT-Unternehmen mit der Bitte um Information angeschrieben. Die Anfragen bezogen sich ausschließlich auf Produkte, die in der jüngeren Vergangenheit in den Medien durch Anzeigen oder PR-Berichte beworben wurden. Alle Produkte waren für professionelle und semiprofessionelle Anwendung gedacht. Das Spektrum war breit gestreut und reichte von Laserdruckern über Handys und Modems bis zu CAD-Applikationen. Die eingegangenen Informationsmaterialen wurden einer detaillierten Auswertung unterzogen. Parallel wurden Aufzeichnungen über Art und zeitlichen Verlauf der Reaktion geführt. Gingen auf die erste Anfrage innerhalb von 14 Tagen keine Informationen ein (was immerhin bei 16 Prozent aller Anfragen der Fall war), so wurde eine zweite Anfrage in Form einer schriftlichen Erinnerung nachgesendet.

Zur Auswertung wurde die *Art der Reaktion* (Prospektmaterial, Begleitbrief, telefonisches Nachfassen) festgestellt; parallel wurde ihr *zeitlicher Verlauf* (Reaktionszeiten) protokolliert; schließlich wurde das eingegangene Informationsmaterial auf seine *Vollständigkeit aus der Sicht eines Interessenten* geprüft und nach einem Punktesystem bewertet. Ferner wurden die Begleitbriefe, falls vorhanden, auf die

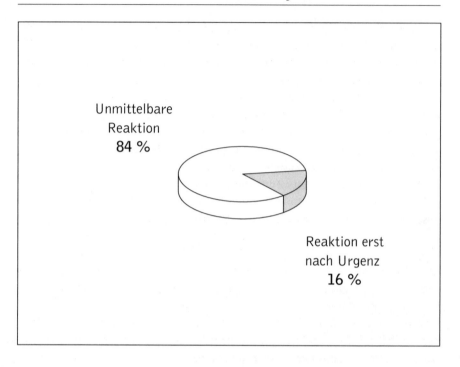

Abbildung 59: Technologiefirmen lassen sich gerne bitten – jedes sechste Unternehmen reagiert nicht auf Anfragen

wichtigsten *Kriterien für Direktwerbung* untersucht und ebenfalls nach einem Punktesystem bewertet.

Die Ergebnisse waren unterschiedlich und breit gestreut. Die Siegertypen, also jene Unternehmen, die in den vorangehenden Jahren ein starkes Umsatzwachstum zu verbuchen hatten, zeigen teilweise auch in dem untersuchten Bereich Muskeln. Es gab aber auch sehr viele dürftige Leistungen. Streckenweise hatte man als Interessent das Gefühl, als ob alle Anbieter der Meinung wären, es ist egal, wo man kauft – es bleibt ohnehin in der Familie. Die häufigsten Fehler waren:

- *Auf Anfragen wurde langsam oder gar nicht reagiert.* Die längste Reaktionszeit war 56 Tage. Jedes sechste der angeschriebenen Unternehmen reagierte auf die erste Anfrage überhaupt nicht.
- *Es wurde unvollständig informiert.* Viele Informationen, die für einen Interessenten wichtig sind, wie etwa Lieferumfang oder Service-

leistungen, wurden oft nicht geboten. Die durchschnittlich erreichte Punktezahl lag bei 7,9 von 13 möglichen Punkten.
- *Es wurde nicht nachtelefoniert.* Nur 4 der 50 Testkandidaten hielten es für notwendig nachzutelefonieren.
- *Gesicherte Erkenntnisse der Direktwerbung wurden nicht genutzt.* Die von den Begleitbriefen durchschnittlich erreichte Punktezahl lag bei 6,4 von 10 möglichen Punkten.

Abstimmung des Promotion-Mix

Die Ergebnisse lassen nur einen Schluss zu: Die IT-Branche lag 1995 derart im Aufwind, dass ihr der Informationsbedarf einzelner Interessenten weitgehend egal sein konnte. Darüber hinaus zeigten die Reaktionen auf die Anfragen auch das große Unvermögen des weitgehend technisch orientierten Personals, einfachste Verkaufstechniken umzusetzen.

Für einen Produktmanager bietet die Studie einen weiteren Hinweis auf die Wichtigkeit, seinen Promotion-Mix auch operativ abzustimmen. Andernfalls werden Millionen in die Werbung investiert, und der Verkauf ist nicht in der Lage, die daraus entstehenden Chancen zu nutzen.

Fallbeispiel: ifabo'97 undercover

Eine weitere Feldstudie des Autors untersuchte das Messeverhalten von IT-Anbietern. Zu diesem Zweck wurde der Auftritt dieser Unternehmen auf der größten österreichischen Büro- und Kommunikationsmesse, der Wiener *ifabo*, einer genauen Betrachtung unterzogen.

Kurz zur Ausgangssituation: 1997 erreichte die Diskussion um die *ifabo* ihren Gipfelpunkt. Viele Anbieter hatten sich von der Veranstaltung zurückgezogen. Parallel dazu nahm die Anzahl der Besucher immer mehr ab. Die stärksten Kritikpunkte der Aussteller waren seit jeher das angebliche Fehlen eines zugkräftigen Messekonzepts und die »schlechte Qualität des Publikums«. Die Studie drehte den Spieß um: Statt nach der »Qualität« des Publikums zu fragen, wurde die »Qualität« des Auftritts der *ifabo*-Aussteller aus der Sicht eines Fachbesuchers untersucht. Zwei Tester waren vier Tage inkognito unterwegs, um eine Antwort auf diese Frage zu finden. Um ihren Auftritt auch wirklich authentisch zu gestalten, wurde ein genaues Szenario festgelegt: Die Tester gehören einem kleinen, professionellen Dienstleistungsunternehmen an, das sich mit der Übersetzung von fremdsprachigen Dokumenten beschäftigt. Das Unternehmen möchte seine Infrastruktur im Daten- und Telekombereich modernisieren und hat dafür ein Budget von einer Viertelmillion ATS (ca. 18 000 Euro) zur Verfügung. Die Anbieter hatten es also mit investitionswilligen Interessenten zu tun, die konkret den verstärkten Einsatz von IT planten.

Die Kernfrage der Untersuchung war: »Wie sehr sind die Bemühungen der Anbieter darauf ausgerichtet, zu einem ernsthaften Interessenten eine Beziehung aufzubauen?« Mit anderen Worten: Wie leicht macht man es einem Besucher, sein Geld loszuwerden? Die Anbieter wurden aufgesucht, ihr Verhalten und spezielle Erlebnisse anschließend sofort in einem ausführlichen Testbogen protokolliert. Die vier großen Testkategorien waren »Kontaktaufnahme«, »Klima am Stand«, »Gespräch« und »Unterlagen«. Für die Tester war stets oberste Prämisse, sich vom Anbieter führen zu lassen – um sein Verhalten kennen zu lernen.

Getestet wurden über 80 Anbieter aus sieben Bereichen. Von Ausstellern mit Produkten aus den Bereichen PC, Drucker und Kopierer, Telekom, Software bis hin zu Internet-Providern waren so ziemlich alle vertreten, die dem »Unternehmen« etwas zu bieten gehabt hätten. Von den 85 Kandidaten konnten 75 in die Auswertung einbezogen werden. Die verbleibenden zehn mussten aus inhaltlichen Gründen (zu hohe Spezialisierung) ausscheiden.

Um das Wichtigste gleich vorwegzunehmen: Von der Einsicht, dass auch der Verkauf von Informationstechnologie in erster Linie davon lebt, funktionierende Beziehungen zu neuen Kunden aufzubauen, war man unter den *ifabo*-Ausstellern weit entfernt. Das zeigt auch die detaillierte Analyse der mit den Testern geführten Verkaufsgespräche.

Der Wille zum Neukunden war wohl da – 80 Prozent der Anbieter haben die Tester herzlich bis neutral-sachlich behandelt. Nur 20 Prozent legten ein arrogant-ablehnendes Verhalten an den Tag. Woran es aber wirklich mangelte, war die Verkaufstechnik. Wie sonst wäre es möglich, dass nur bei 9 Prozent der besuchten Aussteller genügend Fragen gestellt wurden, um den Anwendungszweck der Tester überhaupt verstehen zu können? Oder dass mehr als zwei Drittel der Kandidaten die Tester wieder abziehen ließen, ohne ihre Daten aufzunehmen? Oder dass man bei über 30 Prozent der Aussteller länger als fünf

Minuten am Stand stehen konnte, ohne überhaupt wahrgenommen zu werden?

Die Tester unterstrichen in den Auswertegesprächen immer wieder das Gefühl, als Besucher ein Störfaktor zu sein: »Wir haben in diesen Tagen wirklich ›Bitte sagen‹ gelernt. Abgesehen von ein paar Lichtblicken muss man schon ganz genau kundtun, was man wissen will. Und auch dann ist es nicht sicher, dass man es erfährt. Streckenweise hat man den Eindruck, dass man als Besucher das soziale Leben am Stand stört. Das Motto scheint zu sein: Nehmen's den Prospekt da mit und rufen Sie wieder an, wenn Sie kaufen wollen. Vor allem als Laie ist man unten durch.«

Abbildung 60: Zwei Drittel der getesteten Aussteller ließen einen Interessenten abziehen, ohne seine Daten aufzunehmen

Was uns unmittelbar auf die Frage nach der Auffassung eines »Fachbesuchers« führt. Für viele Aussteller war ein Fachbesucher offensichtlich nicht der Profi im eigenen Fach, der IT als Werkzeug einsetzen wollte. Als Fachbesucher wurde der professionelle Anwender verstanden, der in der IT zu Hause ist. Gesucht waren also Spielgefährten mit einer dicken Brieftasche.

Die nähere Auswertung der Testprotokolle erzeugte den Eindruck, dass vielen Ausstellern genau das Konzept fehlte, das sie so gerne vom Messeveranstalter gehabt hätten. Von einer durchgängigen und professionellen Betreuung eines Besuchers – von der Kontaktaufnahme über das Gespräch und die Präsentation bis zur Aufnahme der Daten – fehlte oft jede Spur. Bedenkt man die Kosten einer Messebeteiligung, so muss man sich tatsächlich fragen, ob sie bei einer solchen Vorgehensweise für manchen Aussteller noch wirtschaftlich ist.

Checkliste: Werbe-Briefing

Anwendung: Unter einem schriftlichen Briefing versteht man die Vorabinformation, mit der Sie Ihren Werbepartner mit der Ausgangssituation und Ihren Zielvorstellungen vertraut machen. Das Briefing ist für Ihre Werbeleute der Ansatzpunkt ihrer Arbeit – ihm kommt daher eine wichtige Schnittstellenfunktion zu.

Ein schriftliches Briefing sollte, um gelesen zu werden, nicht zu lang sein. Dennoch ist es von grundlegender Bedeutung, den Werbeleuten alle relevanten Produktinformationen vollständig, übersichtlich und strukturiert zu übergeben.

Ihr Briefing sollte auf einer klaren Zielvorgabe aufbauen und festlegen, was mit den Werbemaßnahmen erreicht werden soll. Hüten Sie sich dabei vor schwammigen Aussagen wie »Es soll eine verbesserte Meinung über das Produkt bei potenziellen Käufern erreicht werden« oder ähnlichen – formulieren Sie knapp, aber präzise. Die Checkliste für ein Briefing ist auch auf der CD-ROM enthalten, die diesem Buch beiliegt.

Checkliste »Werbe-Briefing«

Mit dieser Checkliste wird Ihnen eine dreiteilige Gliederung für ein schriftliches Briefing angeboten: eine Unterteilung in Aufgabenstellung, Produktinformationen und Background-Informationen.

1. Abschnitt: Aufgabenstellung

Hier legen Sie Ihre Zielvorgabe fest. Sie definieren, was durch die Werbemaßnahmen auf welche Art erreicht werden soll.

Ihre Zielvorgabe können Sie weiter gliedern in:

❏ *Angestrebte Wirkung* (Wahrnehmung, Kenntnis oder Präferenzierung Ihres Produkts).
❏ *Angestrebte Reaktion* (keine unmittelbare Reaktion, Rückmeldung der Interessenten, unmittelbarer Kauf).

- *Art der Werbung* (informierend, überzeugend oder erinnernd).
- *Stilvorgaben* (Markenzeichen, Logos, CD-Manual etc.).
- *Sonstige Vorgaben* (geografisches Anwendungsgebiet, zu unterstützende Vertriebsaktivitäten etc.).
- *Terminvorgaben* (spätester Fertigstellungstermin, Produktfreigabe, geplante Dauer der Kampagne etc).

Wenn Sie sich über die Art der von Ihnen gewünschten Werbemittel bereits im Klaren sind, dann gehört an diese Stelle auch die Festlegung von

- *speziell gewünschten Kommunikationsmitteln* (Druckschrift, Mailing, Pressetext, Schaltung, Plakat, Spot etc.)
- *technischen Merkmalen zur Ausführung* (Auflage, Format, Seitenanzahl, Papierqualität, Farbe etc.).

2. Abschnitt: Produktinformationen

Im zweiten Abschnitt geben Sie Ihrem Werbepartner jene produktbezogenen Informationen, die für seine Arbeit unverzichtbar sind. Dazu gehören:

- *Zielgruppe und Positionierung* Ihres Produkts.
- *Gebotene Funktionalität.*
- *Besondere Merkmale und Eigenschaften* Ihres Produkts.
- *Ergänzende Serviceleistungen.*
- *Anwendungen:* Mit dem Produkt erzielbare Problemlösungen.
- *Preise:* Ergänzend sollten Sie eine Übersicht über Ihre Preispolitik geben.
- *Vertrieb:* Auch eine kurze Darstellung Ihrer (geplanten) Vertriebswege mit einer angeschlossenen Charakterisierung Ihrer Vertriebspartner ist nützlich.

3. Abschnitt: Background-Informationen

Es zahlt sich aus, wenn Sie Ihrem Werbepartner in einem begleitenden Abschnitt Informationen bieten, die für seine Arbeit zwar nicht lebensnotwendig, aber nützlich sind. Er wird Sie dadurch in allen

Fragen der Marktkommunikation besser beraten und unterstützen können. Zu solchen Background-Informationen zählen zum Beispiel:

❏ *Firmenprofil* Ihres Unternehmens.
❏ *Konkurrenzsituation:* Informationen über Ihren Mitbewerb.
❏ *Marktdaten, Marktstudien.*

Checkliste: Direktwerbung

Anwendung: Für die meisten Maßnahmen im Bereich Werbung werden Sie sich der Unterstützung von Fremdleistern bedienen. Als Produktmanager werden Sie allerdings nicht umhinkommen, das eine oder andere Mailing selbst zu verfassen. Hier deshalb eine Zusammenstellung der wichtigsten Kriterien für Direktwerbung. Diese Checkliste finden Sie auch auf der CD-ROM, die Teil dieses Handbuches ist.

Checkliste »Direktwerbung«

Ein Brief ist wie ein Bild. Er kann so spannend und faszinierend wirken wie ein großer Meister. Oder er kann so fad und trocken aussehen wie die Seite 347 einer technischen Dokumentation. Ob er gelesen wird oder nicht, hängt stark von diesem optischen Gesamteindruck ab. Und wenn er gelesen wird, sollten Sie jede Gelegenheit nutzen, wichtige Informationen zu vermitteln. Einige allgemein gültige Erkenntnisse der Direktwerbung machen Briefe zu wirksamen Kommunikationsinstrumenten:

- *Persönliche Ansprache:* Ein wirksamer Brief beginnt mit einer fehlerfreien, persönlichen Ansprache. Denn was kann schon Interessantes in einem Brief stehen, den Tausende andere auch bekommen?
- *Postskriptum:* Das Postskriptum ist ein mächtiger Verstärker. Es ist oft das Erste, was an einem Brief gelesen wird. Das PS ist die ideale Stelle für den Hauptvorteil Ihres Angebots: den wesentlichen Nutzen.
- *Hervorhebungen:* Einzelne wichtige Satzfragmente des Textes werden im Fettdruck hervorgehoben. Sie lassen den Text spannend aussehen und führen den Leser durch den Brief.
- *Ausreichende Schriftgröße:* Eine ausreichende Schriftgröße (mindestens 10 Punkt) ermöglicht leichtes Lesen.
- *Flattersatz:* Obwohl Textverarbeitungen geradezu einladen, Blocksatz zu verwenden, sollte er gemieden werden. Blocksatz macht ein Schreiben unpersönlich.

- *Unterschrift:* Ein Brief endet mit einer Unterschrift. Damit in jedem Fall ersichtlich ist, wer den Brief verfasst hat, sollte der Name auch nochmals gedruckt unter der Unterschrift stehen.
- *Inhalt anwendungsorientiert:* Produktinformationen sind um ein Vielfaches wirksamer, wenn sie anwendungsorientiert verfasst sind.
- *Inhalt klar und einfach:* Fachbegriffe und komplizierte Ausdrücke sind zu vermeiden. Sie erschweren das Lesen und werden oft einfach nicht verstanden.
- *Inhalt gegliedert:* Ein Brief muss nicht kurz sein, um gelesen zu werden. Entscheidend ist seine Gliederung. Zwischenüberschriften, zum Teil als Fragen formuliert, strukturieren einen Text.
- *Kurze Sätze:* Briefe, die gelesen werden, bestehen aus kurzen Sätzen.

Checkliste: Sales Promotion

Anwendung: Die Durchführung von Sales Promotions betrifft immer mehrere interne und externe Bereiche. Ihre Wirksamkeit steht und fällt daher mit der Qualität ihrer Vorbereitung. Die sieben Punkte der Checkliste helfen Ihnen, bei der Planung Ihrer Aktion nichts zu übersehen. Diese Checkliste ist in elektronischer Form auf der CD-ROM gespeichert, die diesem Buch beiliegt.

Checkliste »Sales Promotion«

Bei der Planung Ihrer Sales Promotion sollten Sie folgende Punkte berücksichtigen:

- ❑ *Legen Sie die Idee genau fest.* Jede Sales Promotion gibt Verbrauchern, Händlern oder Vertriebsmitarbeitern die Chance, durch den Erwerb des Produkts, durch Glück oder durch besondere Anstrengungen persönlich etwas zu erreichen.
- ❑ *Bestimmen Sie die Anreizhöhe.* Was gibt es zu gewinnen, wie viel wird nachgelassen beziehungsweise dazugeschenkt und was kostet es Sie?
- ❑ *Definieren Sie die Teilnahmebedingungen.* Eine Sales Promotion kann jedermann oder einzelnen Gruppen angeboten werden.
- ❑ *Finden Sie einen Weg, wie Sie Ihre Aktion bekannt machen und verteilen.* Das mögliche Spektrum ist breit gestreut und reicht von Mailings über Verpackungsaufdrucke bis zu Anzeigen.
- ❑ *Schränken Sie die Dauer ein.* Die Aktion darf nicht zu lang dauern, sonst geht der Appell verloren.
- ❑ *Stellen Sie eine genaue Planung Ihrer Sales Promotion auf.* Informieren Sie alle betroffenen internen und externen Stellen rechtzeitig.
- ❑ *Sichern Sie sich eine exakte Auswertung der Aktion.* Nur wenn Sie die Kosten den zusätzlichen Erträgen gegenüberstellen, wird das Ergebnis sichtbar.

Checkliste: Messetipps

Anwendung: Messen dienen in erster Linie dazu, Beziehungen zu pflegen und neue Kontakte zu gewinnen. Hier finden Sie zehn Hinweise, wie Sie Ihren Messeauftritt verstärkt am Kunden orientieren können. Die Checkliste ist auf der CD-ROM enthalten, die diesem Buch beiliegt.

Checkliste »Messetipps«

Die folgenden Hinweise können Sie auch noch in »letzter Minute« für Ihren Messeauftritt verwerten:

- ❏ *Ziele definieren:* Legen Sie Ihr Messeziel eindeutig und überprüfbar fest. Nur so wird es Ihnen möglich, Ihren Messeauftritt zu bewerten und Aussagen über seine Rentabilität zu machen.
- ❏ *Gelegenheiten bieten:* Bieten Sie Ihren Besuchern eine einmalige Gelegenheit, zu Kunden zu werden. Veranstalten Sie eine Sales Promotion, mit der Sie ein spezielles, attraktives Produkt zu einem herabgesetzten Preis anbieten. Machen Sie deutlich, dass das Angebot nur für die Dauer der Messe gilt und nehmen Sie die Bestellungen entgegen.
- ❏ *Besucher aktivieren:* Beziehen Sie Ihre Besucher in das Geschehen am Stand ein. Lassen Sie sie irgendetwas selbst tun: ein Programm bedienen, ein Los ziehen, einen Fragebogen ausfüllen. Situationen, in denen man aktiv war, bleiben einem sehr lange in Erinnerung.
- ❏ *Verzichten:* Verzichten Sie darauf, Ihre Standwände mit Produktfeatures voll zu pflastern. So locken Sie bestimmt keine Besucher an. Verpacken Sie stattdessen den zentralen Nutzen, den Sie bieten, in einen Eye-Catcher. Sorgen Sie dafür, dass er gut sichtbar ist, und Sie haben nicht nur einen Besuchermagneten, sondern auch einen wunderbaren Anknüpfungspunkt für Gespräche.
- ❏ *Farbe bekennen:* Geben Sie Ihren Besuchern eine Broschüre über Ihr Unternehmen mit. Die meisten Unternehmen machen den Fehler zu glauben, ihre Interessenten wüssten genau, mit wem sie

es zu tun haben. Machen Sie stattdessen klar, was sich hinter dem Namen Ihres Unternehmens verbirgt: wofür es steht, was es herstellt und vertreibt, welche Philosophie es vertritt.

❏ *Hausaufgaben machen:* Lassen Sie um Himmels willen Ihre Leads nicht auskühlen. Jeder auf einer Messe neu geknüpfte Kontakt kostet Ihr Unternehmen Hunderte von Euros. Nutzen Sie diese Investition und machen Sie Verkäufe daraus.

❏ *Schnell sein:* Versuchen Sie, in der Nachbearbeitung schneller als alle anderen zu sein. Schicken Sie zum Beispiel ihre Offerte noch am selben Tag ab. Mit einem Faxgerät oder -modem am Stand ist das einfach möglich. Wenn Ihr Besucher in sein Büro zurückkehrt, findet er Ihr Angebot schon auf seinem Schreibtisch.

❏ *Chancen nutzen:* Lassen Sie sich nicht die Chance entgehen, Ihren Interessenten über verwandte oder ergänzende Produkte zu informieren. Es könnte durchaus sein, dass er sich ein paar Wochen später statt für das Modell X (über das Sie mit ihm gesprochen haben) für das Gerät Y entscheidet.

❏ *Anders sein:* Versuchen Sie, bei der Nachbearbeitung Ihrer Leads vom nichtssagenden standardisierten Dankesschreiben wegzukommen. Stellen Sie einen persönlichen Bezug zum Gespräch am Stand her.

❏ *Auswerten:* Das Standardargument gegen Messebewertung lautet, Messen ließen sich in ihrer Wirksamkeit schwer beurteilen. Das stimmt nur dann, wenn keine Ziele (siehe erster Punkt) definiert wurden. Wurden konkrete Ziele festgelegt, wird auch eine Bewertung des Messeerfolgs leicht möglich.

Kapitel 15

Verteidigung von Marktanteilen

Die Ruhe vor dem Sturm

Ein erfolgreiches Produkt wird früher oder später zu einer bequemen Cash-Cow. Sie konnten Ihre Entwicklungskosten abdecken und produzieren verlässlich Gewinne. Wenn Sie eine rasche und konzentrierte Markteinführung vorgenommen haben und darüber hinaus noch eine ordentliche Portion Glück hatten, sind Sie mit Ihrem Produkt womöglich sogar alleine auf dem Markt unterwegs. Kurz: Es herrscht Ruhe. Nur leider ist Ruhe in Ihrer bewegten Branche ein trügerischer Zustand. Mitbewerber werden bald versucht sein, Ihren Erfolg zu kopieren. Sie dürfen sich also erneut auf eine bewegte Zeit vorbereiten.

> **Die Ursachen von Angriffen**
>
> Jedes noch so erfolgreiche Produkt wird irgendwann mit empfindlichen Angriffen konfrontiert. Dafür gibt es zwei wesentliche Ursachen:
> - *Imitationen:* Erfolgreiche Produkte ziehen Imitatoren an. Imitatoren haben geringere Entwicklungs- und Aufbaukosten als ein Innovator. Diesen Kostenvorteil kann ein Konkurrent mit geringeren Preisen, umfangreicheren Serviceleistungen oder starker Verkaufsunterstützung ausspielen. Alles Faktoren, die Marktanteile kosten.
> - *Innovationen:* Aufgrund der raschen technologischen Entwicklung kommt es zu einem Innovationsschub: Ihr Produkt ist plötzlich (zumindest teilweise) überholt. Es gibt nun eine Lösung, die das Kundenbedürfnis besser, preiswerter oder qualitativ höherwertig abdeckt.

Ob Sie es nun mit Imitatoren oder Innovatoren zu tun bekommen – in jedem Fall kann sich Ihre Situation schlagartig ändern. Gewohnheiten, die einst Ihrem Produkt zu seinem Aufstieg verholfen haben, können nun plötzlich schlechte Gewohnheiten sein. Denn das Auftauchen von Mitbewerbern bedeutet, dass Sie Ihren gesamten Marketing-Mix auf seine weitere Brauchbarkeit überprüfen müssen.

Wetterzeichen beobachten!

Die Ruhe vor dem Sturm ist nie *ganz* ruhig. Mitbewerber tauchen in den seltensten Fällen schlagartig auf. Das Problem besteht oft mehr darin, dass der aufkommende Mitbewerb länger ignoriert wird, als es sinnvoll wäre: Man verlässt sich gerne auf die eigene Marktposition und steckt vorerst den Kopf in den Sand. Leider hat eine Vogel-Strauß-Politik noch niemanden vor dem Verlust von Marktanteilen geschützt.

Beachten Sie also die Wetterzeichen. Analysieren Sie bei einem leisen Lüftchen oder ein paar Wölkchen am Horizont sofort, was da auf Sie zukommt. Denn wenn Sie Ihre Gegenmaßnahmen erst bei Windstärke 6 einleiten, könnte es zu spät sein.

Reife macht verwundbar

Angriffe kommen meistens in der Reifephase eines Produkts. Denn je länger Sie auf dem Markt sind und je eingeführter das zugrunde liegende Prinzip Ihres Produkts ist, umso mehr Mitbewerber haben Sie am Hals.

Back to the Roots

Besonders in der Reifephase eines Produkts ist es notwendig, sich an die eigenen Wurzeln zu erinnern. Die Wiederbelebung der Kundenorientierung, neue (Nachfolge-)Produkte und neue Absatzwege machen es möglich, die eigene Position am Markt zu halten.

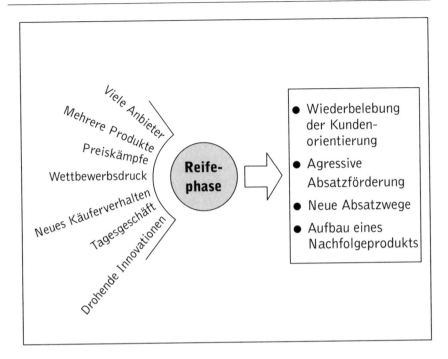

Abbildung 61: Einwirkungen während der Reifephase und die entsprechenden Gegenmaßnahmen

Speziell junge und innovative Unternehmen, die einen Produktlebenszyklus zum ersten Mal miterleben, rechnen oft nicht rechtzeitig mit den (nun veränderten) Bedingungen in der Reifephase. Sie sind in vielen Fällen angesichts eines plötzlich aufkommenden Mitbewerbs verblüfft. Während sie mit einer starken Innovation eine Zeit lang alleine auf dem Markt waren, stellen sich nun auf einmal andere Anbieter ein. Die Käuferschaft wird mehr und mehr umworben, die Preise fallen. Im schlimmsten Fall muss man sich mit dem eigenen, ursprünglichen Produkt vom Markt zurückziehen.

Angriff ist die beste Verteidigung

Reife Produkte werden allzu oft nur verteidigt, statt sie aggressiv voranzutreiben. Eine Defensivhaltung ist aber der erste Schritt zum

Niedergang. Wenn Sie wissen wollen, wie es um Ihre Aggressivität bestellt ist, beantworten Sie sich folgende Fragen:

- Kenne ich alle möglichen Anwendungsgebiete meines Produkts?
- Habe ich innerhalb des letzten Jahres einen größeren Kreis meiner Kunden gezielt nach ihrer Zufriedenheit befragt?
- Stehen mir alle internen Daten zur Verfügung, um wirtschaftliche Entwicklung und Erfolg meines Produkts zu beurteilen?
- Ist meine Verkaufsförderung der Reifephase angepasst, das heißt auf die Erzielung von Abschlüssen ausgerichtet?
- Werde ich über alle Entwicklungen, die mein Produkt betreffen könnten, laufend informiert?
- Kann ich ein konkretes Bild entwerfen, wie nach dem derzeitigen Stand der Dinge der logische Nachfolger meines Produkts aussehen müsste?

Eine der besten und aggressivsten Strategien zur Absicherung Ihres Produkts kann die Suche nach neuen zusätzlichen Märkten sein. Viele Produkte sind mit nur minimalen Änderungen für vollkommen neue Anwendungs- oder geografische Gebiete nutzbar. Neue Anwendungen führen auf neue Zielgruppen. Selbst bei einer kurzen Untersuchung lassen sich meist passende Absatzkanäle finden, um diese Zielgruppen zu erreichen. Suchen Sie nach Handelsunternehmen, die Ihre neuen Zielgruppen bereits mit anderen Produkten beliefern.

Auch Partnerschaften können eine Möglichkeit zur Absicherung sein. Strategische Koppelungen mit verwandten Produkten öffnen oft neue Märkte. Auf einem dieser Wege kann es Ihnen gelingen, einen weiteren attraktiven Markt zu finden.

Rechtzeitig an den Nachfolger denken!

Selbst bei Ausnutzung aller Möglichkeiten in Verkaufsförderung und Absatz wird irgendwann das Ende Ihres Produkts kommen. Es wird von einer Innovation abgelöst. Sorgen Sie dafür, dass das Nachfolgeprodukt, das sich durchsetzt, von Ihnen stammt und nicht von einem Mitbewerber. Bestehender Kundenstamm und funktionierende Absatzkanäle sind das, worin Sie einen Großteil Ihrer

Kraft investiert haben. Dieses Beziehungsgeflecht sollten Sie erhalten.

Schutz vor Mitbewerbern

Natürlich kann Ihnen in einer Situation, in der Sie Angriffen ausgesetzt sind, die plötzliche Suche nach Lösungen nur wenig helfen. In Wahrheit kann Ihnen, wenn Sie unvorbereitet getroffen werden, wahrscheinlich gar nichts mehr helfen. Wenn Ihr Produkt auch vielleicht nicht gleich ganz untergeht, so werden Sie in jedem Fall empfindliche Verluste einstecken müssen.

Es geht also darum, gut vorbereitet zu sein. Der Schutz vor Mitbewerbern ist präventive Arbeit. Mit der Anwendung eines Bündels von Eintrittsbarrieren ist es möglich, über einen langen Zeitraum die Stellung zu halten. Manchen Mitbewerbern können Sie den Markteintritt ganz verwehren, andere können Sie in ihre Schranken weisen. Sie stellen das Überleben Ihres eigenen Produkts sicher.

Zehn Eintrittsbarrieren

Manchmal kann eine einzige hochwirksame Barriere genügen, um mögliche Mitbewerber vom Markt fern zu halten. In vielen Fällen ist eine Kombination mehrerer Instrumente das langfristigste Mittel gegen die Konkurrenz. Wichtig ist, dass Sie rechtzeitig daran arbeiten, Barrieren aufzubauen:

- *Schutzrechte und Patente* sind eine sehr effektive Form, haben aber oft den Nachteil eines langwierigen Verfahrens.
- Die *Preispolitik* können Sie einsetzen, um das Eindringen für den Mitbewerb unwirtschaftlich zu machen.
- Ihre *Distributionskanäle* können Sie rechtzeitig durch Exklusivverträge binden. Neue Anbieter sind so von bestehenden Vertriebswegen abgeschnitten und müssen erst eigene aufbauen.
- Gelingt es Ihnen, mit Ihrem Produkt *Marktstandards* zu etablieren, so drängen diese jeden neuen Anbieter in die Rolle des rückständigen Nachahmers.

- Auch Ihr *Unternehmensimage* kann als Eintrittsbarriere dienen. Von vielen Produkten kauft man einfach lieber das Original statt der Kopie.
- Ist Ihr Produktbereich sehr *F&E-intensiv*, so stellt das ebenfalls eine Barriere für jeden Neuling dar. Das Zusammenholen der benötigten Spezialisten ist nicht leicht und kostet Zeit und Geld.
- Ähnliches gilt für eine *kapitalintensive Produktion*. Oft können Newcomer deshalb nicht eindringen, weil sie nicht das Kapital aufbringen, ein entsprechendes Produkt in Serie zu erzeugen.
- *Regionale Stärken*, wie etwa spezielles Branchen-Know-how oder genaue Kenntnis der lokalen Gegebenheiten, schaffen eine gute Abgrenzung gegenüber neuen Anbietern.
- Starke *Abnehmerbindungen* erschweren Ihrem Mitbewerb das Eindringen. Gute persönliche Beziehungen zum eigenen Kundenkreis sind die beste Basis dafür.
- Ein starkes *Markenprofil* ist von einem Mitbewerber kaum angreifbar. Starke Marken haben einen derart hohen Vertrauensbonus, dass gegen sie nur sehr schwer Boden zu gewinnen ist.

Test: Eintrittsbarrieren

Anwendung: Auch erfolgreiche Produkte werden früher oder später mit hartem Mitbewerb konfrontiert. Die beste Strategie gegen Mitbewerber ist der *rechtzeitige* Aufbau einer starken Kombination von Eintrittsbarrieren: Neben Patenten und anderen Schutzrechten gibt es eine Reihe von Alternativen, um Mitbewerbern den Markteintritt schwer zu machen. Mit dem nachfolgenden Testbogen können Sie ermitteln, wie gut es um Ihren Schutzwall bestellt ist.

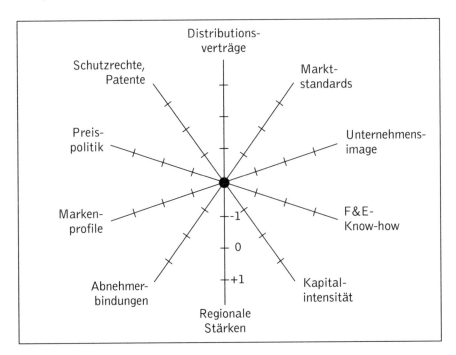

Abbildung 62: Eintrittsbarrieren

Anleitung: Jede der Achsen im Diagramm steht für eine mögliche Eintrittsbarriere. Bewerten Sie alle Möglichkeiten danach, wie gut sie Ihr Produkt gegenüber dem Verlust von Marktanteilen an Mitbewerber schützt (–1 = bietet keinen Schutz, 0 = bietet mäßigen Schutz, +1 = bietet sehr guten Schutz). Verbinden Sie anschließend die Punkte mit einer

Linie. Sie sehen auf einen Blick, wie gut Sie gegenüber dem Mitbewerb gerüstet sind und wo Verbesserungsmöglichkeiten bestehen. Ein Blank-Sheet für diesen Test ist auf der beiliegenden CD-ROM enthalten.

Beurteilung: In manchen Fällen kann eine einzige Eintrittsbarriere geeignet sein, Ihre Marktanteile vor Mitbewerbern zu schützen. In der Regel wird eine Kombination von mehreren Barrieren notwendig sein, um effizienten Schutz zu gewährleisten. Zumeist wird also gelten: Je weiter außen Ihr Zaun in dem Diagramm liegt, umso sicherer dürfen Sie sich fühlen.

Kapitel 16

Dienstleistungsprodukte

Besonderheiten von Dienstleistungen

Für Dienstleistungsprodukte gelten eigene Gesetzmäßigkeiten. Die klassischen Überlegungen der Produktvermarktung sind bei diesen speziellen Produkten in einigen Punkten zu ergänzen.

> **Was ist eine Dienstleistung?**
>
> Dienstleistungen sind durch Ihre Vielfalt und Immaterialität grundsätzlich schwer zu definieren. Für unsere Zwecke am praktikabelsten scheint eine Definition zu sein, die auf P. Kotler zurückgeht: »Eine Dienstleistung ist jede Tätigkeit, Nutzenstiftung oder Bedürfnisbefriedigung, die zum Verkauf angeboten wird. Sie ist im Wesentlichen nicht greifbar und begründet kein Eigentum an irgendetwas. Ihre Erbringung kann – muss aber nicht – mit einem realen Produkt verknüpft sein.«

Diese Definition des amerikanischen Marketing-Gurus bringt uns unmittelbar auf die drei wichtigsten Merkmale von Dienstleistungen:

- *Dienstleistungen sind nicht greifbar.* Das heißt, dass Sie Ihre Dienstleistungsprodukte für Ihre Kunden glaubhaft machen müssen. Dadurch, dass Sie sie bildlich beschreiben, Beispiele und Referenzen anführen, möglichen Kunden Ergebnisse zur Verfügung stellen oder interne Qualitätsstandards etablieren und Ihrer Klientel aufzeigen. Durch die fehlende Gegenständlichkeit müssen Sie auch kritische Punkte im Verkauf (wie ausreichende Bedarfserhebung und Kosten-

Nutzen-Transparenz) noch stärker als bei konkreten Produkten beachten.
- *Dienstleistungen sind nicht lagerbar.* Die Unmöglichkeit, Dienstleistungen zu lagern, zeigt stark die Beschränkungen auf, denen ein Dienstleistungsanbieter unterliegt. Dazu gehören die Limitationen durch vorhandenes Personal, die Begrenzungen im Vertrieb (kaum Vertriebskanäle nutzbar) und die Notwendigkeit, bestimmte Kapazitäten (Räumlichkeiten und Ausrüstung) ständig bereitzuhalten. Auch in diesem Bereich zeigt sich deutlich die Notwendigkeit, Standards zu schaffen und damit den Einsatz der vorhandenen Ressourcen zu optimieren.
- *Dienstleistungen sind untrennbar mit den Personen verbunden, die sie erbringen.* Dieses Merkmal zeigt auf, dass der Erfolg eines Dienstleistungsanbieters in hohem Maß vom Einsatz und der Kompetenz seiner Mitarbeiter bestimmt wird. Diese Verknüpfung reicht im Extremfall bis zur Abhängigkeit von hochkarätigen Spezialisten. Solch eine Situation können Sie mit strengen Vorgaben und autoritärem Führungsstil nicht in den Griff bekommen. Motivation, Vertrauen und Weitblick des einzelnen Mitarbeiters, die für eine starke Kundenorientierung notwendig sind, lassen sich nur auf einem Weg erreichen: durch starkes Einbeziehen des einzelnen Mitarbeiters in die Entwicklung des Unternehmens und seiner Prozesse.

Diese Merkmale sind deshalb so wichtig, weil sie in der Zusammenstellung des Marketing-Mix für ein Dienstleistungsprodukt unbedingt berücksichtigt werden müssen. Darüber hinaus zeigen alle drei Merkmale die hohe Bedeutung von qualitätssichernden Maßnahmen auf. Das ist der Grund, warum Quality-Management für Dienstleistungsanbieter eine besondere Rolle spielt.

Dienstleistungen und Qualität

Dass das Thema Qualität im Zusammenhang mit Dienstleistungen eine große Rolle spielt, haben wir schon bei den speziellen Merkmalen von Dienstleistungen festgestellt. Ein weiterer Hinweis ergibt sich aus der Definition von »Qualität«.

Qualität und Marketing

Um den Zusammenhang von Dienstleistungsqualität und dem Marketing für Dienstleistungen zu verstehen, brauchen wir nur die Definition von Qualität heranzuziehen: *Dienstleistungsqualität ist die Fähigkeit des Anbieters, die Beschaffenheit der Leistung auf einem bestimmten Kundenanforderungsniveau zu erstellen.* Für uns liegt nun der Schlüssel in dem einen Wort »Kundenanforderungsniveau«. Es ist wie eine Produktspezifikation, wie ein Pflichtenheft zu verstehen. Der große Unterschied zu gegenständlichen Produkten besteht darin, dass diese Spezifikationen ungleich schwieriger zu formulieren sind – weil sie sich zu einem Großteil auf zwischenmenschliche Kommunikation beziehen.

Eine wesentliche Aufgabe im Dienstleistungsmarketing ist es daher, dieses Kundenanforderungsniveau zu erheben und in messbaren Qualitätskriterien auszudrücken. Um zu diesen messbaren Qualitätskriterien zu kommen, bietet sich eine Hilfe an: die fünf Dimensionen der Dienstleistungsqualität.

Die Dimensionen der Dienstleistungsqualität

»Qualität« nimmt im Zusammenhang mit Dienstleistungen fünf Dimensionen an. Sie sind die großen Bereiche, in denen ein Kunde eine Dienstleistung erlebt:

- *Annehmlichkeit des Umfeldes* ist das äußere Erscheinungsbild des Dienstleistungsortes und der Mitarbeiter, welche die Dienstleistung erbringen.
- *Zuverlässigkeit* ist die Fähigkeit des Anbieters, die versprochenen Leistungen inhaltlich auf dem angekündigten Niveau zu erfüllen.
- *Reaktionsfähigkeit* ist sowohl die Bereitschaft als auch die Schnelligkeit, mit der spezifische Kundenwünsche berücksichtigt und erfüllt werden.
- *Leistungskompetenz* steht für das Wissen, die Höflichkeit und die Vertrauenswürdigkeit der Mitarbeiter, welche die Dienstleistung erbringen.

- *Einfühlungsvermögen* kennzeichnet die Fähigkeit des Dienstleisters, auch auf nicht geäußerte, individuelle Kundenanforderungen einzugehen.

Eine wichtige Aufgabe eines Produktmanagers für Dienstleistungen besteht nun darin, innerhalb dieser fünf Dimensionen messbare Qualitätskriterien zu bestimmen. Sie dienen dazu, das oben genannte Kundenanforderungsniveau wie in einer Produktspezifikation zu beschreiben.

Mitarbeiter einbezogen?

Die reine Formulierung von Qualitätskriterien allein kann aber noch nicht genügen. Unbedingt notwendig ist ein hohes Maß an Motivation aller Mitarbeiter, die Qualitätsziele auch zu erreichen. Nur so wird es in der Praxis möglich, dass das Kundenanforderungsniveau auch erreicht wird. Halten Sie sich daher in Ihrer Qualitätsarbeit an folgende bewährte Vorgehensweise:

1. *Bewusstsein schaffen:* Qualitätsbewusstsein wird sich bei Ihren Dienstleistungsmitarbeitern nur entwickeln, wenn es vom Management nicht nur als Vorgabe verstanden, sondern auch entsprechend vorgelebt wird. Gleichermaßen wichtig ist eine unternehmensweite Aufklärung darüber, was »Qualität« überhaupt ist und welche Möglichkeiten der einzelne Mitarbeiter hat, daran zu arbeiten.
2. *Werkzeuge und Möglichkeiten geben:* In diesem Schritt ist vorrangig, dem einzelnen Mitarbeiter Zeit und Raum zu geben, damit er überhaupt an der Qualität seiner Prozesse arbeiten kann. Dazu gehören organisatorische Voraussetzungen genauso wie die Einführung entsprechender Messpunkte und Kennzahlen. Ebenfalls unbedingt notwendig sind Schulungen in Grundlagen der Qualitätsarbeit.
3. *Anwendung fördern:* Die Konsequenz der Anwendung durch den einzelnen Mitarbeiter wird in erster Linie von dem Feedback auf seine Qualitätsarbeit abhängen. Dabei ist entscheidend, dass das Feedback überhaupt *erfolgt.* So ist es zum Beispiel bei einem Vor-

schlagswesen unerlässlich, dass jeder einzelne Vorschlag eine Beantwortung erfährt. Die *Art* des Feedbacks kann vielfältig sein (Belohnungen, Anerkennungen, Wettbewerbe etc.) – Hauptsache, es erfolgt auch!

Dienstleistungs-Promotion

Die Marktkommunikation für Dienstleistungen spielt sich auf drei Ebenen ab:
- Erstens vom *Marketing zum Kunden.* Die Marketingabteilung übernimmt meist, stellvertretend für das Dienstleistungsunternehmen, einen Teil der Kommunikationsaufgaben. Beispiele dafür sind Messen und klassische Medienwerbung.
- Zweitens vom *Mitarbeiter zum Kunden.* Einen großen Teil der Kommunikationsaufgaben übernehmen die Dienstleistungsmitarbeiter selbst z. B. Beratungen und Schulungen. Die meisten Dienstleistungen selbst sind Kommunikationswege zum Kunden.
- Drittens vom *Mitarbeiter zum Mitarbeiter.* Die Bedeutung dieser »internen« Kommunikation wird meistens unterschätzt. Dabei wird (wie der Ausdruck »intern« schon zeigt) übersehen, dass die eigenen Mitarbeiter bei Dienstleistungen eine wichtige Diffusionsgrenze zum Markt darstellen. Denn wenn sie nicht überzeugt sind – wie sollen sie andere Mitglieder des Marktes überzeugen?

Was die Form der Marktkommunikation für Dienstleistungen betrifft, so müssen die drei speziellen Merkmale von Dienstleistungen starken Einfluss haben: Alle Kommunikationsmittel müssen darauf Rücksicht nehmen, wie die Dienstleistungen gegenständlich gemacht werden können (»nicht greifbar«), wie Absatzschwankungen ausgeglichen werden können (»nicht lagerbar«) und was im persönlichen Kontakt erwartet wird (»starker Personenbezug«). Darüber hinaus kommt in der Kommunikation für Dienstleistungen einem Umstand besondere Bedeutung zu: den großen Überschneidungen von Leistung und Kommunikation.

Die Grundgleichung

Im Dienstleistungsbereich leben Leistung und Kommunikation in enger Verwandtschaft. Zwar gibt es »reine Leistungen«, die für Kunden nicht direkt sichtbar werden (wie zum Beispiel die Buchhaltung, die ein Steuerberater für seinen Auftraggeber übernimmt). Ebenso gibt es »reine Kommunikation«, die keine Dienstleistungen impliziert (wie zum Beispiel eine Informationsveranstaltung). Für den überwiegenden Teil der Dienstleistungen gilt aber, dass die Leistung in Gegenwart des Kunden erfolgt, und daher die einfache Gleichung:

Leistung = Kommunikation.

Es lohnt daher, für Zwecke der Marktkommunikation speziell im Bereich der Leistungen zu suchen. Die Kernfrage lautet: *Wie können die Leistungen eingesetzt werden, um die eigene Positionierung und das eigene Leistungsspektrum in den Markt zu kommunizieren?*

Eine weitere Besonderheit bezieht sich auf das Produktbild, das ein Kunde von einer Dienstleistung erhält. Während bei einem konkreten Produkt (zum Beispiel PC, Retail-Markt) das Produktbild klar und scharf umrissen ist, hat der Kunde bei einem Dienstleistungsprodukt (zum Beispiel Sicherheitsdienstleistungen, Systemhaus) einen etwas diffusen Eindruck. Dieser Eindruck entsteht durch die hohe Zahl unterschiedlicher Kontakte, die der Dienstleistungskunde mit seinem Anbieter hat. Aus diesem Grund ist für Dienstleistungen die Integration aller Kommunikationswege und -mittel besonders wichtig: Der Kunde soll bei allen Kontakten zumindest dieselbe Grundbotschaft erhalten. Nur so ist es möglich, dem Verschwimmen des Produktbilds entgegenzuwirken. Voraussetzung für diese »integrierte Kommunikation« ist eine klare Positionierung des Unternehmens beziehungsweise des Servicebereichs.

Vertrieb von Dienstleistungen

Viele Hersteller von Waren und Gütern verfolgen das Ziel, auch ihre Dienstleistungen über Wiederverkäufer abzusetzen. Wenn sich konkrete Produkte erfolgreich über Vertriebsnetze absetzen lassen, warum nicht auch gleich die dazugehörigen Dienstleistungen? Warum sollte es nicht möglich sein, Händler zu motivieren, die Serviceleistungen eines Herstellers gleich mit den entsprechenden Produkten mitzuverkaufen?

So simpel diese Fragen klingen: Vielen Herstellern gelingen die entsprechenden Bemühungen nur mit teilweisem Erfolg. Hochwertige Dienstleistungen sind eben keine Produkte, die über den Ladentisch gereicht werden können. Außerdem kommt es sehr darauf an, wie die jeweilige Beziehung zwischen Hersteller und Wiederverkäufer definiert ist.

Funktion von Vertriebspartnern

Wenn wir uns mit der Frage beschäftigen, wie Dienstleistungen erfolgreich über Partner abgesetzt werden können, sollten wir uns kurz an den Sinn eines Vertriebsnetzes erinnern. Wiederverkäufer kommen dann zum Einsatz, wenn der Hersteller eines Produkts den Markt alleine nicht hinreichend betreuen kann. Die Gründe dafür können vielfältig sein. Zum Beispiel kann eine hohe Flächendeckung erst mit einem Vertriebsnetz möglich werden. Oder es werden für den breiteren Vertrieb besondere Branchenkenntnisse benötigt. In allen Fällen sind es spezielle Eigenschaften der Vertriebspartner (lokale Nähe, spezielles Know-how, besondere Zielgruppennähe etc.), die vom Hersteller genutzt werden. Im Gegenzug nutzt der Wiederverkäufer die breite Angebotspalette des Herstellers und seine Marketingunterstützung. Erfolgreiche Vertriebsnetze leben also von einer *Symbiose* zwischen Hersteller und Wiederverkäufer, die in einem sensiblen Gleichgewicht steht.

Bei gegenständlichen Produkten ist dieses Gleichgewicht meist über einen längeren Zeitraum stabil. Denn die Verteilung von Funktionen, Kompetenzen und auch Gewinnen ist klar und deutlich in einem einfachen Ablauf geregelt: Der Hersteller stellt her, der Händler betreut die Endkunden. Bei Dienstleistungen wird diese klare Regelung plötzlich verwischt. Es ist auf einmal nicht mehr nur der Händler selbst beim Kunden, sondern auch Personal des Herstellers. Es taucht die Frage auf, was denn der Verkauf von Dienstleistungen »wert« ist. Und es bleibt unklar, ob der Endkunde vielleicht Folgegeschäfte direkt mit dem Hersteller abwickelt. Sollen Dienstleistungen erfolgreich über Wiederverkäufer abgesetzt werden, dürfen also nicht dieselben Methoden zur Anwendung gebracht werden, wie sie bei gegenständlichen Produkten üblich sind.

Tatsache ist aber, dass viele Hersteller noch immer glauben, ihre Dienstleistungen mit denselben Methoden wie Waren vertreiben zu können. Diese Vorstellung ignoriert die symbiotische Beziehung zwischen Hersteller und Handel und geht an der Realität der Wiederverkäufer völlig vorbei. Der Grund für diese Haltung der Hersteller liegt darin, dass sie sich über die Jahrzehnte auf Produktentwicklung, Produktion und die Abwicklung logistischer Herausforderungen »eingeschossen« haben. Der Absatz von Dienstleistungen über ein Vertriebsnetz stellt eine völlig neue Herausforderung dar, von der viele Anbieter noch gar nicht wissen, dass sie eine ist. Lösbar ist diese Herausforderung nur über ein Umdenken, das in verstärkter Zusammenarbeit der Hersteller mit ihren Vertriebspartnern resultiert. Erst auf diese Weise wird Co-Producing von Dienstleistungen möglich. Dieser Ansatz lässt nicht nur die Stärken beider Partner in die Dienstleistung einfließen, er bildet auch die Basis für eine langfristige Win-win-Situation.

Der Absatz von Dienstleistungen über ein Vertriebsnetz setzt also ein Zusammenrücken von Hersteller und Wiederverkäufer voraus. Er setzt aber auch voraus, dass so viel an Vertrauen vorhanden ist, dass dieses Näherrücken überhaupt möglich wird.

Co-Producing von Dienstleistungen

Die einzige Möglichkeit, hochwertige Dienstleistungen über ein Vertriebsnetz abzusetzen, heißt Co-Producing. Darunter ist zu verstehen, dass die Dienstleistung von Hersteller und Wiederverkäufer gemeinsam gestaltet und gegebenenfalls gemeinsam erbracht wird. Auf diese Weise ist es möglich, die Interessen von beiden Partnern zu wahren. Der Wiederverkäufer erleidet beim Kunden keinen Kompetenzverlust, da auch er die Dienstleistung erbringt. Der Hersteller wird entlastet und kommt in die Lage, mehr von derselben Dienstleistung zu erbringen. Die Verteilung der Aufgaben und die Kompetenzen beider Partner können im Rahmen der Gestaltung genau geregelt werden. Daraus lassen sich auch die Kostenanteile genauer bestimmen und faire Regelungen für die Umsatzaufteilung finden. Stellen Sie sich also im Vorfeld folgende Fragen:

- Können Sie ein gemeinsames Ziel definieren?
- Sind beide Partner an einer längerfristigen Zusammenarbeit interessiert?
- Sind beide Partner bereit, gegebenenfalls Leistungen gemeinsam zu gestalten?
- Besteht die beiderseitige Bereitschaft, Know-how weiterzugeben?
- Besteht die beiderseitige Bereitschaft, auch neue Aufgaben zu übernehmen?
- Ist in der Zusammenarbeit eine klare Aufgabenverteilung abzusehen?
- Ist Kosten- und Gewinntransparenz gegeben?
- Wären die geplanten Leistungen für beide Seiten wirtschaftlich?

Bewertung von Dienstleistungen

Jedes Produkt wird von seinen Käufern einer Bewertung unterworfen. Auf welche Art diese Bewertung möglich ist, hängt vom Produkt ab. Gegenständliche Produkte (Waren) sind vom Käufer meistens bereits vor dem Kauf bewertbar, spätestens aber während des Besitzes. Dienstleistungsprodukte sind in der Regel vom Kunden erst nach dem Kauf oder überhaupt nicht bewertbar.

Die Treppe zum Erfolg

Dienstleistungen werden, im Gegensatz zu gegenständlichen Produkten (Waren), von Kunden einer mehrstufigen Bewertung unterzogen. Um einen Kunden zum Wiederkommen zu bewegen, müssen Sie als Anbieter alle drei Stufen meistern. Die »Treppe zum Erfolg« wird Ihnen in Abbildung 63 vorgestellt.

Die erste Stufe umfasst die *Search Qualities* und steht dafür, welche Eckdaten von Ihrer Dienstleistung erfüllt sein müssen (zum Beispiel die Inhalte eines Kurses). Die zweite Stufe impliziert die *Experience Qualities* und steht dafür, was ein Kunde im Rahmen Ihrer Dienstleistung erlebt (zum Beispiel die Zuverlässigkeit von Servicearbeiten). Die dritte Stufe summiert die *Credence Qualities* und steht dafür, was ein Kunde über Ihre Dienstleistungen glaubt (zum Beispiel die Objektivität einer Beratung).

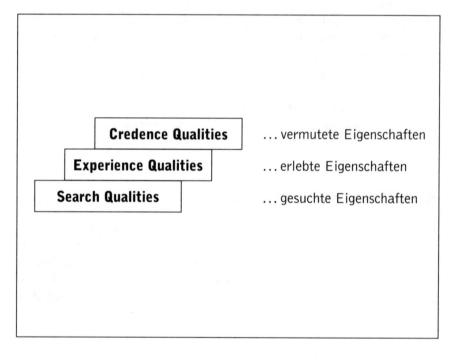

Abbildung 63: Die Treppe zum Dienstleistungs-Erfolg

Während gegenständliche Produkte nach relativ einfachen Kriterien bewertet werden können, erfolgt die Einschätzung von Dienstleistungen also auf drei Ebenen.

Die Ebene der »Search Qualities« umfasst alle Parameter, die ein Kunde bereits vor dem Kauf verstehen und vergleichen kann. Sie sind bei Dienstleistungen relativ dünn gesät. Zu ihnen gehören zum Beispiel die Dauer eines Kurses und die angekündigten Inhalte. Um diese Ebene als Anbieter zu meistern, erforschen Sie am besten, wie diese Eckdaten aus Sicht Ihrer Kunden beschaffen sein sollten.

Zur zweiten Ebene gehören die »Experience Qualities«. Wie der Name schon sagt, zählen dazu alle Merkmale einer Dienstleistung, die ein Kunde erst nach der Inanspruchnahme beurteilen kann. Um einige Beispiele zu nennen: Die Verständlichkeit eines EDV-Kurses, die Zuverlässigkeit von Servicearbeiten oder die Termintreue von Installationsarbeiten sind klassische Experience Qualities. Faktoren dieser Art nehmen großen Einfluss darauf, ob ein Kunde wiederkommt oder nicht. Um als Anbieter auf dieser Ebene erfolgreich zu sein, holen Sie Feedback von Ihren Kunden ein und arbeiten Sie an der Art und Weise, in der Ihre Dienstleistungen erbracht werden.

Die Beurteilungsmaßstäbe des Kunden sind damit aber noch nicht voll abgedeckt. In die dritte (meistens total unterschätzte) Ebene fallen die »Credence Qualities«. Mit ihnen werden jene Faktoren zusammengefasst, die ein Kunde auch nach der Inanspruchnahme *überhaupt nicht* beurteilen kann. Paradebeispiel dafür ist die Objektivität einer Beratung. Genauso wie die Richtigkeit einer ärztlichen Diagnose entziehen sich solche Faktoren einer Beurteilung durch den Kunden – sie werden zu Glaubensfragen. Als Ersatz werden vom Kunden zur Bewertung andere Parameter herangezogen: die Überzeugungskraft des Consultants, sein Einfühlungsvermögen, Referenzen oder das Unternehmensimage. Um diese dritte Ebene zu meistern, stellen Sie sich die Frage, welche Faktoren Ihrer Dienstleistung Ihre Kunden nicht beurteilen können. Liefern Sie dann in genau diesen Punkten die erforderlichen Referenzen und Qualitätsbeweise.

Positive Bewertung gesichert?

Die Bewertung einer Dienstleistung hängt also nicht nur von trockenen Fakten (Search Qualities) und Erlebtem (Experience Qualities) ab. Sie ist auch in hohem Maß eine Glaubens- und Vertrauensfrage (Credence Qualities).

Für einen Dienstleistungsanbieter ist es sehr wichtig zu wissen, auf welcher der Ebenen (Search, Experience oder Credence) seine Leistungen hauptsächlich bewertet werden. Je nachdem sind unterschiedliche Schritte zu setzen, um zu einer positiven Bewertung durch den Kunden zu gelangen.

Checkliste: Qualitätskriterien

Anwendung: Dienstleistungsmarketing besteht zu einem guten Teil darin, das Kundenanforderungsniveau zu erheben und zu realisieren. Das Kundenanforderungsniveau ist als Analogie zu den Spezifikationen eines konkreten Produkts zu sehen. Um zu einem solchen »Pflichtenheft« zu kommen, wählt man am besten den Umweg über die fünf Dimensionen der Dienstleistungsqualität, um sich ihrer zu bedienen. Innerhalb dieser Dimensionen lassen sich leichter messbare Kriterien festlegen, mit denen die Dienstleistung definiert werden kann.

Checkliste »Qualitätskriterien«

Legen Sie für Ihr Dienstleistungsprodukt innerhalb der folgenden fünf Dimensionen messbare Kriterien fest:

Annehmlichkeit des Umfelds

Die erste Dimension steht für das äußere Erscheinungsbild des Dienstleistungsortes. Ein Beispiel ist die Ausstattung eines Schulungsraums und das Erscheinungsbild des Schulungsleiters.
Ihre messbaren Qualitätskriterien:

_____
_____
_____
_____
_____
_____

Zuverlässigkeit

Die Dimension »Zuverlässigkeit« steht für die Fähigkeit des Anbieters, die versprochenen Leistungen inhaltlich auf dem angekündigten Niveau zu erfüllen. Beispiel: In einem Grundkurs wird jenes Basiswissen vermittelt, mit dem ein Anwender bereits sinnvoll arbeiten kann.

Ihre messbaren Qualitätskriterien:

Reaktionsfähigkeit

Die dritte Dimension beschäftigt sich mit der Frage, ob spezifische Kundenwünsche berücksichtigt und erfüllt werden. »Reaktionsfähigkeit« gliedert sich in Reaktionsbereitschaft und Reaktionsschnelligkeit. Beispiel: schnelle Einschulung neuer Mitarbeiter.
Ihre messbaren Qualitätskriterien:

Leistungskompetenz

Die vierte Dimension bezieht sich auf das Wissen, die Zuvorkommenheit und die Vertrauenswürdigkeit der Dienstleistungsmitarbeiter. Beispiel: Der Schulungsleiter kennt alle Möglichkeiten des Produkts, das er schult.
Ihre messbaren Qualitätskriterien:

Einfühlungsvermögen

Die Dimension »Einfühlungsvermögen« kennzeichnet die Fähigkeit des Dienstleisters, auch auf nicht geäußerte individuelle Kundenanforderungen einzugehen. Beispiel: Der Schulungsleiter motiviert in besonderem Maße »schwache« Teilnehmer.

Ihre messbaren Qualitätskriterien:

_____

_____

_____

_____

_____

Checkliste: Dienstleistungsmarketing

Anwendung: Die Vermarktung von Dienstleistungsprodukten folgt Ihren eigenen Gesetzmäßigkeiten. In der nachfolgenden Checkliste sind die wichtigsten Besonderheiten von Dienstleistungsprodukten berücksichtigt.

Checkliste »Dienstleistungsmarketing«

Achten Sie bei der Vermarktung Ihrer Dienstleistungen auf folgende Punkte:

- ❏ *Marktinformationen einholen:* Stellen Sie sicher, dass Sie lange vor Ihrem Marktauftritt über ausreichende Informationen darüber verfügen, ob Ihr geplantes Angebot auf Bedarf treffen wird.
- ❏ *Zielgruppe definieren:* Achten Sie darauf, dass Sie eine in ihrer Größe messbare und erreichbare Zielgruppe definiert haben.
- ❏ *Kundenanforderungsniveau erheben:* Ermitteln Sie die Anforderungen Ihrer Zielgruppe an Ihre Dienstleistungen. Schreiben Sie diese in messbaren Qualitätskriterien nieder – wie Produktspezifikationen in einem Pflichtenheft.
- ❏ *Qualitätsstandards implementieren:* Sorgen Sie dafür, dass dieses Pflichtenheft erfüllt wird.
- ❏ *Mitarbeiter einbeziehen:* Ermutigen Sie alle Beteiligten permanent zum Input beziehungsweise Feedback. Überzeugen Sie Ihre Dienstleistungsmitarbeiter, dass ihre Tätigkeit auch für sie selbst sinnvoll und wichtig ist.
- ❏ *Dienstleistungen positionieren:* Positionieren Sie Ihr Dienstleistungsangebot wie ein konkretes Produkt. Dazu gehört, dass Sie einen klaren, messbaren Zusatznutzen aufzeigen, um sich gut von Ihren Mitbewerbern abzuheben.
- ❏ *Alle Wege nutzen:* Transportieren Sie Ihre Positionierung auf allen Kommunikationswegen, also auch nach »innen« und nicht nur zum Kunden.
- ❏ *Leistungen greifbar machen:* Wirken Sie der Immaterialität von Dienstleistungen entgegen und machen Sie sie für Ihre Kunden

»greifbar«. Verwenden Sie in Texten prägnante und »griffige« Beschreibungen Ihrer Leistungen.

Anhang: Inhalt der CD-ROM

Die CD-ROM enthält folgende Unterlagen als Arbeitshilfen:
- Checklisten,
- Tests sowie
- Übungen.

Alle Dateien sind im Word™-Format geschrieben.

Checklisten

Hierbei handelt es sich um die Originalchecklisten, die in diesem Buch vorgestellt werden. Es handelt sich im Einzelnen um folgende Arbeitshilfen:
- Checkliste: Qualitätskriterien Dienstleistungen,
- Checkliste: Die fünf Preisfragen,
- Checkliste: Dienstleistungs-Marketing,
- Checkliste: Direktwerbung,
- Checkliste: Gliederung Fact-Book,
- Checkliste: Info-Beschaffung,
- Checkliste: Marketing-Konzept,
- Checkliste: Messetipps,
- Checkliste: Planung Markteinführung,
- Checkliste: Product-Launch-Package,
- Checkliste: Produktgestaltung,
- Checkliste: Salespromotion,
- Checkliste: Vertriebsunterstützung sowie
- Checkliste: Werbebriefing.

Tests

Hierbei handelt es sich um die Originaltests, die in diesem Buch vorgestellt werden. Es handelt sich im Einzelnen um folgende Arbeitshilfen:

- Test: ABC-Analyse,
- Test: Beziehungen zum Vertrieb,
- Test: Der Produktcheck,
- Test: Die vier Seiten einer Nachricht,
- Test: Eintrittsbarrieren,
- Test: Konfliktthesen für Produktmanager,
- Test: Meeting-Kultur sowie
- Test: SWOT-Analyse.

Übungen

Hierbei handelt es sich um die Originalübungen, die in diesem Buch vorgestellt werden. Es handelt sich im Einzelnen um folgende Arbeitshilfen:

- Übung: Persönliche Reflexion zu Konflikten,
- Übung: Rollen im Produktmanagement sowie
- Übung: Sieben goldene Regeln.

Wenn Sie mit den elektronischen Formularen arbeiten, vergleichen Sie diese bitte mit den entsprechenden Arbeitshilfen im Buch. Aufgrund der individuellen Konfiguration kann es in der Darstellung zu Abweichungen kommen.

Glossar

A

Abdeckungsstrategie: Entscheidung, in welcher Form an den Gesamtmarkt eines Produkts herangegangen wird. Die drei Möglichkeiten sind → Undifferenzierte, → Differenzierte und → Konzentrierte Marktbearbeitung.
Adoptionsgruppe: Gliederung der potenziellen Käuferschaft eines Produkts. Nach der unterschiedlichen Bereitschaft, eine Innovation anzunehmen, unterscheidet man die fünf Gruppen → Innovatoren, Frühe Abnehmer, Frühe Mehrheit, Späte Mehrheit und Nachzügler.
Advertising: Englische Bezeichnung für → Werbung.
AIDA-Modell: Modell, das Kaufentscheidungsprozesse in vier Phasen einteilt. Das Modell wurde ursprünglich zur Beurteilung von Werbewirksamkeit geschaffen, bietet aber eine allgemeine Hilfestellung bei der Auswahl der passenden Kommunikationsform. Das englische Akronym AIDA leitet sich aus den vier Phasen des Modells ab: Attention, Interest, Demand und Action.

B

Behördenmärkte: Behördenmärkte werden von öffentlichen Einrichtungen gebildet, die Produkte erwerben, um ihre (Verwaltungs-)Funktion zu erfüllen. Siehe auch → Organisationsmärkte.
Boston-Consulting-Matrix: Andere Bezeichnung für die → Growth-Share-Matrix. Der Name geht darauf zurück, dass die Boston Consulting Group dieses Instrument intensiv in ihrer Arbeit eingesetzt hat.

Break-even-Point: Jener Punkt, an dem der Umsatz eines Produkts gleich den Gesamtkosten ist (also variable Kosten plus Fixkosten). Unterhalb des Break-even werden Verluste, darüber Gewinne erzielt. Am Break-even-Point sind die erzielten → Deckungsbeiträge gerade ausreichend, um die → Fixkosten zu decken.

C

Cash-Cow: Bezeichnung für ein Produkt, das hohe Gewinne abwirft. Cash-Cows halten einen hohen eigenen Marktanteil in einem Markt mit geringem Wachstum. Aufgrund dieser Marktsituation muss nur wenig investiert werden, um den hohen eigenen Marktanteil zu halten. Die Gewinne aus Cash-Cows dienen Unternehmen in der Regel dazu, neue Produkte aufzubauen. Der Begriff »Cash-Cow« kennzeichnet auch die Lage eines solchen Produkts in der → Growth-Share-Matrix.

Claim: Englische Bezeichnung für einen Slogan, der Ansprüche auf bestimmte Leistungsmerkmale beziehungsweise Formen des Kundennutzen anmeldet.

COD (= Cash on Delivery): Englische Bezeichnung der Liefervereinbarung »Per Nachnahme«.

Consumer-Promotion: Sonderform der → Sales Promotion, die sich direkt an die Endabnehmer eines Produkts richtet.

D

Dealer-Package: Spezielle Form eines → Launch-Packages, das für Wiederverkäufer zusammengestellt wird.

Deckungsbeitrag: Anteil, um den der Produktpreis die variablen Produktkosten übersteigt. Ist die Summe der erzielten Deckungsbeiträge größer als die der → Fixkosten, so liefert das Produkt ein positives Ergebnis.

Dienstleistung: Jede Tätigkeit, Nutzenstiftung oder Bedürfnisbefriedigung, die zum Verkauf angeboten wird. Dienstleistungen sind im Wesentlichen nicht greifbar und begründen kein Eigentum an irgendetwas. Ihre Erbringung kann (muss aber nicht) mit einem realen Produkt verknüpft sein.

Dienstleistungsqualität: Die Fähigkeit des Anbieters, die Beschaffenheit der Leistung auf einem bestimmten Kundenanforderungsniveau zu erstellen.

Differenzierte Marktbearbeitung: Diese → Abdeckungsstrategie peilt mehrere Segmente des Gesamtmarktes eines Produkts an. Die einzelnen Segmente werden aufgrund ihrer Unterschiede verschieden angesprochen und mit variierten Ausführungen des Produkts versorgt. Sie ist besonders gut geeignet für Produkte mit hoher Variabilität. Siehe auch → Undifferenzierte und → Konzentrierte Marktbearbeitung.

Distributor: Unternehmen, das als logistische Zwischenstufe zwischen Hersteller und Detailhändler operiert. Distributoren nehmen oft wesentliche Funktionen im Produktmarketing wahr, die der Hersteller selbst nicht leisten kann oder will und der Detailhändler nicht leisten wird.

Dog: Bezeichnung für ein Produkt, das einen geringen Anteil an einem stabilen Markt hält. Das Produkt finanziert sich womöglich selbst, wirft aber nicht viel Gewinn ab. Da Investitionen für Veränderungen des eigenen Marktanteils meist in keinem Verhältnis zu den Chancen stehen, ist es in seiner Position festgenagelt. Der Dog ist daher in der Regel die Endstation für ein Produkt. Die Bezeichnung »Dog« kennzeichnet auch die Lage eines solchen Produkts in der → Growth-Share-Matrix.

E

Erlös: Erzielter Verkaufspreis, der nicht mit dem Endkundenpreis übereinstimmen muss, speziell dann, wenn Vertriebspartner eingeschaltet sind.

Ertragszeit: Zeitraum ab dem → Break-even-Point, in dem ein Produkt Reingewinn abwirft.

F

Fact-Book: Bezeichnung für eine Zusammenstellung aller produktbezogenen Daten im Sinne einer umfassenden Marketing-Dokumentation.

F&E: Abkürzung für »Forschung und Entwicklung«.
Fixkosten: Kosten, die unabhängig von der verkauften Menge eines Produkts in jedem Fall auftreten. Dazu gehören beispielsweise die Kosten für seine Entwicklung. Siehe auch → Variable Kosten.
Flop: Produkt, das in seinem → Produktlebenszyklus aufgrund von Schwächen oder sich plötzlich ändernder Marktgegebenheiten nicht über seine Einführungsphase hinauskommt.
FOB (= Free on Board): Englische Bezeichnung der Liefervereinbarung »Transportkosten ab Frachtbasis«.

G

Gesamtkosten: Summe der Kosten, die bei einer bestimmten Verkaufsmenge eines Produkts entstehen. Die Gesamtkosten sind die Summe aus → Fixkosten und → Variablen Kosten.
Growth-Share-Matrix: Die Growth-Share-Matrix ist ein sehr gängiges Instrument der → Portfolio-Analyse. Die Matrix wird von den beiden Parametern Marktwachstum und Eigener Marktanteil gebildet. Produkte werden je nach ihrer Lage in der Matrix als → Question-Mark, → Star, → Cash-Cow oder → Dog bezeichnet. Siehe auch → Boston-Consulting-Matrix.

I

Imitation: Nachempfindung eines bereits bestehenden Produkts. Imitationen verbergen sich oft hinter → Marktinnovationen.
Innovation: Unter Innovationen versteht man Produktneuerungen. Sie treten in zwei Formen auf: als echte und unechte Innovationen. Von einer echten Innovation spricht man, wenn das Produkt eine grundsätzliche Neuerung bringt. Unechte oder Marktinnovationen sind Produkte, die über formale Änderungen den Eindruck von Neuheit erzeugen.
Innovatoren: → Adoptionsgruppe, die ein neues Produkt als Erste kauft. Die Innovatoren machen in der Summe nur wenige Prozent der potenziellen Käuferschaft eines Produkts aus. Da sie großen Einfluss darauf haben, ob ein Produkt vom Markt akzeptiert wird oder nicht, kommt ihnen während der Markteinführung spezielle Bedeutung zu.

Investitionsgütermärkte: Investitionsgütermärkte werden von Organisationen gebildet, die Produkte erwerben, um damit andere Produkte zu erzeugen. Siehe auch → Organisationsmärkte.
IT (= Information Technology): Englische Kurzform für Informationstechnologie.

K

Kick-off: Bezeichnung für eine Veranstaltung, die dazu dient, den Vertrieb mit einem neuen Produkt vertraut zu machen und zu Verkaufsbemühungen anzuspornen. Wird oft kombiniert mit der Ankündigung einer → Sales Force oder → Trade Promotion und gerne an den Beginn einer Verkaufssaison gelegt.
Konsumgütermärkte: Konsumgütermärkte werden von Personen gebildet, die Produkte für den persönlichen Gebrauch erwerben. Siehe auch → Markt und → Organisationsmärkte.
Konzentrierte Marktbearbeitung: Bei dieser → Abdeckungsstrategie wird die Marktbearbeitung auf jenes Segment eingeschränkt, in dem die besten Erfolgschancen bestehen. Sie ist besonders gut für Innovationen beziehungsweise bei limitierten Ressourcen geeignet. Siehe auch → Differenzierte und → Undifferenzierte Marktbearbeitung.
Kostendeckung: Verkaufte Menge, bei der die Produktkosten gleich den erzielten Erlösen sind. Siehe auch → Break-even-Point.

L

Launch-Package: Eine Art »Betriebsanleitung für den Verkauf« eines Produkts. Ein Launch-Package enthält alle produktbezogenen Informationen, die aus Sicht des Vertriebs zur Unterstützung seiner Verkaufsbemühungen von Interesse sind. Siehe auch → Dealer-Package.
Lead: Qualifizierter Hinweis auf eine an einem Produkt oder einer Lösung interessierte Person. Der Begriff wird am häufigsten in Zusammenhang mit Messen gebraucht, wo Daten von Interessenten aufgenommen werden (»Messe-Lead«).
Lebenszyklus: Siehe → Produktlebenszyklus.

M

Markt: Den Markt eines Produkts bilden die Summe aller tatsächlichen und potenziellen Käufer eines Produkts. Man unterscheidet zwei Arten von Märkten: → Konsumgütermärkte und → Organisationsmärkte.

Marktinnovation: »Neues« Produkt, das außer formalen Änderungen wie etwa einer veränderten Form- und Farbgebung keine grundsätzliche Neuerung bringt. Siehe auch → Innovation.

Marktsegment: Ein Segment ist ein Teil eines Marktes, dessen Mitglieder ein bestimmtes Merkmal gemeinsam haben. Diese Gemeinsamkeit bewirkt, dass die Mitglieder eines Segments auf ein (Produkt-)Angebot ähnlich reagieren. Die Segmentierung erfolgt nach einer geeigneten → Segmentierungsvariablen, zum Beispiel der Betriebsgröße, der Branche oder der geografischen Lage. Die Unterteilung eines Marktes in Segmente ist eine wichtige Vorarbeit für die Auswahl der → Zielgruppen.

N

Non Disclosure: Eine Übereinkunft zwischen Unternehmen (meist Hersteller und Vertriebspartner), dass die einem »Non Disclosure Agreement« unterliegenden Informationen vertraulich behandelt werden und nicht für die Öffentlichkeit bestimmt sind. Kommt oft in der Zeit vor der offiziellen Freigabe eines Produkts zur Anwendung.

O

Objective and Task: Arbeitsmethode, bei der erst die Ziele *(objective)* festgelegt und anschließend daraus die notwendigen Maßnahmen *(task)* zu deren Erreichung abgeleitet werden.

Öffentlichkeitsarbeit: Aktivitäten, um nicht bezahlte Berichterstattung durch Dritte (→ Publicity) zu erzielen. Siehe auch → Promotion-Mix.

Organisationsmärkte: Organisationsmärkte werden von Organisationen gebildet, die Produkte für den Bestand, Betrieb oder die Entwicklung der Organisation erwerben. Man unterscheidet → Investitionsgütermärkte, → Wiederverkäufermärkte und → Behördenmärkte. Siehe auch → Markt und → Konsumgütermärkte.

P

Pay-off-Time: Zeitraum ab der Markteinführung eines Produkts, in dem Amortisation eintritt. Am Ende der Pay off Time ist der → Break-even-Point erreicht, das heißt, dass an diesem Punkt die Erträge den Aufwendungen entsprechen.

Personal Selling: Englische Bezeichnung für → Persönlichen Verkauf.

Persönlicher Verkauf: Alle persönlichen Präsentationen von Produkten mit direktem Kundenkontakt: zum Beispiel vor Ort beim Kunden, auf Messen, am Telefon, in Schulungen oder auf Tagungen. Siehe auch → Promotion-Mix.

Place: Place ist eines der »4P« des → Produktmarketing-Mix. Unter dem Überbegriff »Place« werden alle Aktivitäten zusammengefasst, die ein Produkt einer Zielgruppe verfügbar machen.

Portfolio: Das Portfolio eines Unternehmens setzt sich aus seinen Strategischen Geschäftsfeldern (SGF) zusammen. Die SGF sind je nach Fall Einzelprodukte, Produktlinien oder ganze Divisions. Siehe auch → Portfolio-Analyse.

Portfolio-Analyse: Das Prinzip der Portfolio-Analyse besteht darin, die Produkte beziehungsweise Produktlinien eines Unternehmens in einer Matrix gegenüberzustellen. Die Matrix baut sich aus einem gegebenen Parameter und einem steuerbaren Parameter auf. Ein gängiges Beispiel für eine solche Matrix ist die → Growth-Share-Matrix. Je nach Lage und Verteilung der Produkte in der Matrix wird entschieden, in welche Produkte investiert wird. Siehe auch → Portfolio.

Positionierung: Bezeichnung dafür, ein Produkt unverwechselbar und als wünschenswert in der Meinung einer Zielgruppe zu verankern. Die Positionierung ist die Basis für die Festlegung des → Produktmarketing-Mix.

PR: Englische Kurzform für → Public Relations.

Price: Price ist eines der »4P« des → Product-Marketing-Mix. Unter dem Überbegriff »Price« werden die Festlegung des Produktpreises und die verschiedenen Bestimmungsfaktoren zusammengefasst.

Product: Product ist eines der »4P« des → Produktmarketing-Mix. Unter dem Überbegriff »Product« werden alle produktbezogenen Gestaltungsmöglichkeiten zusammengefasst.

Produkt: Ein Produkt ist alles, was einem Markt angeboten werden kann und geeignet ist, Bedürfnisse zu befriedigen. Das Spektrum ist sehr breit und reicht von konkreten Objekten über Dienstleistungen bis zu Personen, Ideen und Organisationen.

Produktlebenszeit: Zeitspanne, die ein Produkt auf dem Markt besteht.

Produktlebenszyklus: Modell, das die Umsatz- und Gewinnentwicklung eines Produkts über seine Lebensdauer beschreibt. Das Modell gliedert die Lebensdauer eines Produkts in fünf Abschnitte: Entwicklungs-, Einführungs-, Wachstums-, Reife- und Rückgangsphase.

Produktlinie: Eine Produktlinie ist eine Gruppe von Produkten, die in einer bestimmten Form miteinander verwandt sind. Die Verwandtschaft kann darin bestehen, dass die Produkte Ähnliches leisten, einander ergänzen oder nur einfach für dieselbe Zielgruppe bestimmt sind.

Produktmarketing-Mix: Modell der produktbezogenen Parameter, die im Produktmanagement steuerbar sind. Die vier Parameter, oft als »4P« bezeichnet, sind das Produkt selbst (→ Product), sein Preis (→ Price), seine Vertriebswege (→ Place) und seine Absatzförderung (→ Promotion).

Promotion: Promotion ist eines der »4P« des → Produktmarketing-Mix. Unter dem Überbegriff »Promotion« werden alle Aktivitäten zusammengefasst, die zur Absatzförderung eines Produkts zur Verfügung stehen.

Promotion-Mix: Zusammenstellung der Kommunikationsmittel, die in der Absatzförderung (→ Promotion) für ein Produkt eingesetzt werden. Die vier Bereiche des Promotion-Mix sind: → Werbung, → Öffentlichkeitsarbeit, → Verkaufsförderung, → Persönlicher Verkauf.

Public Relations: Englische Bezeichnung für → Öffentlichkeitsarbeit.

Publicity: Nicht bezahlte Berichterstattung durch Dritte. Beispiele sind Pressemeldungen, Testberichte oder Erfahrungsberichte auf Veranstaltungen. Siehe auch → Öffentlichkeitsarbeit und → Promotion-Mix.

Pull-Strategie: Absatzstrategie, die darin besteht, Vertrieb und Handel über die Erzeugung einer starken Verbrauchernachfrage zu aktivieren. Siehe auch → Push-Strategie.

Push-Strategie: Absatzstrategie, die darin besteht, Vertrieb und Handel durch Maßnahmen zu aktivieren, die sich direkt an ihn selbst richten. Das Produkt wird durch die Absatzkanäle »gepusht«. Siehe auch → Pull-Strategie.

Q

Question-Mark: Bezeichnung für ein Produkt mit geringem Marktanteil in einem rasch wachsenden Markt. Das Produkt wird entweder erst kurze Zeit verkauft oder noch nicht voll akzeptiert. Die Bezeichnung »Question-Mark« kennzeichnet auch die Lage eines solchen Produkts in der → Growth-Share-Matrix.

R

Relaunch: Die erneute Einführung eines Produkts auf dem Markt unter veränderten Bedingungen. Ein Relaunch ist meist dann erforderlich, wenn bei der ursprünglichen Markteinführung grobe Fehler begangen wurden.

S

Sales Force Promotion: Sonderform der → Sales Promotion, die sich an den Verkaufsaußendienst des eigenen Unternehmens richtet.
Sales Promotion: Englische Bezeichnung für → Verkaufsförderung.
Segment: Siehe → Marktsegment.
Segmentierungsvariable: Merkmal, nach dem ein Markt in unterschiedliche → Marktsegmente unterteilt wird. Die Mitglieder eines Segments können gleich behandelt werden, da sie ähnlich reagieren. Man unterscheidet geografische (zum Beispiel Standort), demografische (zum Beispiel Alter), psychografische (zum Beispiel soziale Schicht) und verhaltensorientierte (zum Beispiel Verwenderstatus) Variablen. Speziell → Investitionsgütermärkte werden hauptsächlich mittels geografischer und verhaltensorientierter Variablen segmen-

tiert, während für → Konsumgütermärkte auch demografische und psychografische Variablen eine wichtige Rolle spielen.

Star: Bezeichnung für ein Produkt mit hohem eigenen Marktanteil in einem interessanten Markt mit hohem Wachstum. Stars sind die Gewinnträger der Zukunft. In ihrer aktuellen Situation benötigen sie allerdings ein hohes Maß an Investition, um sich zu behaupten. Aus diesem Grund sind die Gewinne aus Stars gering. Die Bezeichnung »Star« kennzeichnet auch die Lage eines solchen Produkts in der → Growth-Share-Matrix.

T

Time-Lag: Verzögerung, die zwischen dem ersten Einsatz von Mitteln der Marktkommunikation und den ersten Verkaufserfolgen auftritt.

Time-to-Market: Zeitraum von der Produktidee bis zur Markteinführung des Produkts. In diesem Zeitraum ist die komplette Produktentwicklung angesiedelt.

Trade Promotion: Sonderform der → Sales Promotion, die sich an den Handel richtet.

U

Undifferenzierte Marktbearbeitung: Diese → Abdeckungsstrategie bedeutet, dass der gesamte Markt eines Produkts zum Zielgebiet gemacht wird. Auf Unterschiede einzelner Segmente wird keine Rücksicht genommen. Sie ist besonders gut geeignet für homogene Märkte. Siehe auch → Differenzierte und → Konzentrierte Marktbearbeitung.

USP (= Unique Selling Proposition): Englische Bezeichnung für ein Alleinstellungsmerkmal.

V

VAR (= Value added Reseller): Englische Bezeichnung eines Wiederverkäufers, der seinen Gewinn zum Großteil dadurch erzielt, dass er Produkte zu Lösungen für seine Kunden zusammenstellt und sie damit mit einem »Added Value« versieht.

Variable Kosten: Kosten, die zusätzlich zu den → Fixkosten mit jedem verkauften Stück eines Produkts auftreten. Dazu gehören beispielsweise die Kosten für Produktion und Versand.

Verkaufsförderung: Kurzfristig wirkende Kaufanreize. Beispiele sind Gewinnspiele, Abverkäufe, Wettbewerbe und Sonderprämien. Siehe auch → Promotion-Mix.

Vier »P«: Auch »4P«. Bezeichnung für die vier Parameter → Product, → Price, → Place und → Promotion des → Produktmarketing-Mix.

W

Werbung: Bezahlte Präsentation in Medien. Beispiele sind Anzeigen, Radio-, TV- und Kinospots, Plakate, Broschüren und CD-ROMs. Siehe auch → Promotion-Mix.

Wiederverkäufermärkte: Wiederverkäufermärkte werden von Organisationen gebildet, die Produkte zum Weiterverkauf erwerben. Siehe auch → Organisationsmärkte.

Z

Zielgruppe: Personengruppe, an die Sie sich aktiv mit Ihren Marketingmaßnahmen wenden. Wichtige Voraussetzung für die Auswahl der Zielgruppen sind gute Marktkenntnisse und eine darauf aufbauende → Marktsegmentierung.

Literaturverzeichnis

Das Angebot an spezifischer Literatur für Produktmanager ist gering. Viele für Produktmanager interessante Literaturstellen finden sich über die Wirtschafts- und Kommunikationsliteratur verstreut. Die nachfolgende Zusammenstellung von Titeln ist als Orientierungshilfe in diesem großen Angebot zu sehen.

Die beigefügte Wertung gibt keine Auskunft über die Qualität des entsprechenden Titels. Sie ist vielmehr ein Versuch, den Grad des jeweiligen Buches in seiner Bedeutung für die praktische Arbeit eines Produktmanagers annähernd zu bestimmen. Bei der schematischen Bewertung wird nach folgenden Kategorien vorgegangen:

*** = ein Muss für jeden Produktmanager
** = lesenswert
* = kann nicht schaden

ALBERS SÖNKE, HERRMANN ANDREAS (Hrsg.), *Handbuch Produktmanagement*, Wiesbaden: Gabler Verlag, 2000. – Komplexe Abhandlung des Themas Produktmanagement durch 69 Autoren**
RICHARD BANDLER, *Veränderung des subjektiven Erlebens*, Paderborn: Junfermann, 1987. – Ausgezeichnete Einführung in NLP***
KENNETH BLANCHARD, S. JOHNSON, *Der Minuten Manager*, Reinbek bei Hamburg: Rowohlt Verlag, 1996. – Basics moderner Mitarbeiterführung**
KENNETH BLANCHARD, W. ONCKEN, H. BURROWS, *Der Minuten Manager und der Klammeraffe*, Reinbek bei Hamburg: Rowohlt Verlag, 1996. – Wie man lernt, sich nicht zu viel aufzuhalsen***
DALE DAUTEN, *Die Max-Strategie*, Wien: Signum Verlag, 1996. – Plädoyer für Innovativität**
WILLIAM H. DAVIDOW, BRO UTTAL, *Service total*, München: Heyne 1995. – Kundendienst als Differenzierungsinstrument*
R. FISHER, W. URY; B. PATTON, *Das Harvard-Konzept*, Frankfurt am Main/New York: Campus Verlag, 1995. – Verhandlungstechnik**
TONY HARRISON, *Produkt Management,* Frankfurt am Main/New York: Campus Verlag, 1991. – Allgemeine Einführung in das Produktmanagement***
RICHARD HOFMAIER (Hrsg.), *Erfolgsstrategien in der Investitionsgüterindus-*

trie, Landsberg am Lech: Verlag Moderne Industrie, 1995. – Hervorragende Sammlung von Fallbeispielen***
JAQUES HOROVITZ, *Service entscheidet,* München: Heyne 1995. – Die Bedeutung der Qualität im Service*
THOMAS HUMMEL, CHRISTIAN MALORNY, *Total-Quality-Management,* München/Wien: Hanser 1996 (Pocket Power). – Taschenhandbuch zu TQM-Prinzipien**
MASAAKI IMAI, KAIZEN, Berlin/Frankfurt am Main: Ullstein, 1993. – Der Ursprung der TQM-Bewegung**
PETER KAIRIES, *Professionelles Produkt-Management für die Investitionsgüterindustrie,* Ehningen/Böblingen: expert-Verlag, 1992. – Zusammenkopierte Unterlagen*
JOACHIM KATH, *Die 100 Gesetze erfolgreicher Werbung,* München: Verlag Langen-Müller Herbig, 1994. – Basics erfolgreicher Marktkommunikation***
W. KEMMETMÜLLER, D. RÖSSL, *Kalkulation. Handbuch für die Praxis,* Wien: Serviceverlag, 1989. – Basics zu Kalkulation und Kostenrechnung*
MOGENS KIRCKHOFF, *Mind Mapping,* Offenbach: Gabal, 1996. – Sehr brauchbare Kreativitätstechnik*
PHILIP KOTLER, GARY ARMSTRONG, *Marketing. Eine Einführung,* Wien: Serviceverlag, 1988. – Die amerikanische Marketing-Bibel***
J. C. LEVINSON, *Guerilla-Marketing,* Frankfurt am Main/New York: Campus Verlag, 1992. – Unkonventionelle Marktkommunikation***
J. C. LEVINSON, B. GALLAGHER, O. WILSON, *Guerilla-Verkauf,* Frankfurt am Main/New York: Campus Verlag, 1993. – Unkonventionelle Verkaufstechnik***
ROBERT E. LINNEMANN, JOHN L. STANTON JR., *Nischenmarketing,* Frankfurt am Main/New York: Campus Verlag, 1992. – Wege in Nischenmärkte*
PETER LINNERT, *Produkt-Manager,* Gernsbach: DBV, 1974. –Trockene Gesamtdarstellung des Produktmanagementprinzips*
H. LIPPMANN, M. PÜTTMANN, *Marktchancen nutzen mit Produktmanagement,* Eschborn: RKW, 1996. – Sehr guter Ratgeber zum Einsatz von Produktmanagement***
HERIBERT MEFFERT, MANFRED BRUHN, *Dienstleistungsmarketing. Grundlagen – Konzepte – Methoden,* Wiesbaden: Gabler 1997. – Die Dienstleistungsbibel***
WERNER MEFFERT, *Werbung, die sich auszahlt,* Reinbek bei Hamburg: Rowohlt, 1990. – Kostengünstige Marktkommunikation**
DAVID OGILVY, *Geständnisse eines Werbemannes,* Düsseldorf/Wien/New York: ECON Verlag, 1991. – Tipps & Tricks des Werbegurus Ogilvy*
WERNER PEPELS, *Einführung in das Dienstleistungsmarketing,* München: Vahlen 1995. – Relativ abstrakte Abhandlung*
HORST RÜCKLE, *Körpersprache für Manager,* Landsberg am Lech: Verlag Moderne Industrie, 1987. – Fundierte Einführung in die Körpersprache*
FRIEDEMANN SCHULZ VON THUN, *Miteinander reden (I),* Reinbek bei Hamburg: Rowohlt, 1981. – Allgemeine Psychologie der Kommunikation**

JOSEF W. SEIFERT, *Besprechungs-Moderation,* Bremen: Gabal, 1994. – Eine gute Einführung in Moderationstechnik**
PHILIPP TEDEN, HUBERTUS COLSMAN, *Qualitätstechniken,* München/Wien: Hanser 1996 (Pocket Power). – Taschenhandbuch zu TQM-Werkzeugen**
KARL HEINZ TROXLER, *Das Shakespearsche Marketing,* Zürich: Verlag Moderne Industrie, 1995. – Inszenierung des Marktauftritts***
RUDOLF W. VANDERHUCK, *Produkt-Strategien,* Berlin/München: Verlag Die Wirtschaft, 1992. – Gute Einführung in Marktstrategien***
PETER WAGNER, *Kundenorientierung,* Wien: Linde Verlag, 1997. – Kundenorientierung im Produkt Marketing**

Sachregister

ABC-Analyse 220 f.
Abdeckungsstrategie 130 f., 133, 287
Abnehmer eines Produktes (Typen) 96
Absatzstrategie 208
Adoptionsgruppe 287
Advertising 287
AIDA-Modell 239 ff., 287
Aktives Zuhören 49 f.
Analysephase der Markteinführung 10 3 ff.
Aspekte von Nachrichten 47 ff.
Auflösung des Produktes 94

Behördenmärkte 287
Bereiche des Produktmanagements 24
Besprechungsmoderation 56 ff.
Boston-Consulting-Matrix 287
Break-even-Analyse 192, 288
Briefing 230

Cash-Cow 288
Claim 141, 288
COD 288
Consumer-Promotion 288
Co-Producing 276

Datenanalyse 73
Dealer-Package 288
Deckungsbeitrag 288
Deming-Rad 74
Dienstleistung (Definition) 269, 288
Dienstleistungsmarketing 283 f.

Dienstleistungsprodukte 269 ff.
Dienstleistungs-Promotion 273 f
Dienstleistungsqualität 271 f., 289
Differenzierte Marktbearbeitung 289
Direktwerbung 256
Distributor 289
Dog 289

Einflüsse auf das Produktziel 32
Einführungsphase 95
Einführungsplan 108
Eintrittsbarrieren 265 ff.
Einwandbehandlung 50
Entscheidungen 71
Erlös 289
Ertragszeit 289
Erweiterung eines Produktes 171 f.

Fact-Book 156 ff., 289
Fixkosten 289
Flop 289
FOB 289
Formen der Produktlebenszyklen 92

Gesamtkosten 290
Geschäftsleitung 39 ff.
Grown-Share-Matrix 290

Ich-Botschaft 52
Identität 140
Image 140
Imitationen 113 ff., 290

Informationen 71 ff.
Informationsbedarf 71
Informationsbeschaffung 138
Informationsmanagement 76
Innovationen, echte 110
Innovationen, Kundenüberlegungen 112
Innovationen, unechte 110
Innovatoren 290
Investitionsgüter 174

Job-Description 23

Kernprodukt 167 ff.
Kick-off 291
Kommunikation 44 ff.
Kompetenzen 28
Konflikte 53 ff., 67 f.
Konfliktthesen 65 f.
Konfrontation 53
Konkretisierung eines Produktes 170 f
Konsumgüter 173
Konsumgütermärkte 291
Kontrolle 83 ff.
Kostendeckung 291
Kundenorientierung 77 ff., 195 ff.
Kundenüberlegungen bei Innovationen 112

Lauch-Package 216, 291
Lead 291
Lebenszyklus des Produktes 88 ff., 294
Lebenszyklus, idealisierter 88 f.

Marketing-Dokumentation 154 f.
Marketingkonzept 116 ff.
Marketing-Mix 148 ff.
Marketing-Mix (Elemente) 153 f.
Marktdefinition 126 ff., 292
Markteinführung 94,101 ff.
Marktinnovation 292
Marktsegmentierung 126, 129 f., 131, 292
Markttypen 128

Meeting-Kultur 63 f.
Messetipps 259 f.
Mitbewerber 194 ff.
Moderation 56 f
Moderationszyklus 57.
Motivation 205

Nachrichten 47 ff., 60 ff.
Neurolinguistisches Programmierung (NLP) 57 ff.
Nischenmarketing 137
Non Disclosure 292

Objective and Task 292
Öffentlichkeitsarbeit 292
Organisationsmärkte 292 f.
Organisatorische Eingliederung 25 ff.

PALME-Prinzip 54 f.
Pay-off-Time 293
Persönliche Eigenschaften 36
Personal Selling 293
Place ^293
Planungsphase bei der Markteinführung 105 ff., 122 ff
Platzierung 201 ff.
Portfolio-Analyse 178 ff., 293
Positionierung 139 ff., 150 ff., 196 ff., 293
Positionierung (Definition) 139 f.
Positionierung (Elemente) 146
Positionierungskonzept 15 f.
Positionierung versus Claim 141
PR 230 ff., 293 f.
Preisänderung 198 f.
Preisfestlegung 188 ff.
Preisfragen 200
Preis-Nachfrage-Beziehung 190 f.
Preisreduzierung 199
Price 293
Produkt (Definition) 167
Produkt-Check 161 ff.
Produktgestaltung 184 f.
Produktkategorien 173 ff.
Produkt-Launch-Package 216, 291

Produktlebenszyklen (Formen) 92
Produktlebenszyklus 88 ff., 294
Produktlinien 175 ff., 294
Produktmanager
Definition 21 f.
Lebenszyklus des Produktes 88 ff.
Leistung 23
Produktmarketing-Mix 148 ff., 293
Produkt-Portfolios 177 ff.
Promotion 222 ff., 294
Promotion-Mix 222 ff.
Publicity 230 f., 294
Pull-Strategie 294 f.
Push-Aktivitäten 208 ff., 295

Qualitätskriterien 280 ff.
Querschnittsfunktion 29 f.

Regeln 69 ff., 85 ff.
Reifephase 95 f., 99 f., 263
Relaunch 94, 295
Rentabilität 207 f.
Rollen 42 f.
Rollenspiel, mentales 46 f.

Sales Promotion 233, 258, 295
Segment 295
Segmentierungsvariable 294 f.
Star 295
Strategie 79 ff.
Strategie (Definition) 79
SWOT-Analyse 186 f.

Time-Lag 236 f., 296
Time-to-Market 296
Trade Promotion 296

Umsetzungsphase bei der Markteinführung 107 ff.
Undifferenzierte Marktbearbeitung 296
Unternehmer im Unternehmen 20
Unverwechselbarkeit 143 ff.
USP 296

VAR 296
Variable Kosten 296
Verkauf 234 ff.
Verkaufsförderung 232 ff., 296
Vermittlungsfunktion des Produktmanagements 20
Verteidigung von Marktanteilen 94, 262 ff.
Vertriebsform 204
Vertriebsmotivation 205
Vertriebspartner 275
Vertriebsstruktur 202
Vertriebsstufen 202
Vertriebsunterstützung 214 f.
Vertrieb von Dienstleistungen 274
Verwechselbarkeit 143 ff.

Wachstumsphase 95
Werbebriefing 253 ff.
Werbung 297
Wiederverkäufermärkte 297

Zeit als Faktor 19, 81 ff.
Zieldimensionen 34
Ziele 31 ff.
Zielfestlegung 33
Zielgruppe 125 ff., 132, 141 ff., 297
Zielgruppenauswahl 126, 134
Zielgruppendefinition 135
Zuhören, aktives 49 f.